KB203135

누가복음

웨슬리와 함께 읽는 사복음서 3
누가복음

2023년 10월 10일 처음 펴냄

지은이 | 존 웨슬리
옮긴이 | 양재훈
펴낸이 | 김영호
펴낸곳 | 도서출판 동연
등   록 | 제1-1383호(1992년 6월 12일)
주   소 | 서울시 마포구 월드컵로 163-3
전   화 | (02) 335-2630
팩   스 | (02) 335-2640
이메일 | yh4321@gmail.com
인스타그램 | instagram.com/dongyeon_press

ISBN 978-89-6447-891-2 04230
ISBN 978-89-6447-888-2(세트)

이 책은 신광감리교회 고인준 목사님과 성도님들의 후원으로 제작되었습니다.

웨슬리와 함께 읽는
사복음서 3

Luke

누가복음

존 웨슬리 지음
양재훈 옮김·주해

동연

역자 서문과 해설

1763년과 『신약성서주석』

1. 때는 1762년, 존 웨슬리가 감리회 운동을 본격적으로 시작한 지 어느덧 20년 남짓 흘렀다. 고교회(high church)의 답답한 틀에 질식해가던 영국의 소시민과 사회적 하층민들은 웨슬리의 혁신적인 신앙 운동에 크게 감명을 받아 그 운동에 합류했고, 웨슬리의 감리회 운동은 부흥의 길을 달리고 있었다. 그러던 중 영국 런던의 웨슬리 집회소인 파운더리에서 다소 혼란스러운 동요가 일어났다. 웨슬리를 따르던 지도자 중 하나인 토마스 맥스필드(Thomas Maxfield)라는 사람이 문제를 일으킨 것이다.

2. 토마스 맥스필드는 웨슬리를 추종하며 열성적으로 사역하던 인물인데, 그의 신앙적 성향은 다소 광적인 측면이 있었고 이로 인해 문제가 생긴 것이다. 당시 조지 벨(George Bell)이라는 사람이 1763년 2월 28일에 주님께서 재림하신다는, 소위 시한부 종말론을 주장했고 토마스 맥스필드가 이를 추종하여 감리회 신도회원들에게 영향을 끼쳤다. 이에 1762년 말에 웨슬리는 토마스 맥스필드에게 자중할 것을 수차례 권고하고 경고했다. 그러나 맥스필드는 자신의 주장을 굽히지 않고 웨슬리의 경고와 명령을 무시했다. 맥스필드가 그렇게 할 수 있었던 것은 실제로 많은 신도회원이 그의 말에 현혹되어 그를 추종했기 때문이었다.

3. 이윽고 1763년 2월 28일이 되었다. 웨슬리는 신도회원들에게 동요하지 말라고 말했고, 그날 자신은 평소와 다름없이 평안히 잠들었다.

나는 스피탈필드에서 "그대의 하나님을 만날 준비를 하라"라는 제목으로 저녁에 설교했다. 나는 설교에서 그날 밤에 세상의 종말이 온다는 생각이 얼마나 말도 안 되는 소리인지 말해주었다. 하지만 내가 그렇게 말했음에도 많은 사람은 그런 말에 현혹되거나, 설령 종말이 아니라 하더라도 런던이 지진으로 폭삭 주저앉을지도 모른다는 생각에 빠져서 잠자리에 들기를 겁냈고, 어떤 이들은 들판을 배회했다. 그러나 나는 평소에 하던 대로 밤 10시경에 깊이 잠에 빠져들었다(1763. 2. 28. 일지).

그날 주님은 재림하지 않으셨고, 많은 사람의 염려와 달리 아무 일도 일어나지 않았다. 그러나 그날 많은 사람이 혹시나 하는 마음에 불안에 떨며 방황했다.

4. 그러나 이 일로 인한 후유증은 적지 않았다. 500명이 넘는 사람들이 맥스필드의 말에 현혹되어 넘어갔고, 웨슬리의 일지에 따르면 106명의 신도회원이 결국 이 사건으로 감리회와 결별하고 떠나갔다. 이 사건으로 인해 웨슬리와 그의 동료들은 왜 이런 문제가 생겼는지 고민했고, 앞으로 이런 어처구니없는 일이 발생하지 않도록 조치할 필요를 느꼈다.

5. 이 사건이 끝난 뒤, 맥스필드 사건처럼 잘못된 가르침을 주는 설교자를 미리 막기 위해 1763년에 열린 연회(Conference)에서는 평신도 설교

가와 감리회 운동의 설교가들이 지켜야 할 설교 지침을 정했다. 이것이 바로 〈설교가들을 위한 모범 고시문〉(Model Deed for Preaching-house)이었다. 이 모범 고시문의 내용은 아래와 같다.

위에서 언급한 사람들이 설교할 때는 웨슬리 목사의 『신약성서주석』 (Notes upon the New Testament)과 네 권으로 이루어진 설교들에 담긴 교리 이외의 다른 교리를 설교해서는 안 된다.

6. 위에서 언급된 『신약성서주석』은 1754년에 출간된 그의 주석이고, 네 권으로 이루어진 설교라는 것은 1746년, 1748년, 1750년 그리고 1760년에 걸쳐 각각 만들어진 총 네 권의 설교집, 즉 그 유명한 44편의 설교가 담긴 『표준설교』(44 Standard Sermons)를 말한다. 그리고 이제 우리가 읽게 될 이 책이 바로 여기에서 언급된 『신약성서주석』이다.

7. 웨슬리의 44편의 『표준설교』는 최근 들어 많은 웨슬리언(Wesleyans)이 읽고 공부하기도 한다. 『표준설교』는 웨슬리를 연구하는 학자들이 많이 애용하고 연구하는 텍스트다. 그러나 그의 『신약성서주석』은 아쉽게도 그렇지 못하다. 『표준설교』나 그의 『일지』(Journals)는 두루 번역되었고 널리 읽힌다. 하지만 『신약성서주석』은 제대로 번역된 것조차 찾기 어렵다. 모범 고시문의 문구, 즉 감리교에서 설교하려면 그의 『표준설교』는 꼭 읽어봐야 한다는 말은 감리회 목사라면 한 번쯤 들어봤을 것이다. 그러나 안타깝게도 『표준설교』보다 먼저 언급된 『신약성서주석』은 잊혔다.

8. 『신약성서주석』은 웨슬리가 쓴 성서 주석 중에서 신약 부분을 가리킨다. 그는 『구약성서주석』과 『신약성서주석』을 모두 다 썼다. 모범고시문에서 왜 『구약성서주석』은 언급하지 않았는지는 모른다. 그러나 그의 성경 주석이 창세기부터 요한계시록에 이르는 성경 66권을 모두 아우른다는 점은 기억해야 한다.

『신약성서주석』의 탄생 배경

1. 1753년 11월, 웨슬리는 자기 죽음이 다가오고 있음을 느꼈다. 그는 매우 심한 기침과 고열로 무척 고생하고 있었고, 기력은 점점 쇠해 갔다. 그는 그런 건강 상태에도 여전히 이곳저곳을 여행하면서 설교하고 성례를 집행해야만 했다. 하지만 기력이 다한 환자에게서 제대로 목소리가 나올 리가 없었다. 의사는 그에게 당장 사역을 내려놓고 시골로 내려가서 요양하라고 권고했다.

2. 건강으로 인해 크게 지친 웨슬리는 1753년 11월 26일 일지에 자신이 죽고 난 후 무덤 묘비에 적힐 문구를 마치 유언처럼 적어놓았다.

> 존 웨슬리 여기에 눕다.
> 타는 불에서 건져낸 막대기,
> 나이 51세에 몸을 다 쓰고 죽었네.
> 빚을 모두 갚고 나니, 10파운드만 남았네.
> 기도하옵기는, 하나님께서 무익한 종인 내게 자비를 베푸시기를!

이처럼 웨슬리는 자기 생이 마지막에 이르렀다고 심각하게 생각했다.

3. 하지만 다행스럽게도 그의 건강은 12월부터 빠르게 회복되었다. 자기가 거의 죽다 살아난 것을 느낀 웨슬리는 기다렸다는 듯이 밀린 저술 작업에 들어갔다. 『기독교 문고』(Christian Library)에 들어갈 목록 정리를 마무리하고 곧바로 일지를 출판하기 위한 작업에 들어갔다. 그리고 이듬해 1754년 1월, 『신약성서주석』을 쓰기 시작했다. 그는 1월 6일 일지에서 다음과 같이 적고 있다.

나는 신약성서주석을 쓰기 시작했는데, 이 작업은 사실 내가 여행하거나 설교할 수 없을 만큼 아프지만 않았었더라도 시도하지 않았을 일이었다. 하지만 이제는 읽고 쓸 수 있을 만큼 나아졌다.

4. 『신약성서주석』 서문에서 볼 수 있듯이, 웨슬리는 이 주석을 쓰는 것에 대해 머뭇거려왔다는 것을 우리는 알 수 있다. 그 이유는 "자기 능력의 한계를 깊이 느꼈기" 때문이었다. 웨슬리는 옥스퍼드대학에서 신학을 배우고 거기에서 학생들을 가르쳤던 사람이었다. 그는 신학 대학을 졸업한 후 서품을 받고 고향 엡워스 근처인 루트(Wroot)에 있는 성 판크라스교회(St. Pancras' Church)에서 목회한 경험도 있었다. 게다가 옥스퍼드대학 링컨 컬리지에서 신성클럽(holy club)으로 후배이자 제자들을 양육했고, 그들과 함께 미국 조지아주 식민지에 가서 선교사로서 영국 이민자들과 아메리카 원주민을 대상으로 목회 활동을 한 경험도 있었다.

5. 그런데도 웨슬리는 신약성서로 주석을 쓰기에 자신의 부족함을

느꼈고, 이 일을 어떻게든 피해 보려고 했다. 무엇 때문에 그가 '능력의 한계'를 깊이 느꼈는지 정확히 알 수는 없다. 1736년 1월 말, 미국 선교를 위해 가던 중 대서양에서 경험했던 끔찍한 풍랑 사건 당시 웨슬리는 목숨의 위험 앞에서 극심한 공포와 두려움을 느꼈다. 하지만 이번에는 달랐다. 1753년 말, 죽음의 시간이 다가오는 것을 느끼면서도 그는 죽음에 대한 공포나 두려움으로 떨지 않았다. 이러한 모습은 이제 50대가 된 그가 30대 시절의 연약함을 이미 극복했음을 보여주며, 따라서 그 '능력의 한계'가 실존적 한계 자각을 뜻한다고 보기는 어렵다.

6. 그가 『신약성서주석』을 쓰기 시작한 1754년보다 대략 5년 전인 1748년 여름 그는 무척 심하게 앓다가 그레이스 머레이(Grace Murray)라는 한 여인의 극진한 간호로 회복된 일이 있었다. 그는 머레이를 무척 사랑했으나 동생 찰스 웨슬리는 이 두 사람의 관계를 좋게 보지 않았고, 결국 찰스는 그녀를 뉴캐슬로 데리고 가서 존 베넷(John Bennet)과 결혼시켰다. 이 일로 존 웨슬리는 크게 실연했고 마음의 상처를 받았다. 그로부터 머지않아 그는 돈 많은 과부였던 메리 바제일(Mary Vazeille)을 만나 1751년 2월 결혼했다.

7. 사바나 선교사 시절 소피아 홉키(Sophia Hopkey)와의 스캔들로 큰 곤욕을 치렀던 웨슬리가 그레이스 머레이 실연 사건으로 한 번 더 상처를 겪고 난 후 메리 바제일과 안정된 가정을 꾸리는 듯했다. 그러나 웨슬리의 결혼 생활은 그다지 평탄하지 않았다. 웨슬리는 가정보다는 사역이 더 우선이었고, 메리 바제일은 그것에 불만을 느꼈다. 특히 웨슬리가 사역을 핑계로 다른 여성들과 자주 교류를 하는 것은 아내 메리에게 있

어서 도저히 참을 수 없는 일이었다. 웨슬리는 그것을 단지 사역이라고 우겼지만, 아내의 입장에서 볼 때 그의 행동은 잘못된 것이었다. 하지만 웨슬리는 자신의 행동을 잘못된 것으로 생각하지도 않았고, 아내에게 사과는커녕 도리어 큰소리를 쳤다.

8. 웨슬리가 주석을 작업하던 앞뒤 시기가 웨슬리 사생활에서는 이런 어려움과 갈등이 한창일 때였다. 그래도 웨슬리는 공적으로 열심히 사역하고 있었고, 가정 문제로 인한 갈등에 대해 죄의식을 크게 느낀 것으로 보이지는 않는다. 따라서 그가 주석 저술 작업을 꺼렸던 이유가 이러한 사적인 생활의 문제로 신앙 양심에 어떤 거리낌이 있었기 때문이라고 보기도 다소 어려울 듯하다. 그렇다면 결국 이는 순수하게 자신의 지혜가 부족하다는 겸손의 탓으로 돌릴 수밖에 없을 듯하다.

웨슬리 『신약성서주석』 서문

1. 웨슬리는 주석 서문에서 이 글을 평범한 대중을 위해 썼다고 밝힌다. 그는 학식이 부족한 사람도 이해할 수 있도록 내용과 표현을 다듬었다. 특히 "하나님의 말씀을 깊이 경험하지는" 못했지만, 그 마음에 말씀을 사모하고 자기 영혼의 구원에 간절함을 느끼는 사람이 이 책의 주요 독자임을 밝힌다. 따라서 그는 될 수 있는 한 평이하게 이 주석을 쓰려고 했다.

2. 실제로 이 주석의 내용이 그리 어렵거나 복잡하거나 심오한 내용

은 아니다. 주석이 어떤 구절에서는 깊게 그리고 장황하게 논의하기도 하지만 대부분은 그리 길지도 않고, 그 내용도 난해하거나 심오하지는 않다. 이는 깊이 있는 신학적 논의를 하거나 어떤 구절이나 표현, 신학적 주제를 두고 치열하게 학문적인 고찰을 통한 논의를 하려는 것이 이 책의 목적이 아님을 잘 보여준다. 웨슬리가 언급했듯이, "주석이 도리어 성경 본문의 의미를 흐리거나 압도해버리지 않도록" 했다.

3. 이로 미루어볼 때, 웨슬리가 이 책을 쓴 목적은 자기의 표현대로 복음의 초심자라고 하더라도 성경 말씀을 이해하는 데 큰 어려움이 없도록 하는 것에 있다. 따라서 웨슬리는 주석의 본질적인 기능, 즉 성경 본문을 제대로 그리고 정확하게 잘 이해할 수 있도록 보조적으로 돕는 기능을 살리는 것을 이 책의 중점으로 두었다.

4. 이 주석은 웨슬리가 처음부터 끝까지 본인의 창의적인 생각으로 쓴 것이 아니다. 그가 밝히듯이 벵겔리우스, 헤일린, 거이스, 닷드릿지 등이 저술한 책과 주석에 많이 의지했다. 심지어 어떤 부분에서는 "옮겨 적기도 했고, 더 많은 경우에는 요약했다." 과연 얼마나 많은 부분이 웨슬리 본인에게서 전적으로 나온 것인지 알 수는 없지만, 분명한 것은 그가 여러 명의 주석가나 저술가에 의존한다는 사실이다.

5. 그렇다고 이 주석이 웨슬리와 다소 거리가 멀어지는 것은 아니다. 비록 여러 곳에서 다른 저술가들의 글을 인용하고 의지하지만, 이것은 웨슬리가 그들의 해석이나 생각에 동의한다는 것을 뜻한다. 따라서 웨슬리가 다른 이들의 글을 많이 의존하기 때문에 그의 해석과 신학을 이

책에서 찾아보는 것이 어렵다고는 말할 수 없다.

6. 『표준설교』는 웨슬리의 신학적 색깔과 흔적이 상당히 많이 나타나며, 그 내용도 다양한 신학적 주제를 다루고 있다. 이런 이유로 웨슬리를 연구하는 많은 이가 이 『표준설교』를 연구 대상이나 주장의 근거로 사용한다. 또한 웨슬리가 남긴 다른 설교문, 일지, 연회 회의록, 그리스도인의 완전이나 성도의 견인 등과 같은 주제를 다루는 논문들은 웨슬리의 신학적 세계와 그의 생각을 엿보기에 좋은 자료들이다. 그의 신약 주석도 비록 남의 해석과 생각을 많이 의지하기는 하지만, 그의 신학적 세계관이 담긴 좋은 웨슬리 연구 자료이다.

7. 웨슬리의 이 주석은 약 300년 전에 출간되었다. 오늘날 성서 연구는 발전된 다양한 해석학적 방법론들이 활용되고, 수많은 정보가 교환되고 언제든지 쉽게 접근할 수 있는 환경에서 이루어진다. 그러나 요즘과는 달리 웨슬리 당시에는 성서비평학이라는 학문도 그리 많이 발달하지 않았고, 성서를 해석하기 위한 근대나 현대 방법론적인 틀도 정립되기 이전이었다. 따라서 웨슬리의 이 주석을 최근의 주석들과 비교하여 우열을 가늠하는 것은 적절해 보이지 않는다. 더구나 앞서 언급했듯이 이 주석이 그런 토론을 하기 위해 만들어진 것이 아니므로 이런 비교는 더더욱 무의미하다.

8. 따라서 이 책의 독자들은 이 주석을 통해 성서 본문의 정확한 학문적 분석이나 최신의 정보 등을 부족함 없이 얻을 것이라 크게 기대하면 안 된다. 만일 이런 것을 원한다면, 정확하고도 풍부한 현대 과학

기술의 도움을 받아 다양한 학문적 해석 접근 방식으로 텍스트를 치밀하게 분석하는 최신의 학문적 주석서를 보면 된다. 물론 그렇다고 해서 이 책에서 웨슬리가 내놓은 본문 주석이나 텍스트 해석이 형편없다거나 신뢰도가 떨어진다거나 성경을 이해하는 데에 그다지 도움이 안 된다고 생각하는 것은 적절하지 않다. 비록 300년 전의 주석이지만 웨슬리는 이 주석 곳곳에서 상당히 정확한 정보를 전달하기도 하고, 텍스트를 신선한 시각으로 해석하기도 한다.

9. 이 책은 오늘날의 평신도나 목회자들이 참고하면 성경을 해석하는 데 적잖은 도움을 받을 수 있는 유용한 주석이기도 하다. 그러나 웨슬리의 주석만을 의지하지 말고 최신의 학문적 주석도 병행해서 보면 좋을 것이다. 오히려 이 주석은 웨슬리를 연구하는 이들에게 좋은 자료가 될 것이다. 이 주석 곳곳에서 웨슬리의 신학적 세계를 엿볼 수 있고, 이것을 통해 웨슬리의 신학과 그가 주장했던 중요한 신학적 주제들을 이해하는 데 도움을 받을 수 있기 때문이다.

웨슬리 『신약성서주석』 번역의 탄생

1. 이 책의 번역은 2014년으로 거슬러 올라간다. 2010년 전후로 내가 사역하는 협성대학교 신학대학원에서 웨슬리의 『표준설교』를 새로 번역하고 모든 학생에게 가르치고 있었다. 그러던 중 나는 『표준설교』뿐만 아니라 『신약성서주석』도 가르쳐야겠다고 생각했다. 그러나 아쉽게도 번역본을 찾을 수 없었다. 결국 나는 학생들과의 수업을 위해서

직접『신약성서주석』을 번역했다. 한 학기 동안 공부할 수 있는 분량은 복음서였다. 물론 빠르게 훑고 지나가면 요한계시록까지 다룰 수 있었겠으나, 큰 욕심 없이 우선 복음서 부분을 찬찬히 살펴보기로 했다.

2. 한 학기를 마친 후 이 책을 출판하면 좋겠다는 생각이 들었다. 그러나 출판에 여러 가지 현실적인 어려움도 있었고, 조금 더 잘 다듬어서 출판하면 좋겠다는 생각이 들어 차일피일 미루고 있었다. 그러나 내가 이전에 번역하고 주해했던 웨슬리의 산상수훈 책을 읽은 많은 목회자가 새로운 웨슬리의 문헌을 볼 수 있으면 좋겠다고 거듭 요청했다.

3. 결국 나는 그분들의 요청을 더 이상 외면할 수 없어서 내 '능력의 한계와 부족함'에도 불구하고 이 번역을 다시 다듬었다. 이미 번역을 완성했으나 좀 더 다듬는 데 1년 정도가 더 소요됐다. 그렇지만 여전히 나는 부족함을 인정하지 않을 수 없다. 하지만 그렇게 계속 미루다가는 끝나지 않으리라는 생각에 용기를 내어 일단 복음서 부분만이라도 출판하기로 했다.

4. 이 책이 출판되는 과정에서 여러 사람이 도움을 주었다. 무엇보다도 신광감리교회 고인준 목사님과 성도님들의 도움이 없었더라면 이 책은 출판하기 어려웠을 것이다. 신광감리교회는 내가 목회자들과 함께 교인들을 대상으로 웨슬리『표준설교』공부를 인도했던 교회이다. 나는 신학대학원 학생들에게만『표준설교』를 가르치는 것이 참 아깝다는 생각을 했고, 이에 고인준 목사님과 대화하는 중에 목회자의『표준설교』공부 이야기가 나왔다. 이 대화에서 우리는 웨슬리의『표준설교』

를 교회에서도 공부했으면 좋겠다는 의견을 주고받았고, 이렇게 학교에만 있던 웨슬리는 교회 안으로 들어오게 되었다.

5. 나는 약 1년간 매주 토요일 신광감리교회 사역자들의 『표준설교』 공부를 인도했고, 이듬해에 이 사역자들이 "웨슬리 아카데미"라는 이름으로 평신도들의 공부 모임을 이끌었다. 이렇게 해서 신광교회는 한국에서 처음으로 평신도를 대상으로 한 『표준설교』 학교를 연 교회가 되었다. 그 결과 아드 폰테스 웨슬리 그룹을 통해 이 운동이 퍼졌고, 지금까지 원주와 강릉, 안산 등 우리나라 곳곳의 감리교회에서 웨슬리의 『표준설교』를 공부하는 목회자 모임과 평신도 모임이 진행되고 있다.

6. 진정한 웨슬리언답게, 그리스도께서 사신 것처럼 살고자 노력하는 사람들의 모임인 신광감리교회가 이 주석 출판에 도움을 준 것은 무엇보다 감리교회를 사랑하고 선한 영향력을 끼치고자 하는 순수한 마음에서 비롯된 것이다. 이들의 귀한 헌신이 『표준설교』 확산 운동에 이어 또 하나의 불씨가 될 수 있도록 하나님께서 도와주시기만을 간절히 바란다.

신약성서주석 서문

    1. 여러 해 동안 나는 독서를 하거나 사색을 하거나 대화를 나누는 가운데 내 마음속에 일었던 것들을 정리해서 남겨야겠다는 생각을 해왔다. 이렇게 하면 신약성서를 이해하는 데 어려움을 겪는 신실한 사람들을 도울 수 있을 것으로 생각했다. 하지만 내 능력의 한계를 깊이 느껴서 이러한 시도를 자꾸 미뤄왔다. 그 한계라는 것은 내가 부족하다는 것, 즉 그런 작업을 하기에는 내 배움이 부족하고, 무엇보다 내 경험과 지혜가 부족하다는 것이었다. 그래서 나는 종종 생각을 내려놓곤 했다. 하지만 사람들이 끈질기게 요청을 해와서 나는 이 일을 드디어 다시 시작하게 되었다. 그러나 여전히 나는 할 수만 있다면 내 작업과 내 삶의 모습이 서로 합치될 때까지 (이것이 하나님을 기쁘게 해드리는 일이라면) 이 일을 늦추려고 한다.

    2. 그러던 중 최근에 나는 하나님으로부터 일어나서 가라는 큰 부르심의 음성을 들었고, 이에 나는 이런 일을 하려고 한다면 더 이상 뒤로 미뤄서는 안 된다는 확신을 하게 되었다. 내 젊은 시절은 아주 많이 흘러갔고 이제 황혼의 때가 저만치 다가왔다. 나는 이에 대해 뭔가 달리 할 수 있는 것도 없으니 그저 비록 작더라도 내가 할 수 있는 것을 이런 식으로라도 해야겠다고 생각했다. 나는 설교를 하며 여기저기 많이 돌아다니느라 지금 몸이 약해졌기에 이런 방식 외에는 딱히 할 수 있는

것이 없다. 하지만 하나님께 감사하옵기는, 내가 아직도 읽을 수 있고 글을 쓰고 생각할 힘은 남아 있다는 것이다. 오, 이것이 주님께 영광이 되기를!

3. 내가 앞서 말한 것, 무엇보다도 이 주석을 보면 이 글이 학식이 높은 사람들을 대상으로 쓴 것이 아니라는 것은 쉽게 알 수 있다. 학식이 높은 사람들은 다른 도움들을 많이 받을 수 있다. 또한 이 주석은 살아오면서 오랫동안 하나님의 말씀을 깊이 경험한 사람들을 위해 쓴 것도 아니다. 나는 그런 사람들의 발치에 앉아서 그들에게서 배우고 싶다. 내가 이 주석의 독자로 생각한 것은 주로 배우지 못한 사람들, 자신의 모국어에만 의존해서 겨우 이해할 수 있는 사람들, 그런데도 하나님의 말씀을 경외하고 사랑하는 사람들, 자신의 영혼 구원에 강한 열망을 가진 사람들이다.

4. 내가 할 수 있는 방식과 정도로 그들을 돕기 위해서 나는 우선 성경 본문 대부분을 평범한 영어 번역으로 적어두었다. 내가 생각하기에 이 번역은 일반적으로 지금까지 내가 봐 왔던 것 중에서 가장 좋은 번역이다. 그렇다고 해서 그 번역들이 어떤 곳에서는 성경 원문의 의미를 제대로 전달하지 못한다는 말은 아니다. 또한, 나는 이 영어 번역이 기초로 삼고 있는 헬라어 사본들이 항상 가장 정확하다고 확신하지도 않는다. 따라서 나는 필요하다면 곳곳에서 조금씩 바꾸는 수정 작업을 임의로 할 것이다.

5. 나는 이러한 방식이 반대에 부딪힐 수도 있다는 것을 잘 안다. 아

니, 정반대 종류의 저항에 맞닥뜨릴 수도 있다는 점도 잘 알고 있다. 어떤 사람들은 성서 원문이 너무 많이 바뀌었다고 생각할는지 모른다. 혹은 어떤 사람들은 도리어 너무 적게 바뀌었다고 말할지도 모른다. 너무 많이 바뀌었다고 생각하는 사람들에게 말하고 싶은 것은, 내가 어떤 곳에서 그렇게 할 때 단지 바꾸기 위해서 바꾸는 것이 아니라는 점이다. 오히려 그 의미가 문맥에 맞도록 더 잘, 더욱 그 의미가 확실하고도 분명하게 하고자 할 때만 그렇게 했다는 것을 밝혀두고 싶다. 둘째로 이렇게 하든 저렇게 하든 그 의미가 똑같이 다 좋다면 원문의 의미를 더 잘 반영하고 원문에 더 가까운 번역을 선택했다. 혹시 내가 너무 적게 바꾼다고 생각하는 사람들에게 혹은 내 번역이 여전히 원문에 가깝다고 생각하는 사람들에게 나는 그들의 지적이 사실이라고 답변하겠다. 어쩌면 그들 말대로 그럴 수 있다는 것을 나도 알고 있다. 하지만 그런 사소한 변개를 많이 한다고 해서 딱히 성경 본문의 의미가 분명하게 드러나는 것도 아니고 확실해지는 것도 아니라면 그렇게 한들 무슨 유익이 있겠는가? 나는 그럴 생각이 별로 없다. 왜냐하면 걱정스럽게도 고대의 언어에 대한 우리의 번역에 특히 엄숙하거나 존경할 만한 것이 있는지는 내가 알지 못하기 때문에 더욱 그러하다. 어쩌면 이것이 내가 오해하는 것일 수도 있고, 혹은 인간적인 불완전함을 보여주는 예가 될 수도 있겠다. 하지만 우리가 그동안 익숙해졌던 것들과 결별하는 것이 힘든 일이라는 정도의 핑계는 불완전한 인간으로서 댈 수 있는 핑계가 아니겠는가? 또한, 우리의 영혼에 힘을 불어넣어 주시고 위로를 주시기 위해 하나님께서 사용하신 바로 그 말씀들을 사랑하기에 그렇게 한 것이라고 핑계를 댄다면, 불완전한 인간으로서 그 정도의 핑계는 대도 되지 않겠는가?

6. 나는 될 수 있는 대로 주석을 짧게 달아놓았다. 그래서 그 주석이 도리어 성경 본문의 의미를 흐리거나 압도해버리지 않도록 하였다. 또한, 나는 내가 주로 의도하는 바를 전달하기 위해서, 배움이 짧은 독자들을 돕기 위해서 될 수 있는 대로 평범하게 썼다. 이러한 이유에서 나는 모든 호기심을 일으키거나 비평적인 질문들은 신중하게 피하였다. 그리고 나는 유식한 언어를 사용하려고 하지도 않았다. 그뿐만 아니라 지극히 평범한 삶을 사는 사람들에게 익숙하지 않은 모든 이성적 사고의 방법론들이나 표현 방식들도 될 수 있는 대로 피했다. 도리어 나는 이러한 목적을 위해서 질문을 던지고 답하는 방식으로 하려고 하였다. 그래서 나는 일부러 많은 어려운 것들에 깊이 빠져들지 않으려 했고, 그래서 일반 독자들을 내 뒤에 덩그러니 남겨두는 오류를 범하지 않도록 하였다.

7. 나는 한때 영감을 준 저술가들을 제외하고는 다른 어떤 것에 의존하지 않고 내 마음에 일어나는 것만 적어내려고 했었다. 하지만 기독교 세계의 위대한 빛이라 할 수 있는 벵겔리우스(Bengelius)를 알게 된 이후로 (최근에 그는 별세했다)[1] 나는 내 모든 계획을 완전히 바꾸어서 그의 『신약성서지침』(Gnomon Novi Testamenti)을 그저 번역하는 것이 그것에 대한 여러 권의 책을 저술하는 것보다 더욱 기독교를 위하는 일이라는 분명한 확신을 하게 되었다. 따라서 나는 그의 주석 가운데 훌륭한 부분은 많이 번역하였다. 더 많은 부분은 내가 요약하였고, 완전히 비평적인 부분은 삭제하였으며, 그 외에 나머지 부분들은 요지를 설명하였다. 이 방대한 분량의 내용물들에서 그는 상당히 많은 주요 고대 사본과 그 번역을 보여주는데, 나는 어떠한 주저함도 없이 그의 본문들을 성서 텍스트와 섞어

놓았다. 나는 그가 했던 방식대로 모든 본문을 문맥의 의미가 통하도록 내용에 따라서 크거나 작은 덩어리로 묶어서 나누었다(물론 그렇다고 해서 일 반적으로 사용하는 장과 절의 구분 표기를 없애버리지는 않았다. 이것들은 여러 면에서 유용하기 때문 이다.). 이러한 시도를 해보지 않은 사람들은 이해하기 힘들겠지만, 이러한 방식은 여러 곳에서 아주 큰 도움이 된다.

8. 나는 또한 헤일린(Heylin) 박사의 신학 강의에 유익한 도움을 받았다. 거이스(Guyse) 박사와 작고하신 다드릿지(Doddridge) 박사—이 분은 참 경건하고 학식이 높은 분이셨다—의 『패밀리 익스포지터』(Family Expositor)에도 많은 도움을 받았다. 나는 때때로 내가 참조한 글을 쓴 사람들의 이름을 매번 인용할 때마다 달아놓아야 하는지 고민이 되었다. 특히 내가 그것들을 옮겨 적기도 했고, 더 많은 경우에서는 요약했는데, 그때 대부분 그 저술가들이 한 말을 이용해서 그렇게 했다는 점을 생각하면 더욱 그런 고민이 들었다. 하지만 조금 더 생각해 보니 그들의 이름을 일일이 쓰지 않아도 되겠다는 생각이 들었다. 왜냐하면 그렇게 해야만 독자들이 내용에 좀 더 집중할 수 있을 것 같기 때문이었고, 또한 그 글을 쓴 사람의 명성에 의존하지 않고 오로지 그 글의 내용 자체가 담고 있는 가치를 독자들이 얻으리라 생각했기 때문이었다.

9. 이처럼 매우 어려운 작업을 하면서 내가 전혀 실수하지 않았다고 생각할 정도로 나는 자신만만하고 싶지 않다. 그러나 나 자신의 양심에 비추어 볼 때, 나는 성경 말씀 가운데 그 어떤 하나라도 일부러 왜곡하는 잘못은 저지르지 않았다고, 그리스도인들의 마음에 불을 질러서 서로를 적대시하려는 목적으로 쓴 것은 단 한 줄도 없다고 당당하게 말할

수 있다. 하나님께서는 가장 온유하시고 자애로우신 예수님의 말씀을 그런 독을 퍼뜨리는 도구로 사용하는 것을 금하신다. 모든 당파의 이름이나 비성경적인 문구나 양식은 그리스도인들의 세계를 나누어놓았는데, 하나님께서 이 모든 것을 잊어주시길 바랄 뿐이다. 또한, 우리 모두 한마음을 가지고 겸손하고 사랑이 넘치는 제자들처럼 우리 모두의 주님 발 앞에 함께 모여서 그분의 말씀을 듣고 그분의 성령을 들이마시며, 그리하여서 그분의 삶을 우리 자신의 삶에 그대로 옮겨 놓게 되기를 간절히 바랄 뿐이다.

10. 일반적으로 성경 말씀이라는 것을 생각해보았을 때, 우리는 살아계신 하나님의 말씀, 그 옛날 첫 족장들에게 명하셨던 그 말씀을 모세의 시대에는 글로 기록되도록 하셨다는 것을 알 수 있다. 그 이후에 몇 세대에 걸쳐서 이렇게 기록되기 시작한 말씀들에 성령의 영감을 받은 다른 선지자들의 글이 덧붙여지게 되었다. 그 후에 하나님의 아들이 선포하시고 성령께서 말씀하셨고, 사도들과 복음서 저자들이 쓴 것이 더해져서 오늘날 우리가 성경이라고 부르는 모양새를 갖추게 되었다. 이것이 영원히 남을 하나님의 말씀이다. 천지는 없어지겠으나 이 말씀의 일점일획도 사라지지 않을 것이다. 따라서 성경이라고 함은 구약과 신약을 가리키는 것이며, 이 말씀은 굳건하고 소중한 하나님의 진리 체계이다. 그러므로 이 성경 말씀의 모든 부분은 하나님과 같으며, 하나의 온전한 몸이다. 이 몸에는 어떠한 모자람도 더 넘치는 것도 없다. 이것은 하늘 지혜의 샘이며, 이 샘물을 맛볼 수 있는 자는 제아무리 지혜롭고 학식이 높고 거룩하다고 하는 그 어떠한 인간이 만들어 낸 모든 글보다 이 말씀을 더욱 사모하게 된다.

11. 영감을 받은 저자들은 진리에 대한 정확한 지식과 더불어 빈틈 없는 논쟁들과 그 의미들에 대한 정확한 표현 그리고 그에 걸맞은 진정한 애정도 함께 담아 두었다. 각 권의 성경마다 담겨있는 일련의 논쟁은 목차에 서문으로 간략하게 달아놓았다. 거기에는 그것들에 관한 내용 요약이 담겨있으며, 각 장에 매번 이런 논쟁을 서문으로 달아놓는 것보다 이렇게 하는 것이 차라리 더 유용할 것이다. 신약성경을 장별로 나누어 놓는 것은 중세 암흑기 시절에 한 것인데, 사실 이는 매우 부정확하다. 즉, 매우 밀접하게 연결된 것들을 나눠 놓기도 했고, 완전히 서로 분리되어야 하는 것을 도리어 붙여놓기도 했다.

12. 성경 말씀의 언어들을 살펴볼 때, 우리는 아주 깊게 들어가기도 하겠지만 또한 아주 쉽게 할 것이다. 인간적인 모든 우아한 평정심은 이 말씀 앞에서 아무것도 아닌 것이 된다. 하나님께서는 사람처럼 말씀하지 않으시고 하나님으로서 말씀하신다. 그분의 생각은 매우 깊고, 그 말씀은 한없는 덕을 갖추고 있다. 그 말씀을 전달하는 자들이 사용했던 그 언어도 매우 높은 수준으로 되어 있다. 왜냐하면 그들에게 주어진 말씀들은 그들의 마음에 정확하게 아로새겨져서 응답된 것들이기 때문이다. 이러한 점에서 루터는 "신성은 다름 아닌 성령의 언어의 문법이다"라고 말했다. 이 점을 온전히 이해하기 위해서 우리는 모든 말씀에 담긴 강조점들을 자세히 살펴볼 것이다. 그 말씀에 표현된 거룩한 사랑, 모든 저자의 손을 통해서 드러내신 거룩한 성품을 살펴볼 것이다. 아무리 작은 것이라 하더라도, 특히 거룩한 성품에 대해서는 아무리 작게 드러난 것이라 하더라도 꼭 살펴볼 것이다. 비록 이것들이 모든 신약성경에 아주 훌륭하게 흩어져 녹아있지만, 참으로 그 말씀들은 행동하시

고 말씀하시고 손으로 쓰시는 그분의 끊임없는 권면의 말씀이다.

13. 신약성경은 새로운 약속이 기록된 거룩한 글이다. 이 책의 전반부는 복음서 저자들과 사도들의 글을 담고 있으며, 후반부는 예수 그리스도의 계시를 담고 있다. 전반부에는 먼저 예수 그리스도께서 육신의 몸으로 이 땅에 오신 것에서 시작하여 하늘로 올라가시기까지의 모든 역사를 전한다. 그다음에는 그분의 승천으로부터 시작하여 그리스도인의 교회 역사를 담고 있다. 계시록은 모든 만물이 다 이루어질 때까지 그리스도에 대하여, 교회에 대하여, 온 우주에 대하여 앞으로 이루어질 일들을 다룬다.

브리스톨 핫(Bristol Hot)에서
1754년 1월 4일

차 례

누가복음

누가복음 개요

구조

I. 시작

    1. 요한의 수태 1:5-25

    2. 그리스도의 수태 1:26-56

    3. 요한의 탄생과 할례; 사가랴의 노래; 요한의 어린 시절 1:57-80

    4. 그리스도의 탄생 — 2:1-20; 그리스도의 할례와 이름짓기 2:21; 성전에
       드림 2:22-38; 성장 2:39, 40

II. 중간부, 예수께서 12세 되시던 때와 이후 성장 2:41-52

III. 역사의 흐름

A. 들어가는 말, 세례 요한에 대한 소개, 그리스도의 세례와 시험 3장, 4:1-13

B. 갈릴리에서 활동하심

a. 나사렛에 오심 4:14-30

b. 실제로 활동하심

I. 가버나움과 근처에서 벌어진 이야기

1. 다음과 같은 일을 하시는 동안 예수의 사역에 저항이 없음

   1) 권위를 가지고 가르치시다 4:31-32

   2) 귀신을 쫓다 4:33-37

   3) 많은 병자를 고치다 4:38-41

   4) 곳곳에서 가르치시다 4:42-44

   5) 베드로를 부르시고, 이어서 야고보와 요한을 부르시다 5:1-11

   6) 나병 환자를 치유하시다 5:12-16

2. 다음과 같은 일을 하시는 동안 점점 더 예수의 사역이 심하게 저항을 받다

   1) 중풍병 환자를 고치시다 5:17-26

   2) 레위를 부르시고 세리와 죄인들과 함께 식사하다 5:27-32

   3) 금식에 대한 질문 5:33-39

   4) 곡식을 훑어 먹다 6:1-5

   5) 손 마른 자를 고치시다; 사람들이 예수를 책잡으려고 올무를 놓다 6:6-11

3. 다양한 사람들에게 다양한 효과를 나타낸 예수의 일들

   1) 사도들에게 6:12-16

   2) 청중들에게 6:17-40

3) 백부장에게 7:1-10

4) 요한의 제자들에게, 사건: 젊은이가 일으키심을 받다 7:11-17; 문의와

답변 7:18-23; 요한을 믿지 않음을 책망하심 7:24-35

5) 시몬과 회개하는 죄인에게 7:36-50

6) 예수를 섬긴 여인에게 8:1-3

7) 사람들에게 8:4-18, 그의 어머니와 형제들에게 8:19-21

II. 바다에서 8:22-26, 그리고 그 건너편에서 벌어진 일 8:27-39

III. 다시 바다 이쪽 편에서

1. 야이로와 혈루증 여인 8:40-55

2. 사도를 파송하심 9:1-6

3. 헤롯의 의심 9:7-9

4. 사도들의 보고 9:10

5. 백성들의 열성과 우리 주님의 인자하심; 오천 명을 먹이심 9:11-17

C. 자신의 수난을 준비하심

a. 자신에 대한 가르침을 다시 주심; 그분의 수난이 예고됨 9:18-27

b. 변모하심; 귀신들린 자가 고침을 받음; 수난이 다시 예고됨; 겸손할 것

을 명하심 9:28-50

c. 예루살렘으로의 마지막 여행. 우리는 이 부분을 18개로 나눌 수 있음.

1. 편협한 사마리아인들의 불친절 9:51-57

2. 길에서, 합당하지 않으면서도 따르려는 자는 내침을 당함; 합당한 자는 따르라고 함 9:58-62

3. 70명을 파송하고 그들이 돌아옴 10:1-24; 율법학자에게 선한 사마리아인의 이야기를 통해 이웃을 사랑하라고 가르치심 10:25-37

4. 베다니에서 마르다보다 마리아가 칭찬을 듣다 10:38-42

5. 어떤 곳에서 제자들에게 기도하는 법을 가르치시다 11:1-13; 귀신을 내쫓고, 그런 행동을 변호하다 11:14-26; 여인이 하는 말을 수정하시다 11:27, 28; 표적을 구하는 자를 꾸짖다 11:29-36

6. 어떤 집 안에서, 율법학자와 바리새인들이 책망을 듣다 11:37-54

7. 우리 주님께서 제자들에게 하시는 말씀 12:1-12; 중간에 끼어든 사람에게 하시는 말씀 12:13-21; 다시 자신의 제자들에게 하시는 말씀 12:22-40; 베드로에게 하시는 말씀 12:41-53; 백성들에게 하시는 말씀 12:54-59

8. 회개의 필요성에 대해 밝히시다 13:1-9; 안식일에 고침을 받은 여인 13:10-21

9. 구원받는 자가 적음 13:22-30

10. 헤롯을 가리켜 여우라고 하심; 예루살렘을 책망하심 13:31-35

11. 바리새인의 집에서 안식일에 수종병 환자를 고치심 14:1-6; 그리고 다음과 같은 것들을 가르치심 - 겸손에 대해 14:7-11; 호의를 베푸는 것에 대해 14:12-14; 큰 잔치에 대해 14:15-24; 자기부인의 필요성에 대해 14:25-35

12. 죄인들의 회개에 대한 기쁨을 옹호하심 15:1-10; 그리고 탕자의 이야기를 통해 이것을 보여주심 15:11-32; 불의한 청지기와 그 세대에서의 지혜 16:1-13; 바리새인들이 책망을 받고 다음과 같은 이야기를 통해 경고를 받다 16:14-18 - 나사로와 부자의 이야기 16:19-31; 실족하게 만드는

것에 대한 경고 17:1-4; 사도들의 믿음이 커지다 17:5-10

13. 사마리아와 갈릴리 지역에서 열 명의 나병 환자를 고치다 17:11-19

14. 하나님의 나라가 언제 임할지에 대한 질문에 답을 하시다 17:20-37; 꾸준히 기도할 것을 명하시다 18:1-8; 바리새인과 세리의 이야기를 통해 겸손해지길 요구하시다 18:9-14

15. 어린이에게 복을 내리시다 18:15-17; 젊은 부자에게 답을 하시다 18:18-27; 그리고 무엇을 가져야 하는지 묻는 베드로에게 대답하시다 18:28-30

16. 자신의 수난에 대해 세 번째 예고하시다 18:31-34

17. 여리고 근처에서 시각장애인을 치유하시다 18:35-42

18. 여리고에서 삭개오에게 구원을 선포하시다 19:1-10; 자신의 나라가 갑자기 임하는 것에 답변하시다 19:11-28

D. 예루살렘에서 하신 일

a. 마지막 일주일의 처음 4일간

1. 왕으로서의 입성 19:29-44

2. 성전을 더럽힌 것을 바로잡으시다 19:45-46; 성전을 복구하시고 19:47-48; 그리고 회복시키시다 20:1-8

3. 성전에서의 가르침

   1) 어떤 주인의 비유 20:9-19

   2) 세금을 내는 것에 대한 답변 20:20-26; 그리고 부활에 대한 답변 20:27-40

   3) 다윗의 자손에 대한 질문 20:41-44

   4) 제자들을 훈계하시다 20:45-47

   5) 가난한 과부의 헌금을 칭찬하시다 21:1-4

4. 성전과 예루살렘 성과 세상의 끝에 대하여 예고하시다 21:5-38

5. 유다가 대제사장들과 합의를 보다 22:1-6

b. 목요일

1. 베드로와 요한이 유월절을 준비하다 22:7-13

2. 주님의 만찬; 만찬이 끝난 후 주님의 말씀 22:14-23

3. 누가 가장 크냐에 대한 문제로 논쟁이 벌어짐 22:24-30

4. 베드로와 다른 사도들에게 경고하심 22:31-38

5. 올리브 산에서

   1) 예수께서 기도하시고 고민에 빠지시다; 천사들에게 힘을 얻으시다; 제
      자들을 깨우시다 22:39-46

   2) 예수께서 배반당하시다; 제대로 변호를 받지 못하시다 22:47-53

   3) 대제사장의 집으로 끌려오시다 22:54; 베드로의 부인 22:55-62; 조롱당
      하심 22:63-65

c. 금요일

   1. 그의 수난과 죽음: 벌어진 일들

      1) 의회에서 22:66-71

      2) 빌라도와 함께 23:1-5

      3) 헤롯과 함께 23:6-12

      4) 다시 빌라도와 함께 23:13-25

      5) 길에서 23:26-32

      6) 골고다에서. 십자가. 그리고 예수의 기도 23:33, 34; 그의 옷을 나눠 갖
         다 23:34; 조롱: 십자가의 명패 23:35-39; 회개하는 강도 23:40-43; 이상

한 일이 벌어지고 예수께서 돌아가심 23:44-46; 사람들이 이것을 목격

함 23:47-49

2. 그분의 장례 23:50-53

d. 금요일 저녁과 토요일 23:54-56

e. 그분의 부활이 알려지다

1. 여인들에게 24:1-12

2. 시골로 내려가던 두 사람과 베드로에게 24:13-35

3. 다른 두 제자에게 24:36-45

f. 사도들에게 명령이 내려지다, 승천 24:46-53

누가복음 1장

¹ 우리 가운데서 일어난 일들에 대하여 차례대로 이야기를 엮어내려고 손을 댄 사람이 많이 있었습니다. ² 그들은 이것을 처음부터 말씀의 목격자요 전파자가 된 이들이 우리에게 전하여 준 대로 엮어냈습니다. ³ 그런데 존귀하신 데오빌로님, 나도 모든 것을 시초부터 정확하게 조사하여 보았으므로, 각하께 그것을 순서대로 써 드리는 것이 좋겠다고 생각하였습니다. ⁴ 이리하여 각하께서 이미 배우신 일들이 확실한 사실임을 아시게 되기를 바라는 바입니다. ⁵ 유대왕 헤롯 때에, 아비야 조에 배속된 제사장으로서, 사가랴라고 하는 사람이 있었다. 그의 아내는 아론의 자손인데, 이름은 엘리사벳이다. ⁶ 그 두 사람은 다 하나님 앞에서 의로운 사람이어서, 주님의 모든 계명과 규율을 흠잡을 데 없이 잘 지켰다. ⁷ 그런데 그들에게는 자녀가 없었다. 엘리사벳이 임신을 하지 못하는 여자이고, 두 사람은 다 나이가 많았기 때문이다. ⁸ 사가랴가 자기 조의 차례가 되어서, 하나님 앞에서 제사장의 직분을 담당하게 되었다. ⁹ 어느 날 제사직의 관례를 따라 제비를 뽑았는데, 그가 주님의 성소에 들어가 분향하는 일을 맡게 되었다. ¹⁰ 그가 분향하는 동안에, 온 백성은 다 밖에서 기도하고 있었다. ¹¹ 그 때에 주님의 천사가 사가랴에게 나타나서, 분향하는 제단 오른쪽에 섰다. ¹² 그는 천사를 보고 놀라서, 두려움에 사로잡혔다. ¹³ 천사가 그에게 말하였다. "사

가라야, 두려워하지 말아라. 네 간구를 주님께서 들어 주셨다. 네 아내 엘리사벳이 너에게 아들을 낳아 줄 것이니, 그 이름을 요한이라고 하여라. **¹⁴** 그 아들은 네게 기쁨과 즐거움이 되고, 많은 사람이 그의 출생을 기뻐할 것이다. **¹⁵** 그는 주님께서 보시기에 큰 인물이 될 것이다. 그는 포도주와 독한 술을 입에 대지 않을 것이요, 어머니 뱃속에 있을 때부터 성령을 충만하게 받을 것이며, **¹⁶** 이스라엘 자손 가운데서 많은 사람을 그들의 주 하나님께로 돌아오게 할 것이다. **¹⁷** 그는 또한 엘리야의 심령과 능력을 가지고 주님보다 앞서 와서, 부모의 마음을 자녀에게로 돌아오게 하고 거역하는 자들을 의인의 지혜의 길로 돌아서게 해서, 주님을 맞이할 준비가 된 백성을 마련할 것이다." **¹⁸** 사가랴가 천사에게 말하였다. "어떻게 그것을 알겠습니까? 나는 늙은 사람이요, 내 아내도 나이가 많으니 말입니다." **¹⁹** 천사가 그에게 말하였다. "나는 하나님 앞에 서 있는 가브리엘인데, 나는 네게 이 기쁜 소식을 전해 주려고 보내심을 받았다. **²⁰** 보아라, 그 때가 되면 다 이루어질 내 말을 네가 믿지 않았으므로, 이 일이 이루어지는 날까지, 너는 벙어리가 되어서 말을 못하게 될 것이다." **²¹** 백성이 사가랴를 기다리는데, 그가 성소 안에서 너무도 오래 지체하므로, 이상하게 여기고 있었다. **²²** 그런데 그가 나와서도 말을 못하니까, 사람들은 그가 성소 안에서 환상을 본 줄로 알았다. 사가랴는 그들에게 손짓만 할 뿐이요, 그냥 말을 못하는 채로 있었다. **²³** 사가랴는 제사 당번 기간이 끝난 뒤에 집으로 돌아갔다. 24 그 뒤에 얼마 지나서, 그의 아내 엘리사벳이 임신하고, 다섯 달 동안 숨어 살면서 이렇게 말하였다. **²⁵** "주님께서 나를 돌아보셔서 사람들에게 당하는 내 부끄러움을 없이해 주시던 날에 나에게 이런 일을 베풀어 주셨다." **²⁶** 그 뒤로 여섯 달이 되었을 때에, 하나님께서 천사 가브리엘을 갈릴리 지방의 나사렛 동네로 보내시어, **²⁷** 다윗의 가문에 속한 요셉이라는 남자와 약혼한 처녀에게 가게 하셨다. 그 처녀의 이름은 마리아였다. **²⁸** 천사가 안으로 들어가서, 마리아에게 말하였다. "기뻐하여라, 은혜를 입은 자야, 주님께서 그대와 함께 하신다." **29** 마리아는 그 말을 듣고 몹시 놀라, 도대체 그 인사말이 무슨 뜻일까 하고 궁금히 여겼다. **30** 천사가 마리아에게 말하였다. "두려워하지 말아라. 마리아야, 그대는 하나님의 은혜를 입었다. **31** 보아라, 그대가 잉태하여 아들을 낳을 터이니, 그의 이름을 예수라고 하여라. **32** 그는 위대하게 되고, 더없이 높으신 분의 아들이라고 불릴 것이다. 주 하나님께서 그에게 그의 조상 다윗의 왕위를 주실 것이다. **33** 그는 영원히 야곱의 집을 다스리고, 그의 나라는 무궁할 것이다." **34** 마리아가 천사에게 말하였다. "나는 남자를 알지 못하는데, 어떻게 이런 일이 있겠습니까?" **35** 천사가 마리아에게 대답하였다. "성령이 그대에게 임하시고, 더없이 높으신 분의 능력이 그대를 감싸 줄 것이다. 그러므로 태어날 아기는 거룩한 분이요, 하나님의 아들이라고 불릴 것이다. **36** 보아라, 그대의 친척 엘리사벳도 늙어서 임신하였다. 임신하지 못하는 여자라 불리던 그가 임신한 지 벌써 여섯 달이 되었다. **37** 하나님께는 불가능한 일이 없다." **38** 마리아가 말하였다. "보십시오, 나는 주님의 여종입니다. 당신의 말씀대로 나에게 이루어지기를 바랍니다." 천사는 마리아에게서 떠나갔다. **39** 그 무렵에, 마리아가 일어나, 서둘러 유대 산골에 있는 한 동네로 가서, **40** 사가랴의 집에 들어가, 엘리사벳에게 문안하였다. **41** 엘리사벳이 마리아의 인사말을 들었을 때에, 아이가 그의 뱃속에서 뛰놀았다. 엘리사벳이 성령으로 충만해서, **42** 큰 소리로 외쳐 말하였다. "그대는 여자들 가운데서 복을 받았고, 그대의 태중의 아이도 복을 받았습니다. **43** 내 주님의 어머니께서 내게 오시다니, 이것이 어찌된 일입니까? **44** 보십시오. 그대의 인사말이 내 귀에 들어왔을 때에, 내 태중의 아이가 기뻐서 뛰놀았습니다. **45** 주님께서 하신 말씀이 이루어질 줄 믿은 여자는 행복합니다." **46** 그리하여 마리아가 말하였다. "내 영혼이 주님을 찬양하며 **47** 내 마음이 내 구주 하나님을 좋아함은, **48** 그가 이 여종의 비천함을 보살펴 주셨기 때문입니다. 이제부터는 모든 세대가 나를 행복하다 할 것입니다. ⁴⁹ 힘센 분이 나에게 큰 일을 하셨기 때문입니다. 그의 이름은 거룩하고, ⁵⁰ 그의 자비하심은, 그를 두려워하는 사람들에게 대대로 있을 것입니다. ⁵¹ 그는 그 팔로 권능을 행하시고 마음이 교만한 사람들을 흩으셨으니, ⁵² 제왕들을 왕좌에서 끌어내리시고 비천한 사람을 높이셨습니다. ⁵³ 주린 사람들을 좋은 것으로 배부르게 하시고, 부한 사람들을 빈손으로 떠나보내셨습니다. ⁵⁴ 그는 자비를 기억하셔서, 자기의 종 이스라엘을 도우셨습니다. ⁵⁵ 우리 조상들에게 말씀하신 대로, 그 자비는 아브라함과 그 자손에게 영원토록 있을 것입니다." ⁵⁶ 마리아는 엘리사벳과 함께 석 달쯤 있다가 자기 집으로 돌아갔다. ⁵⁷ 엘리사벳은 해산할 달이 차서, 아들을 낳았다. ⁵⁸ 이웃 사람들과 친척들은, 주님께서 큰 자비를 그에게 베푸셨다는 말을 듣고서, 그와 함께 기뻐하였다. ⁵⁹ 아기가 태어난 지 여드레째 되는 날에, 그들은 아기에게 할례를 행하러 와서, 그의 아버지의 이름을 따서, 그를 사가랴라 하고자 하였다. ⁶⁰ 그러나 아기 어머니가 말하였다. "안 됩니다. 요한이라고 해야 합니다." ⁶¹ 사람들이 말하였다. "당신의 친척 가운데는 아무도 이런 이름을 가진 사람이 없습니다." ⁶² 그들은 그 아버지에게 아기의 이름을 무엇으로 하려는지 손짓으로 물어 보았다. ⁶³ 그가 서판을 달라 하여 "그의 이름은 요한이다" 하고 쓰니, 모두들 이상히 여겼다. ⁶⁴ 그런데 그의 입이 곧 열리고 혀가 풀려서, 말을 하며 하나님을 찬양하였다. ⁶⁵ 이웃 사람들은 모두 두려워하였다. 이 모든 이야기는 유대 온 산골에 두루 퍼졌다. ⁶⁶ 이 말을 들은 사람들은 모두 이 사실을 그들의 마음에 두고 "이 아기가 대체 어떤 사람이 될 것인가?" 하고 말하였다. 주님의 보살피는 손길이 그 아기와 함께 하시는 것이 분명했기 때문이다. ⁶⁷ 요한의 아버지 사가랴가 성령으로 충만하여, 이렇게 예언하였다. ⁶⁸ "주 이스라엘의 하나님은 찬양받으실 분이시다. 그는 자기 백성을 돌보아 속량하시고, ⁶⁹ 우리를 위하여 능력 있는 구원자를 자기의 종 다윗의 집에 일으키셨다. ⁷⁰ 예로부터 자기의 거룩한 예언자들의 입으로 주님께서 말씀하신 대로 ⁷¹ 우리를 원수들에게서 구원하시고, 우리를 미워하는 모든 사람들의 손에서 건져내셨다. ⁷² 주님께서 우리 조상에게 자비를 베푸시고, 자기의 거룩한 언약을 기억하셨다. ⁷³ 이것은 주님께서 우리에게 주시려고 우리 조상 아브라함에게 하신 맹세이니, ⁷⁴ 우리를 원수들의 손에서 건져주셔서 두려움이 없이 주님을 섬기게 하시고, ⁷⁵ 우리가 평생 동안 주님 앞에서 거룩하고 의롭게 살아가게 하셨다. ⁷⁶ 아가야, 너는 더없이 높으신 분의 예언자라 불릴 것이니, 주님보다 앞서 가서 그의 길을 예비하고, ⁷⁷ 죄 사함을 받아서 구원을 얻는 지식을 그의 백성에게 가르쳐 줄 것이다. ⁷⁸ 이것은 우리 하나님의 자비로운 심정에서 오는 것이다. 그는 해를 하늘 높이 뜨게 하셔서, ⁷⁹ 어둠 속과 죽음의 그늘 아래에 앉아 있는 사람들에게 빛을 비추게 하시고, 우리의 발을 평화의 길로 인도하실 것이다." ⁸⁰ 아기는 자라서, 심령이 굳세어졌다. 그는 이스라엘 백성 앞에 나타나는 날까지 광야에서 살았다.

웨슬리와 함께 읽기

1,2 이 짧고도 비중이 있으며, 딱히 겉치레는 없지만, 분명히 서술한 헌정사는 성 누가의 복음서뿐만 아니라 사도행전에도 나와 있다. **많은 사람이 손을 댔다** - 여기에서 성 마태나 성 마가를 가리키는 것은 아니다. 성 요한도 그렇게 일찍 그의 복음서를 쓰지 않았다. 이 사람들은 자신들이 본 것을 직접 목격한 사람들이고 복음을 전하고 가르치는 사역자였다.

2 누가복음 1장 1절 주석을 보라.

3 **순서대로 써드리는** - 성 누가는 사건을 발생 순서대로 썼다. 먼저 그리스도의 행적인데, 여기에는 그분의 수태, 탄생, 어린 시절, 세례, 기적, 설교, 수난, 부활, 승천 등이 있다. 그다음에는 사도들의 행적을 기술한다. 그러나 세부적인 상황에 있어서 그는 종종 시간의 순서에 따르지 않는다. **존귀하신 데오빌로님** - 이 호칭은 주로 로마의 고관에게 붙이는 호칭이었다. 데오빌로는 알렉산드리아에서 존경받는 사람이었다. 사도행전 1장 1절에서 성 누가는 그에게 이 호칭을 붙이지 않는다. 아마도 그곳에서 이 사람은 그저 한 개인으로서 언급되고 있을 것이다. 이 서문에 이어서 성 누가는 우리에게 그리스도의 역사를 말해주는데, 여

기에는 그분께서 이 세상에 오시는 것으로부터 시작하여 하늘로 올라가신 것까지를 다루고 있다.

5 아비야 조에 – 제사장들은 24개 조로 편성되었는데, 아비아의 조는 여덟 번째 조였다(대상 24:10). 각 조는 자기 순서에 따라 안식일로부터 다음 안식일까지 7일 동안 섬겼다. 대기하고 있는 각 조의 제사장은 제비뽑기로 자기의 할 일 몫을 부여받았다.

6 모든 도덕법과 의식 제의법을 흠 없이 잘 지켰다 – 이 얼마나 존경할 만한 사람인가! 우리의 행동 또한 이처럼 흠이 없기를! 우리도 계명을 이처럼 신실하고 빠짐없이 잘 순종하기를!

10 이처럼 유대인들은 꾸준하게 경건하였다. 이것이 바로 경건한 모습의 기초였으며, 이것을 통해 성경에서 말하는 기도는 종종 향불과 비교되었다. 아마도 향불을 피우는 한 이유는 함께 드려지는 기도가 받으실 만한 것임을 보여주기 위한 것이었을 것이다.[2] 향불을 피우는 또 다른 이유는 희생 제사를 드리는 자들에게 향기롭고 달콤한 맛을 생각나게 해주기 위함이었는데, 이 제사는 일단 자신들을 위해 하나님께 드려지는 것이고, 그 향은 성도들의 기도와 함께 계속 드려졌다. 이 기도는 보좌 앞에 있는 황금 제단 위에 올려진다(계 8:3-4).

12 스가랴가 놀라서 – 비록 그는 하나님과 대화를 나누는 일에 익숙한 사람이었지만, 우리는 그가 천사의 메시지에 굉장히 놀랐다는 것을 볼 수 있다. 왜냐하면 천사가 와서 말을 하는 것은 자연인으로서 눈을 뜨고 지켜볼 수 없는 것이었기 때문이었다. 그렇다면 하늘의 영들이 우리에게 보여주는 이 예배가 일반적으로는 보이지 않는 것이라는 사실은 하나님의 지혜와 선하심의 좋은 예라고 할 수 있지 않겠는가?[3]

13 네 간구를 들어주셨다 – 경건한 예배자의 기도는 하나님께 상달된다

는 것을 눈여겨보자. 이 사람에게 있어서는 어떠한 값비싼 향수도 올바른 마음의 향기보다 달콤하지 않다. 지금 벌어지는 상황은 가장 당혹스러운 것처럼 보이지만, 평안의 답변이 주어진다. 우리도 마찬가지로 인내로써 주님을 기다리자. 그리고 그분의 지혜에 우리의 시간과 방식을 넘겨드리자. 그러면 그분께서 우리를 위해 나타나실 것이다. 그의 이름을 요한이라 하라 - 요한은 여호와의 은혜나 호의라는 뜻이 있다. 이 이름은 그에게 아주 적절한 것이었다. 왜냐하면 이 사람은 이후에 하나님의 호의와 넘치는 은혜를 아주 많이 받기 때문이다. 또한 그는 메시아의 나라에서 가장 영광스럽게 은혜를 얻도록 이끄는 길을 열어준 사람이었기 때문이다. 그래서 사가랴가 이 아기를 위해서 이전에 했던 기도와 그가 백성들을 대표하는 사람으로서 메시아의 나타나심을 위하여 아마도 바로 이때 했던 기도는 그 메시아보다 앞선 요한의 탄생을 통해 분명하게 응답받았다.

15 그는 주님께서 보시기에 큰 인물이 될 것이다 - 하나님 아버지. 이 하나님은 성령 하나님이시고 성자 하나님이신데, 이것은 바로 뒤에 언급되어 있다. 포도주와 독한 술을 입에 대지 않을 것이요 - 그는 자기 절제와 자기 부인의 모범이 될 것이다. 또한 그는 성령으로 더욱 충만해 있을 것이다.

16 따라서 "세례 요한과 같이 설교하는 것"에 대해 부끄러워할 필요가 없다. 그들의 주 하나님께로 - 그리스도께로.

17 그는 또한 엘리야의 심령과 능력을 가지고 주님보다 앞서 와서 - 똑같은 인격, 용기, 검소함, 열정 그리고 그의 말에 따르는 똑같은 능력을 가지고. 부모의 마음을 자녀에게로 돌아오게 하고 - 서로 다른 이들을 화해시키고, 흔히 국가들 사이에서 종종 벌어지는 전쟁 같은 가장 신랄

한 다툼을 종식하며. **불순종하는 마음을 의인의 지혜로 돌아오게 하고** –
가장 완고한 죄인들을 참된 지혜로 돌아오게 하는 것으로서, 이 지혜는
하나님 앞에서 의로운 사람들 사이에서만 찾아볼 수 있는 지혜이다.

18 사가랴가 천사에게 말하였다. "어떻게 그것을 알겠습니까" – 복되신
성모 마리아가 "이것이 어찌 된 일입니까?"라고 말했을 때와는 달리 사
가랴는 그 사실을 믿지 않았다. 마리아는 의심하지 않았고 단지 그것이
어떻게 하여 이루어지는지만 질문한 것이다.

19 나는 하나님 앞에 서 있는 가브리엘인데 – 하나님 앞에는 7명의 천사
가 서 있다(계 7:2). 이 천사들은 다른 누구보다도 큰 것 같다. 이 구절에는
눈여겨볼 만한 점층적인 기법이 있어서, 사가랴의 불신에 대한 죄책감
을 증가시키고 있다. 그는 마치 하나님의 거룩한 천사인 가브리엘이라
고 말하는 것 같다. 그렇다. 가장 높은 천사 중 하나이다. 그뿐만 아니라
특히 하나님으로부터 보내심을 받은 천사이다. 그리고 특히 너에게 전
해줄 메시지를 가지고 있는 천사이다. 아니, 네가 가장 큰 기쁨으로 기
꺼이 받아들여야만 하는 기쁜 소식을 보여주려고 온 천사이다.

20 네가 벙어리가 되어서 – 헬라어로 이 단어는 말을 못 할 뿐만 아니라
귀도 못 듣는 것을 의미한다. 아마도 그가 말도 못 할 뿐만 아니라 듣지
도 못한 것이 확실해보인다. 왜냐하면 그의 친구들이 그가 알아들을 수
있도록 손짓을 해야만 했기 때문이다(눅 1:62).

21 백성이 기다리는데 – 그가 와서 평상시에 하는 대로 축복한 후에 자
기들을 돌려보내 주기를 기다리는데.

24 숨어 살면서 – 그녀는 무리에게서 떨어져나왔다. 그녀가 그렇게 한
이유는 하나님께서 하신 놀라운 자비로 인해 하나님을 기뻐하고 찬양
할 좀 더 넉넉한 시간을 갖기 위함이었다.

25 주님께서 나를 돌아보셔서 사람들에게 당하는 내 부끄러움을 없이해 주시던 - 유대인들 사이에서는 아기를 갖지 못하는 것이 상당한 수치였다. 왜냐하면 의로운 자들에게는 수태할 수 있다는 약속이 주어졌기 때문이었다.

26 여섯 달 - 엘리사벳이 임신한 후로.

27 [다윗의 가문에 속한 요셉이라는 남자와 약혼한 처녀에게 가게 하셨다. 그 처녀의 이름은 마리아였다.]

약혼한 - 결혼하기 얼마 전에 증인들 앞에서 결혼하겠다는 약조를 맺는 것이 유대인에게 있어서는 관습이었다. 그리스도께서는 순전한 처녀에게서 태어나셨는데, 하나님께서는 지혜를 통해 약혼하도록 만드셨고, 그리하여 육신의 측면에서 좋지 못한 평판을 받는 일이 생기지 않도록 하신 것이다.[4]

28 기뻐하여라, 은혜를 입은 자야, 주님께서 그대와 함께하신다 - 기뻐하라는 인사는 우리 주님께서 자기가 부활하신 이후에 여인들에게 하셨던 인사였다. "너는 은혜를 입었다" 혹은 "하나님께서 은혜를 주신다"(눅 1:30)라는 말은 다름 아닌 노아, 모세 그리고 다윗에게 하셨던 말씀이다. "주님께서 너와 함께 하신다"라는 말은 기드온에게 하셨던 말씀이다(삿 6:12). 그리고 "모든 여인 가운데 복되다"라는 말씀은 야엘에게 하신 말씀이다(삿 5:24). 이 인사는 성모 마리아를 숭배하는 것이 아니다. 이것은 마치 마리아에게 기도를 바치거나 예배를 드려서는 안 되는 것과 같은 것이다.

32 가장 높으신 분의 아들이라 불릴 것이다 - 어떤 인간이나 천사들도 이런 식의 뛰어난 의미로 불릴 수 없다. **주님께서는 그에게 그의 조상 다윗의 왕위를 주실 것이다** - 즉, 영적인 왕국으로서, 다윗의 왕국은 하

나의 모형이었다.

33 그는 야곱의 집을 다스리고 - 모든 참된 신자는 그 안에 들어간다.

35 성령이 그대에게 임하시고, 더없이 높으신 분의 능력이 그대를 감싸 줄 것이다 - 하나님의 능력은 성령을 통해 나타나는데, 성령은 바로 이 일을 행하시는 분이시다. 성령께서는 가장 높으신 분의 능력을 자기 자신의 능력으로 실행하셨으며, 이분은 성부 하나님 그리고 성자 하나님과 더불어 가장 높으신 하나님이시다. **그러므로** - 단지 그분께서 영원부터 계신 하나님이시기 때문일 뿐만 아니라 바로 이 사건에서 그분께서 하나님의 아들이라고 불릴 것이기 때문에.

36 보라, 그대의 사촌 엘리사벳도 - 비록 엘리사벳이 아론의 가문 사람이고 마리아는 아버지 쪽에서 볼 때 다윗의 집안사람이지만 이들은 자기들의 어머니 쪽에서 서로 연결되어 있다. 왜냐하면 율법은 여자 상속인들이 단지 다른 부족 사람과 결혼하는 것만 금지했기 때문이다. 그래서 그 외에 다른 사람들은 상호 부족 간에 결혼하였다. 특히 다윗과 레위 집안사람들이 그러했다.

38 마리아가 말하였다. 보십시오, 나는 주님의 여종입니다 - 이 동정녀가 겸손한 믿음을 가지고 동의를 표하며 기대하는 바로 이 시점이 그녀가 수태하게 되는 바로 그 시점이라는 것을 부인할 수 없다.[5]

39 유대 동네 - 아마도 헤브론을 가리킬 것이다. 이 동네는 유대의 언덕 산골에 있었으며 아론의 집에 속한 동네였다.

41 엘리사벳이 마리아의 인사말을 들었을 때 - 그녀는 천사가 자기에게 해주었던 이야기를 가지고 그녀에게 인사를 한다. 바로 이때 그녀의 영혼에 있던 기쁨이 그녀의 몸에 영향을 주어서 신기하게도 그녀의 배 속에 있던 아기가 마치 기쁨에 넘쳐서 뛰듯이 움직였던 것이다.

45 믿은 여자는 행복합니다 - 아마도 그녀는 사가랴의 불신을 생각하고 있었을 것이다.

46 마리아가 말하였다 - 예언의 영에 충만해서 몇 가지를 말했을 것인데, 아마도 이 당시에 그녀 자신도 자기가 하는 말을 충분히 이해하지 못한 상태였을 것이다.

47 그녀는 여기에서 자기 생각을 자기 몸에서 태어날 그리스도 그분께로 돌린 것 같다. 천사가 말했던 것처럼 그분은 가장 높으신 분의 아들이며, 그 이름은 예수, 즉 구세주라고 불릴 것이다. 그녀는 그분에 대한 믿음을 통해서 구원의 소망 가운데서 기뻐하였으며, 이것은 육신의 어머니뿐만 아니라(특히 그녀에게 있어서 이것은 영광스러운 일이다) 모든 믿는 자들에게도 똑같이 주어지는 축복이다. 우리가 하나님 안에서 기뻐한다는 그 이유로 그녀 또한 자신의 구세주이신 하나님 안에서 기뻐한다. 하나님께서 자신의 여종의 비천한 처지를 돌아보신 것처럼, 그분께서는 우리의 낮은 처지 또한 똑같이 돌보신다. 우리가 죄와 비참한 가운데서 가장 낮은 상태로 떨어졌을 때 은혜롭게도 그분께서는 그녀와 우리를 구원하시기 위해서 오셨다.

51 그 팔로 권능을 행하시고 - 즉, 그분께서는 자신의 능력이 얼마나 뛰어난지 보이셨다. 그녀는 메시아를 통해서 하나님께서 이제 하려고 하시는 이러한 일들이 이미 일어난 것처럼 예언자적으로 말한다. 그는 교만한 사람들을 흩으셨다 - 눈에 보이거나 보이지 않는.

52 능력 있는 자들을 끌어내리시고 - 천사나 사람이나 모두.

54 자기의 종 이스라엘을 도우셨습니다 - 메시아를 보내셔서.

55 그 자손에게 - 그분의 영적인 자손들. 모든 참된 신자.

56 마리아는 자기 집으로 돌아갔다 - 그리고 며칠 후에 베들레헴으로

갔다.

60 그의 어머니가 말하였다 – 의심할 여지없이 계시 혹은 하나님으로부터 특별한 자극을 받아서.

66 주님의 손 – 하나님에게서 나오는 특별한 권능이나 축복.

67 사가랴가 예언하였다 – 이제 이어서 나오는 장면에 그 내용이 있다. 그러나 눈여겨볼 것은 그가 주로 그리스도에 대하여 말한다는 것이다. 요한에 대해서는 그저 부수적으로만 말한다.

69 뿔 – 명예, 풍성함, 힘 등을 뜻한다. **구원의 뿔** – 즉, 영광스럽고 능하신 구세주.

70 옛날부터 예언자들이 있었다.

74 두려움이 없이 섬기게 하시고 – 어떠한 노예의 두려움 없이. 여기에 위대한 약속의 속성이 나타나 있다. 우리는 항상 거룩하며 항상 행복할 것이다. 우리는 사탄과 죄로부터 구원을 받을 것이며, 모든 불편함과 거룩하지 못한 성품으로부터 건져냄을 받을 것이다. 그래서 우리는 모든 생각과 말과 행실에 있어서 기쁨으로 하나님을 사랑하고 섬길 것이다.

76 그리고 너 아가야 – 그는 이제야 요한에게 말한다. 그러나 여전히 그는 부모로서가 아니라 예언자로서 말한다.

77 죄 사함을 받아서 구원을 얻는 지식을 줄 것이다 – 우리가 죄를 용서받았다는 것을 아는 것은 현재의 구원과 영원한 구원의 위대한 방편이다(히 8:11-12). 그러나 여기에서 언급된 이 말의 의미는 그들 자신의 죄를 사함으로써 구원의 교리, 즉 복음을 선포한다는 뜻인 것 같다.

78 날이 솟아올라 – 즉, 해가 떠서. 그리스도를 가리킴.

역자 해설

    누가가 자신의 복음서를 썼던 때는 예수님께서 이 땅에 오셔서 사역하시고 승천하신 주후 30년 전후로부터 대략 50여 년이 흐른 뒤였습니다. 예수님을 따라다니던 1세대 증인들도 하나둘씩 세상을 떠났고, 이제 그 후손들에게 복음이 전달되었습니다. 그래서 다른 복음서 저자들처럼 누가도 예수님에 관한 이야기를 기록합니다. 우리에게 알려진 복음서 저자들 외에도 이미 많은 사람이 예수님 사건을 기록으로 남기려고 시도했습니다(1절). 누가는 비록 1세대 증인은 아니지만, 그 1세대 증인들로부터 전해 들은 이야기를 기록합니다(2절). 그리고 그것을 데오빌로라는 사람에게 전해주려고 합니다.

    누가는 이 이야기를 '우리 가운데 일어난' 일이라고 말합니다(1절). '일어난'이라고 번역된 그리스어는 원래 '성취된'이라는 뜻입니다. 즉, 누가는 누가복음과 사도행전을 쓰면서(행 1:1-2) 여기에 담긴 모든 이야기가 '성취된' 이야기라고 생각합니다. 이루어진 것은 어떤 일이 발생했다는 뜻이지만, 성취되었다는 말은 그 일이 있기 위해서 이미 모든 것이 다 계획되고 설계된 것이라는 뜻입니다. 누가복음은 예수님의 이야기를, 사도행전은 부활 승천 이후의 교회 이야기를 담고 있습니다. 누가는 이 모든 내용이 오래전에 이미 하나님께서 계획하시고 섭리하신 결과물이라고 이해합니다.

    누가복음과 사도행전에서 자주 눈에 띄는 단어가 하나 있는데, 그것은 '성령'이라는 것입니다. 누가는 종종 '성령에 이끌려', '성령이 임하셔서', '성령께서', '성령에 충만하여' 등과 같이 어떤 사건이나 일이 전개되는 데 성령의 개입을 자주 언급합니다. 즉, 누가-행전에 담긴 모든 일은 하나님께서 계획하시고 성취하신 일이며, 그 일을 지금도 하고 계시는데 그 일을 이끌어가시는 분이 바로 성령이시라는 것입니다. 누가복음과 사도행전에 자주 등장하는 또 다른 단어는 '기쁨'이라는 단어입니다. 즉, 누가-행전에 기록된 하나님의 모든 구원 사역의 결과로 우리에게 주어지는 것은 기쁨입니다.

누가는 1장에서 세례 요한의 수태고지와 탄생, 예수님의 수태고지를 말합니다. 가브리엘이 사가랴에게 전한 기쁜 소식은(14절) 세례 요한의 탄생입니다. 그의 탄생이 의미 있는 이유는 그가 말세의 엘리야로서 (17절, cf. 말 4:5-6) 사람들의 마음을 돌이켜서 주님을 맞이할 준비를 할 사람이기 때문입니다. 세례 요한이 탄생하자 사가랴가 예언의 노래를 부릅니다(67-79절). 그 내용은 자기 아들 요한을 축복하는 내용이 아니라 예수님을 통해 이루실 하나님의 계획에 대한 감사의 노래이며, 그 계획에 자기 아들의 역할을 예언하는 내용입니다.

수태고지를 받은 마리아도 찬미합니다. 흔히 '마그니피캇'이라고 부르는 마리아의 찬가(46-56절) 내용도 사가랴의 찬미처럼 하나님께서 하신 구원 사역에 감사하는 찬송입니다. 누가는 자신의 복음 이야기 첫 문을 열면서 하나님께서 우리를 위해 하신 놀라운 구원의 사역을 감사하며 찬양합니다. 이제 펼쳐질 누가복음과 사도행전의 모든 이야기는 우리를 향하신 하나님의 구원 이야기입니다. 인류가 오랫동안 간절히 기다리던 구원의 계획이 드디어 이루어졌습니다. 그것은 하나님께서 계획하시고 섭리하시며, 성령께서 이루어가시는 사건이며, 그 일로 인해 우리에게는 큰 기쁨이 주어집니다. 죄악에 짓눌려 고통 중에 신음하던 인류에게 주님의 오심은 힘과 위로, 우리의 기쁨이요 소망입니다. 이제 누가는 그 기쁨의 소식이 어떻게 펼쳐나가는지, 그것이 누구에 의해 어떤 방식으로 이루어졌는지 그리고 그것이 어떻게 우리의 기쁨이 되는지 이야기해줄 것입니다. 주님께서 오셨습니다, 할렐루야!

오소서, 오랫동안 기다리던 예수님
당신의 백성을 자유케 하시려 태어나셨네
두려움과 죄로부터 우리가 놓여서
당신 안에서 안식을 찾게 하소서
당신은 이스라엘의 힘이요 위로
온 인류의 소망이시니
모든 나라의 간절한 갈망이요
기다리는 모든 심령의 기쁨 되시네

당신의 백성 구원하시려 태어나셨네
왕이시지만 아기로 태어나셨네
우리 안에서 영원토록 다스리시려 태어나셨네
이제 당신의 은혜의 나라 임하게 하시고
당신의 영원한 성령으로써
우리 모두의 마음을 홀로 다스리소서
당신의 모든 충분한 공로로써
우리를 부활시키사
당신의 영광스런 보좌로 이끄소서

- 찰스 웨슬리, "Come, Thou Long Expected Jesus"

누가복음 2장

¹ 그 때에 아우구스투스 황제가 칙령을 내려 온 세계가 호적 등록을 하게 되었는데, ² 이 첫 번째 호적 등록은 구레뇨가 시리아의 총독으로 있을 때에 시행한 것이다. ³ 모든 사람이 호적 등록을 하러 저마다 자기 고향으로 갔다. ⁴ 요셉은 다윗 가문의 자손이므로, 갈릴리의 나사렛 동네에서 유대에 있는 베들레헴이라는 다윗의 동네로, ⁵ 자기의 약혼자인 마리아와 함께 등록하러 올라갔다. 그 때에 마리아는 임신 중이었는데, ⁶ 그들이 거기에 머물러 있는 동안에, 마리아가 해산할 날이 되었다. ⁷ 마리아가 첫 아들을 낳아서, 포대기에 싸서 구유에 눕혀 두었다. 여관에는 그들이 들어갈 방이 없었기 때문이다. ⁸ 그 지역에서 목자들이 밤에 들에서 지내며 그들의 양 떼를 지키고 있었다. ⁹ 그런데 주님의 한 천사가 그들에게 나타나고, 주님의 영광이 그들을 두루 비추니, 그들은 몹시 두려워하였다. ¹⁰ 천사가 그들에게 말하였다. "두려워하지 말아라. 나는 온 백성에게 큰 기쁨이 될 소식을 너희에게 전하여 준다. ¹¹ 오늘 다윗의 동네에서 너희에게 구주가 나셨으니, 그는 곧 그리스도 주님이시다. ¹² 너희는 한 갓난아기가 포대기에 싸여, 구유에 뉘어 있는 것을 볼 터인데, 이것이 너희에게 주는 표징이다." ¹³ 갑자기 그 천사와 더불어 많은 하늘 군대가 나타나서, 하나님을 찬양하여 말하였다. ¹⁴ "더없이 높은 곳에서는 하나님께 영광이요, 땅에서는 주님께

서 좋아하시는 사람들에게 평화로다." **15** 천사들이 목자들에게서 떠나 하늘로 올라간 뒤에, 목자들이 서로 말하였다. "베들레헴으로 가서, 주님께서 우리에게 알려주신 바, 일어난 그 일을 봅시다." **16** 그리고 그들은 급히 달려가서, 마리아와 요셉과 구유에 누워 있는 아기를 찾아냈다. **17** 그들은 이것을 보고 나서, 이 아기에 관하여 자기들이 들은 말을 사람들에게 알려 주었다. **18** 이것을 들은 사람들은 모두 목자들이 그들에게 전해준 말을 이상히 여겼다. **19** 마리아는 이 모든 말을 고이 간직하고, 마음 속에 곰곰이 되새겼다. **20** 목자들은 자기들이 듣고 본 모든 일이 자기들에게 일러주신 그대로임을 알고, 돌아가면서 하나님께 영광을 돌리며 그를 찬미하였다. **21** 여드레가 차서, 아기에게 할례를 행할 때에, 그 이름을 예수라고 하였다. 그것은, 아기가 수태되기 전에, 천사가 일러준 이름이다. **22** 모세의 법대로 그들이 정결하게 되는 날이 차서, 그들은 아기를 주님께 드리려고 예루살렘으로 데리고 올라갔다. **23** 그것은 주님의 율법에 기록된 바 "어머니의 태를 처음 여는 사내아이마다, 주님의 거룩한 사람으로 불릴 것이다" 한 대로 한 것이요, **24** 또 주님의 율법에 이르신 바 "산비둘기 한 쌍이나, 어린 집비둘기 두 마리를 드려야 한다" 한 대로, 희생제물을 드리기 위한 것이었다. **25** 그런데 마침 예루살렘에 시므온이라는 사람이 있었는데, 그 사람은 의롭고 경건한 사람이므로, 이스라엘이 받을 위로를 기다리고 있었고, 또 성령이 그에게 임하여 계셨다. **26** 그는 주님께서 세우신 그리스도를 보기 전에는 죽지 아니할 것이라는 성령의 지시를 받은 사람이었다. **27** 그가 성령의 인도로 성전에 들어갔을 때에, 마침 아기의 부모가 율법이 정한 대로 행하고자 하여, 아기 예수를 데리고 들어왔다. **28** 시므온이 아기를 자기 팔로 받아서 안고, 하나님을 찬양하여 말하였다. **29** "주님, 이제 주님께서는 주님의 말씀을 따라, 이 종을 세상에서 평안히 떠나가게 해주십니다. **30** 내 눈이 주님의 구원을 보았습니다. **31** 주님께서 이것을 모든 백성 앞에 마련하셨으니, **32** 이는 이방 사람들에게는 계시하시는 빛이요, 주님의 백성 이스라엘에게는 영광입니다." ³³ 아기의 아버지와 어머니는, 시므온이 아기에 대하여 하는 이 말을 듣고서, 이상하게 여겼다. ³⁴ 시므온이 그들을 축복한 뒤에, 아기의 어머니 마리아에게 말하였다. "보십시오, 이 아기는 이스라엘 가운데 많은 사람을 넘어지게도 하고 일어서게도 하려고 세우심을 받았으며, 비방 받는 표징이 되게 하려고 세우심을 받았습니다. ³⁵ —그리고 칼이 당신의 마음을 찌를 것입니다.— 그리하여 많은 사람의 마음 속 생각들이 드러나게 될 것입니다." ³⁶ 아셀 지파에 속하는 바누엘의 딸로 안나라는 여예언자가 있었는데, 나이가 많았다. 그는 처녀 시절을 끝내고 일곱 해를 남편과 함께 살고, ³⁷ 과부가 되어서, 여든네 살이 되도록 성전을 떠나지 않고, 밤낮으로 금식과 기도로 하나님을 섬겨왔다. ³⁸ 바로 이 때에 그가 다가서서 하나님께 감사를 드리고, 예루살렘의 구원을 기다리는 모든 사람에게 이 아기에 대하여 말하였다. ³⁹ 아기의 부모는 주님의 율법에 규정된 모든 일을 마친 뒤에, 갈릴리의 자기네 고향 동네 나사렛에 돌아왔다. ⁴⁰ 아기는 자라나면서 튼튼해지고, 지혜로 가득 차게 되었고, 또 하나님의 은혜가 그와 함께 하였다. ⁴¹ 예수의 부모는 해마다 유월절에 예루살렘으로 갔다. ⁴² 예수가 열두 살이 되는 해에도, 그들은 절기 관습을 따라 유월절을 지키러 예루살렘에 올라갔다. ⁴³ 그런데 그들이 절기를 마치고 돌아올 때에, 소년 예수는 예루살렘에 그대로 머물러 있었다. 그의 부모는 이것을 모르고, ⁴⁴ 일행 가운데 있으려니 생각하고, 하룻길을 갔다. 그 뒤에 비로소 그들의 친척들과 친지들 가운데서 그를 찾았으나, ⁴⁵ 찾지 못하여, 예루살렘으로 되돌아가서 찾아다녔다. ⁴⁶ 사흘 뒤에야 그들은 성전에서 예수를 찾아냈는데, 그는 선생들 가운데 앉아서, 그들의 말을 듣기도 하고, 그들에게 묻기도 하고 있었다. ⁴⁷ 그의 말을 듣고 있던 사람들은 모두 그의 슬기와 대답에 경탄하였다. ⁴⁸ 그 부모는 예수를 보고 놀라서, 어머니가 예수에게 말하였다. "얘야, 이게 무슨 일이냐? 네 아버지와 내가 너를 찾느라고 얼마나 애를 태웠는지 모른다." [49] 예수가 부모에게 말하였다. "어찌하여 나를 찾으셨습니까? 내가 내 아버지의 집에 있어야 할 줄을 알지 못하셨습니까?" [50] 그러나 부모는 예수가 자기들에게 한 그 말이 무슨 뜻인지를 깨닫지 못하였다. [51] 예수는 부모와 함께 내려가 나사렛으로 돌아가서, 그들에게 순종하면서 지냈다. 예수의 어머니는 이 모든 일을 마음에 간직하였다. [52] 예수는 지혜와 키가 자라고, 하나님과 사람에게 더욱 사랑을 받았다.

웨슬리와 함께 읽기

1 온 세계가 호적 등록을 하게 되었는데 – 로마 제국의 영토 안에 거주하는 모든 남자나 여자는 자기 가족과 재산을 포함하여 등록해야 했다.

2 구레뇨가 시리아의 총독으로 있을 때 – 푸빌리우스 술피시우스 퀴리니우스는 시리아 지역을 다스렸는데, 그때 유대는 여기에 종속되어 있었다.

6 마리아는 아기가 베들레헴에서 태어날 것이라고는 알고 있지 못했던 것 같다. 베들레헴 탄생은 예언에 들어맞는 것인데, 이것은 하나님께서 자신의 섭리로 신경을 써서 하신 것이었다.

7 구유에 눕혀 두었다 – 마구간이라고 번역하는 것이 아마도 더 적절할 것이다. 그들은 소가 머무는 곳에 머물렀는데, 번잡한 시기에는 가난한 손님들이 이런 곳에 머물렀다.[6] 여관에는 그들이 들어갈 방이 없었다 – 오늘날에도 그리스도께서 머무실 방은 거의 없다(마 1:25).

11 너희에게 – 목동들; 이스라엘; 모든 인류에게.

14 천군 천사의 외치는 소리는 일반적으로 짧은 문장으로 이루어져 있다. 이 기쁨의 환호성은 이 하늘의 영들이 가지고 있는 경건과 호의를 잘 드러내 준다. 이들은 마치 "가장 높은 하늘에서 하나님께 영광! 모든

천군 천사는 그를 찬송하라! 구세주께서 탄생하셨으니 평화와 모든 종류의 행복이 이 땅으로 내려오네!"라고 외치는 것 같다. 그렇다. 넘쳐흐르는 하나님의 선하신 뜻과 호의가 이제 인간에게 행해지는 것이다.

20 자기들이 들은 모든 일을 – 마리아에게서 들은. **일러주신 그대로** – 천사들이 일러준.

21 아기에게 할례를 행할 – 유대인은 모든 율법을 지켜야만 했는데, 이 신성한 의식을 통해 이분께서 율법을 지켰다는 것을 보여주도록. 또한 예수께서 아브라함의 자손이라는 것을 보이기 위해서 그리고 하나님의 자녀로서 엄숙하게 드려지는 영광을 얻도록.

22 날 – 율법에 따라 40일(레 12:2, 4).

23 출애굽기 13장 2절.

24 산비둘기 한 쌍이나, 어린 집비둘기 두 마리 – 이 예물은 가난한 자들이 드릴 수 있는 정도의 예물이었다(레 12:8).

25 이스라엘이 받을 위로 – 메시아를 가리키는 통상적인 표현으로서, 메시아는 하나님의 이스라엘에 주어지는 영원한 위로였다. **성령이 그에게 임하여** – 즉, 그는 예언자였다.

27 성령의 인도로 – 그분으로부터 주어지는 특별한 계시나 자극으로.

30 당신의 구원 – 당신 그리스도, 당신 구세주.

32 주님의 백성 이스라엘에는 영광 – 이방인들에게 빛이 비추어진 이후에 모든 이스라엘은 구원을 받을 것이기 때문이다.

33 왜냐하면 부모들은 그들이 하는 말을 충분히 이해하지 못했기 때문이다.

34 시므온이 그들을 축복한 뒤에 – 요셉과 마리아를. 이 아기는 이스라엘 가운데 많은 사람을 넘어지게도 하고 일어서게도 하려고 세우심을 받

았으며 – 즉, 이 아기는 어떤 사람들 곧 불신자들에게 있어서는 죽음의 맛이 될 것이고, 믿는 자들에게 있어서는 생명의 맛이 될 것이다. **비방 받는 표징이 되게 하려고 세우심을 받았습니다** – 하나님으로부터의 표징. 그러나 사람들은 이 표징을 거부하였다. 그러나 이것을 온전히 드러낼 때는 아직 오지 않았다. **많은 사람의 마음속 생각들이 드러나게 될 것입니다** – 모순된 방법을 통해 많은 사람의 가장 깊은 곳에 있는 온갖 선하거나 악한 모든 생각이 분명하게 드러나게 될 것이다.

35 칼이 당신의 마음을 찌를 것입니다 – 그래서 그분께서 고난을 겪으실 때, 특히 그분께서 십자가에 달리실 때 정말로 그렇게 되었다.

37 여든네 살이 되도록 – 이것은 과부로 지낸 햇수를 가리키는 것이 아니라 그녀의 나이를 가리키는 것이다. **성전을 떠나지 않고** – 그녀는 성전에서 모든 지정된 기도 시간에 참여했다. **밤낮으로 금식과 기도로 하나님을 섬겨왔다** – 그렇게 많은 나이인데도. **밤낮으로** – 즉, 낮뿐만 아니라 밤에도 많은 시간을 성전에서 보냈다.

38 구원을 기다리는 모든 사람에게 – 구원의 홀(笏)은 비록 실제로 떠나지 않았지만 이제 유대를 떠나려고 하는 것 같다. 다니엘 주간(Daniel's weeks)[7]이 분명하게 그들에게 가까이 왔다. 그리고 세례 요한과 예수의 탄생과 관련된 기억할 만한 사건들과 더불어 예언의 영이 다시 살아났는데, 이것은 바로 이런 때에 경건한 사람들에게 열망하고 기대하는 마음을 북돋우고 다시 살려놓는 것이었다. 이 사람들처럼 영광의 면류관이라 할 수 있는 반백의 머리칼을 가진 노인들이 이 나이 든 성인들의 모습을 보고 도전을 받아서 의의 길에 머물기를! 이제 머지않아 무덤에 잠잠히 누워있게 될 노인들이 자신들의 연약한 입술을 가지고 이제 구세주를 찬송하기를! 그리스도에게서 소중히 여김을 받아온 노인들

이 그리스도께서 또한 소중히 여기시는 다른 사람을 뒤에 남겨두고 잘 떠날 수 있게 되기를! 또한 하나님의 구원을 기다리는 이들이 그곳으로 떠나서 그 구원을 즐길 수 있게 되기를!

40 아기는 자라나면서 – 육신의 힘과 키가. **마음도 강하여져서** – 그분의 인간적인 마음의 능력이 매일 강하게 자라났다. **지혜로 가득 차게** – 내 주하시는 성령의 빛을 통해서. 이 빛은 그분의 영혼 안에서 점점 열리게 되었다. **하나님의 은혜가 그와 함께** – 즉, 하나님의 특별한 호의가 비록 인간의 몸이지만 그분 위에 머물렀다.

43 소년 예수는 – 성 누가는 예수를 어린 시절부터 순서대로 묘사한다. 즉, 모태에서 태어난 예수(눅 1:42), 아기 예수(눅 2:12), 어린 소년 예수(눅 2:40). 이 구절에서는 어린이, 이후에는 어른인 예수이다. 이런 식으로 우리 주님께서는 인간 일생의 모든 과정을 거치셨다. 다만 그분은 노인 시절을 겪지 않으셨다.

44 일행 가운데 있으려니 생각하고 – 남자들과 여자들은 당시에 보통 끼리끼리 뭉쳐서 여행했기 때문이었다.

46 사흘 뒤에야 – 첫째 날은 여행하느라 보냈고, 둘째 날은 예루살렘으로 돌아오느라 보냈고, 셋째 날은 거기에서 예수를 찾느라 보냈다. **그들은 성전에서 그를 찾았다** – 성전의 한 귀퉁이에서. **선생들 가운데 앉아서** – 그분이 그들과 함께 말다툼했다는 기록은 없다. 다만 그분께서 그들에게 묻기도 하고 대답도 했다고 나오는데, 이것은 그렇게 모인 자리에서 아주 자연스러운 모습이었다. 그리고 바로 이런 이유로 그런 모임을 하는 것이었다. 만약에 그분께서 다른 사람들과 함께 이 선생들의 발치에 앉아있었더라면(학생들이 보통 이렇게 했다), 그분께서는 그들 가운데 섞여 있었을 것이다. 그러나 예수님과 선생들은 약간 높은 곳에 반원형

으로 둥글게 앉아서 이야기를 나눴을 것이고, 청중들과 학생들은 그보다 낮은 장소에서 듣고 있었을 것이다.

49 어찌하여 나를 찾으셨습니까 – 그분은 부모들이 자기를 잃어버린 것에 대해 원망하지 않으신다. 다만 자기를 찾아야만 한다고 생각했던 그 생각을 나무라신다. 그리고 그들에게 자기가 길을 잃어서 어디에선가 찾아야 하는 처지가 아니라 더 높으신 아버지의 뜻을 하고 있었다는 것을 말씀하신다.[8]

50 눈여겨볼 것은 요셉은 이후로 언급되지 않는다는 점이다. 아마도 요셉은 이후로 얼마 살지 못하고 죽은 것 같다.[9]

52 예수는 지혜가 자라고 – 인간으로서 볼 때. 그리고 **하나님에게 사랑을 받았다** – 육체가 자라나는 것만큼. 그리스도이신 예수께서 완벽하게 온전하신 것처럼, 인간이신 예수께서도 완벽하게 온전하시다. 하지만 예수께서는 마치 날마다 거룩해져야 하는 평범한 인간처럼 자기 안에 거룩함을 키우려고 하셨다.

역자 해설

아기 예수님이 태어나십니다. 인류의 구세주는 다 큰 어른, 힘센 장수의 모습이 아닌 아주 미약한 갓난아기로 오십니다. 이 아기는 마리아가 포대기로 감싸주지 않으면 체온이 떨어져서 얼마 못 가 죽게 되는 나약한 존재입니다. 엄마의 젖을 먹어야 하고 기저귀도 갈아줘야 하는 구세주입니다. 그냥 맘 편하게 하늘로부터 갑옷을 입고 내려오면 간단한데 왜 굳이 이렇게 힘들게 오셨을까요? 게다가 이 구세주를 널 곳이 마땅치 않아서 구유 안에 눕혔습니다. 물론 여관이 없어 여기저기 떠돌다가 어느 맘 착한 사람을 만나 그 집 안방에 들어가게 되었으니 그나마 다행입니다다만, 그래도 구유에 눕힌다는 것은 정상적인 모습은 아닙니다.

누가복음은 예수님의 탄생을 초라하지만 따스하게 그려냅니다. 비록 사람들이 붐벼서 여관에는 못 들어갔지만, 이름 모를 어느 주민의 환대를 받아 집으로 들어갈 수 있었습니다. 예수님을 구유에 뉘었다고 하니 마치 집 주인이 마당 한쪽 구석에 있는 마구간에 들어가라고 한 것으로 상상하면 안 됩니다. 한국 시골의 외양간과는 달리 고대 이스라엘은 사람이 머무는 방과 마구간이 한 지붕 아래 같이 붙어 있습니다. 그러니 집주인을 산모와 아기를 소똥 가득한 더럽고 추운 마당의 외양간으로 내몰아버린 야박한 사람으로 오해하면 안 됩니다. 도리어 이 집주인은 자기 안방을 내준 친절한 사람입니다. 비록 화려하지는 않았지만, 아기 예수님은 소박하고 따스한 환대를 받았습니다.

들에서 양을 치던 목자들이 기쁨의 소식을 듣고 예수님을 찾아왔을 때 예수님이 누워 있던 그 집 안방은 기뻐하는 사람들로 북적였을 것입니다. 들에서 노숙하던 양치기들이니 행색이 더럽고 초라했겠지요. 한쪽 구석에 있는 짐승들의 냄새며, 가난한 베들레헴 시골집 환경이니 깔끔하고 고급스러운 장면과는 거리가 멉니다. 하지만 그곳에는 기쁨과 환대와 따스함이 있습니다. 이들은 "주께서 기뻐하시는 사람들"입니다 (14절). 아기를 보려고 찾아온 사람들에게는 하나님을 향한 감사의 찬미가 있었습니다(20절).

아기 예수님을 하나님께 드리려고 성전에 올라갔을 때 이 부부는 비둘기 두 마리로 예물을 드립니다. 살림이 넉넉했으면 어린양 한 마리를 드렸겠지만, 그렇지 못했기에 비둘기 두 마리를 주님께 감사의 제물로 드립니다(레 12:8). 비록 예수님은 이처럼 소박하고 보잘것없는 가정 환경에서 태어나셨지만, 그곳에는 감사와 기쁨이 있습니다. 아기를 본 시므온은 아기 예수님을 보면서 하나님의 구원을 찬미합니다(눈크 디미티스[Nunc Dimittis], 29-32절). 일평생 성전에서 금식과 기도의 세월을 보내던 노파 안나에게도 아기 예수님의 탄생은 하나님의 구원이 성취되는 감사 제목이었습니다(36-38절).

아기 예수님의 오심은 초라합니다. 아기는 나약하고 환경은 좋지 못합니다. 하지만 그곳에는 기쁨과 따스함이 있습니다. 가난하고 힘없는 사람들에게 구원이 이루어집니다. 이것은 당시 힘과 권력을 쥔 높은 사람들에게는 큰 위협입니다. 양치기들을 찾아온 천사들의 찬양은 "이 땅에는 주님께서 기뻐하는 사람들에게 평화"입니다(14절). 이 '평화'라는 단어는 매우 도전적입니다. 당시 로마 제국의 모토는 '팍스 로마나', 즉 '로마의 평화'였습니다. 로마 제국은 칼과 창을 들고 세계를 정복했습니다. 그리고 로마 제국의 깃발이 꽂힌 곳에 비로소 평화가 온다고 선전했습니다. 누구도 감히 그런 평화는 거짓이며, 이 평화만이 참이라고 외칠 수 없었습니다. 그렇게 외치는 것은 로마 제국에 대한 반란이자 도전이었습니다. 그런데 누가는 당당하게 말합니다. 아기 예수님의 오심으로 비로소 이 땅에 진정한 '평화'가 이루어졌다고 말입니다. 로마의 평화(Pax Romana)가 아닌 그리스도의 평화(Pax Christi)가 진정한 평화이며, 그렇게 이루어진 세상에 참 기쁨이 찾아옵니다. 마음이 가난한 이들에게 찾아오신 아기 예수님이 오늘 우리의 낮은 마음에 오셔서 우리에게 참 평화와 기쁨을 주실 것입니다.

누가복음 3장

¹ 디베료 황제가 왕위에 오른 지 열다섯째 해에, 곧 본디오 빌라도가 총독으로 유대를 통치하고, 헤롯이 분봉왕으로 갈릴리를 다스리고, 그의 동생 빌립이 분봉왕으로 이두래와 드라고닛 지방을 다스리고, 루사니아가 분봉왕으로 아빌레네를 다스리고, ² 안나스와 가야바가 대제사장으로 있을 때에, 하나님의 말씀이 광야에 있는 사가랴의 아들 요한에게 내렸다. ³ 요한은 요단 강 주변 온 지역을 찾아가서, 죄사함을 받게 하는 회개의 세례를 선포하였다. ⁴ 그것은 이사야의 예언서에 적혀 있는 대로였다. "광야에서 외치는 이의 소리가 있다. 너희는 주님의 길을 예비하고, 그 길을 곧게 하여라. ⁵ 모든 골짜기는 메우고, 모든 산과 언덕은 평평하게 하고, 굽은 것은 곧게 하고, 험한 길은 평탄하게 해야 할 것이니, ⁶ 모든 사람이 하나님의 구원을 보게 될 것이다." ⁷ 요한은 자기에게 세례를 받으러 나오는 무리에게 말하였다. "독사의 자식들아, 누가 너희에게 닥쳐올 진노를 피하라고 일러주더냐? ⁸ 회개에 알맞은 열매를 맺어라. 너희는 속으로 '아브라함은 우리의 조상이다' 하고 말하지 말아라. 내가 너희에게 말한다. 하나님께서는 이 돌들로도 아브라함의 자손을 만드실 수 있다. ⁹ 도끼를 이미 나무 뿌리에 갖다 놓으셨다. 그러므로 좋은 열매를 맺지 않는 나무는 다 찍어서 불 속에 던지신다." ¹⁰ 무리가 요한에게 물었다. "그러면 우리는 무엇을 해야 합니까?"

¹¹ 요한이 그들에게 대답하였다. "속옷을 두 벌 가진 사람은 없는 사람에게 나누어 주고, 먹을 것을 가진 사람도 그렇게 하여라." ¹² 세리들도 세례를 받으러 와서, 그에게 물었다. "선생님, 우리는 무엇을 해야 하겠습니까?" ¹³ 요한은 그들에게 대답하였다. "너희에게 정해 준 것보다 더 받지 말아라." ¹⁴ 또 군인들도 그에게 물었다. "그러면 우리들은 무엇을 해야 하겠습니까?" 요한이 그들에게 대답하였다. "아무에게도 협박하여 억지로 빼앗거나, 거짓 고소를 하여 빼앗거나, 속여서 빼앗지 말고, 너희의 봉급으로 만족하게 여겨라." ¹⁵ 백성이 그리스도를 고대하고 있던 터에, 모두들 마음 속으로 요한에 대하여 생각하기를, 그가 그리스도가 아닐까 하였다. ¹⁶ 그래서 요한은 모든 사람에게 대답하였다. "나는 여러분에게 물로 세례를 주지만, 나보다 더 능력 있는 분이 오실 터인데, 나는 그의 신발끈을 풀어드릴 자격도 없소. 그는 여러분에게 성령과 불로 세례를 주실 것이오. ¹⁷ 그는 자기의 타작 마당을 깨끗이 하려고, 손에 키를 들었으니, 알곡은 곳간에 모아들이고, 쭉정이는 꺼지지 않는 불에 태우실 것이오." ¹⁸ 요한은 그 밖에도, 많은 일을 권면하면서, 백성에게 기쁜 소식을 전하였다. ¹⁹ 그러나 분봉왕 헤롯은 자기 동생의 아내 헤로디아와 관련된 일과 또 자기가 행한 모든 악한 일 때문에, 요한에게 책망을 받았고, ²⁰ 거기에다가 또 다른 악행을 보태었으니, 요한을 옥에 가둔 것이다. ²¹ 백성이 모두 세례를 받았다. 예수께서도 세례를 받으시고, 기도하시는데, 하늘이 열리고, ²² 성령이 비둘기 같은 형체로 예수 위에 내려오셨다. 그리고 하늘에서 이런 소리가 울려 왔다. "너는 내 사랑하는 아들이요, 나는 너를 좋아한다." ²³ 예수께서 활동을 시작하실 때에, 그는 서른 살쯤이었다. 그는 사람들이 생각하기로는 요셉의 아들이었다. 요셉은 엘리의 아들이요, ²⁴ 그 윗대로 거슬러 올라가면 맛닷, 레위, 멜기, 얀나, 요셉, ²⁵ 맛다디아, 아모스, 나훔, 에슬리, 낙개, ²⁶ 마앗, 맛다디아, 세메인, 요섹, 요다, ²⁷ 요아난, 레사, 스룹바벨, 스알디엘, 네리, ²⁸ 멜기, 앗디, 고삼, 엘마담, 에르, ²⁹ 예

수, 엘리에제르, 요림, 맛닷, 레위, ³⁰ 시므온, 유다, 요셉, 요남, 엘리야김, ³¹ 멜레아, 멘나, 맛다다, 나단, 다윗, ³² 이새, 오벳, 보아스, 살라, 나손, ³³ 아미나답, 아드민, 아르니, 헤스론, 베레스, 유다, ³⁴ 야곱, 이삭, 아브라함, 데라, 나홀, ³⁵ 스룩, 르우, 벨렉, 에벨, 살라, ³⁶ 가이난, 아박삿, 셈, 노아, 레멕, ³⁷ 므두셀라, 에녹, 야렛, 마할랄렐, 가이난, ³⁸ 에노스, 셋, 아담에게 이르는데, 아담은 하나님의 아들이다.

웨슬리와 함께 읽기

1 **디베료 15년에** – 아우구스투스가 그를 자기의 제국에서 동료로 삼은 때로부터 계산해서. **헤롯은 갈릴리의 분봉왕으로** – 헤롯 대왕의 통치 구역은 그의 죽음 이후에 네 부분으로 나뉘었다. 여기에 나오는 헤롯은 아들 헤롯으로, 그가 다스리는 구역은 갈릴리 지역이었고, 이 구역은 네 개의 구역 가운데 네 번째 구역이었다. 그의 형제는 네 구역 가운데 다른 두 구역을 다스렸는데, 이두래와 드라고닛 지방이었다(드라고닛 지역은 요단강 건너편 지역으로서, 이전에는 므낫세 지파에 속했던 땅이었다). **루사니아**(아마도 이런 이름을 가진 왕자의 후손이었던 것 같다. 이 이름의 왕자는 그 지방을 이전에 몇 년간 다스렸었다)는 나머지 아빌레네 지역의 분봉왕이었는데, 아빌레네는 시리아의 큰 도시였다. 그의 영역은 레바논과 다마스커스에 이르렀고, 많은 유대인이 거기에 살고 있었다(마 3:1; 막 1:1).

2 **안나스와 가야바가 대제사장으로 있을 때에** – 대제사장은 엄밀히 말해서 한 번에 한 명뿐이다. 안나스는 그 당시에 대제사장이었고, 가야바는 그의 대리인이나 배후였다.

4 이사야 40장 3절.

5 **모든 골짜기는 메우고** – 즉, 모든 장애물이 제거되고.

6 **하나님의 구원** – 구세주, 메시아.

8 [회개에 알맞은 열매를 맺어라. 너희는 속으로 '아브라함은 우리의 조상이다' 하고 말하지 말아라. 내가 너희에게 말한다. 하나님께서는 이 돌들로도 아브라함의 자손을 만드실 수 있다.]

너희는 속으로 '아브라함은 우리의 조상이다' 하고 말하지 말아라 – 즉, 자기 자신이 보이는 교회의 구성원이라는 사실을 혹은 그 어떤 외적인 특권을 의지하지 말라. 하나님께서는 이제 마음의 변화를 요구하시기 때문이다. 그리고 그 변화를 지금 당장 이룰 것을 요구하신다.

10 [무리가 요한에게 물었다. "그러면 우리는 무엇을 해야 합니까?"]

그가 답한다 – 요한이 답을 한 것이 아니라 사실 성령께서 해주신 답변이다. 성령께서는 아래와 같은 답변을 통해 우리를 가르치신다. 즉, 우리가 그리스도께 어떻게 갈 수 있는지, 우리가 다른 회개하는 죄인들에게 그리스도께로 가는 길을 어떻게 알려줄 것인지 우리에게 가르쳐주신다. 그래서 그분은 그들에게 안식을 주신다. 이 모든 것을 한마디로 간단히 말하면, 악행을 그치고 선을 행하는 법을 배우라는 것이다. 이런 것은 회개할 가치가 있는 열매들이다.

20 **요한을 옥에 가두었다** – 이 사건은 실제로 훗날에 일어난 것이다. 그러나 이 사건은 우리 주님께서 세례를 받으시기 전에 언급되어 있다. 이런 식으로 사건을 재배치하여서 그분의 역사는 (요한까지 포함하여) 중간에 어떤 단절도 없이 흘러가도록 기술되었다.

21 **예수께서 기도하시는데 하늘이 열리고** – 눈여겨볼 것은 하늘에서 세 음성이 들려왔다는 것이다. 누가복음 9장 29, 35절; 요한복음 12장 28절을 보라. 여기에서 성부께서는 그리스도를 증거하시며, 이것은 그분께서 기도하시는 동안에 혹은 기도를 마친 바로 직후에 선포된다(마 3:13;

막 1:9).

23 **그리고 예수께서는** - 세례자 요한의 시작은 왕들의 재임 연도로 계산되었다. 우리 구세주의 연도는 아우구스투스의 연대기법보다 훨씬 우월한 자기 자신의 생애의 햇수로 기술되었다. **서른 살쯤** - 이제 그분은 30세로 들어서신 것이 아니라 이제 자신의 공적 사역의 시대로 들어가신 것이다. 이 나이는 모세의 법에서 요구하는 그런 나이였다. 우리의 위대하신 주님께서 자신의 34년 인생의 마무리 지점에 도달하신 것처럼 보이지만, 사실 그게 아니다. 그분은 이 짧은 시간에 영광스러운 업적을 친히 이룩하셨다! 균형 잡힌 열정을 가지고 위대한 삶의 임무를 부여받은 종은 복이 있다! 행여 천수를 누리지 못하고 인생의 황금기에 목숨을 잃는다면 그는 더욱 복되다! 힘써 일하다가 일찍 죽은 사람은 다른 사람이 누리는 이 땅에서의 여생을 비록 누리지는 못하지만, 대신에 그 시간만큼 남들보다 더 많이 천국에서 영생 복락을 누리며 보낼 수 있기 때문이다. **엘리의 아들** - 즉, 사위. 엘리는 마리아의 아버지였기 때문이다. 성 마태는 그래서 요셉의 족보를 적고 있으며 다윗의 아들 솔로몬으로 내려오는 방식으로 적는다. 성 누가는 다윗의 아들 나단으로 내려오는 족보를 적는다. 요셉의 족보에서는(성 마태가 기록한) 마리아의 족보는 드러나지 않고 암시만 되어 있다. 유대인들은 자기 친족끼리 결혼하곤 했기 때문이다.

38 **하나님의 아들 아담** - 즉, 아담의 자손들이 자기 인간적인 부모로부터 무엇을 받았든지 상관없이, 아담은 죄와 비참함을 제외하고 모두 하나님으로부터 직접 받았다.

역자 해설

누가는 이제 20년 정도를 건너뛰어서(2:42; 3:23) 예수님의 사역 출발점에 섰습니다. 누가는 세례 요한의 세례로부터 이야기를 시작하는데, 먼저 그 시대가 어느 시대인지 말하고(1-2a), 하나님의 말씀이 사가랴의 아들 요한에게 임했다(2b)라고 말합니다. 이런 서술 방식은 구약의 예언서를 기록할 때 사용하는 전형적인 방식입니다(사 1:1; 렘 1:1-2; 겔 1:2-3; 호 1:1-2; 암 1:1; 미 1:1; 습 1:1; 학 1:1; 슥 1:1). 즉, 누가는 예수님께서 하시는 사역을 종말적인 사역으로 보고 있습니다. 그리고 그 종말의 시간이 왔다는 것을 선포하는 말세의 예언자로 세례 요한을 세웠습니다.

사람들이 마지막 날을 준비하도록 세례 요한은 세례를 베풉니다. 그가 베푼 세례의 특징은 "죄를 용서받게 하는 세례"(3절)입니다. 그에게 세례를 받겠다고 찾아온 사람들에게 요한이 한결같이 강조하여 말하는 것은 회개에 합당한 열매입니다(8, 10-14절). 누가는 요한의 사역을 "주님의 길을 예비하는 일", 그래서 "모든 사람이 하나님의 구원을 보도록 하는" 일(4-5절)이라고 소개합니다. 마지막 날을 준비하는, 그 종말의 날을 이루실 메시아를 맞아들일 준비로, 요한은 회개의 삶과 이것을 통한 죄 용서의 세례를 요구합니다.

유대교에서 세례는 정결 예식에서 출발합니다. 율법적으로 부정하다고 여겨지는 처지가 되었을 때 이를 정결하게 만들기 위해 정결의 예식을 했는데, 하나님께 예물을 바치거나 일정 기간 격리하기도 했습니다

(레 11-15장). 혹은 부정하게 된 몸이나 물건을 물로 씻어내는 것도 정결 예식의 방법이었습니다(레 11:40). 정결과 부정에 상당히 민감했던 대표적인 사례가 예수님 당시에도 있었을 것으로 추정되는 사해사본을 만든 쿰란 공동체였습니다.

그러나 예수님의 오심으로 그 정결과 부정의 개념이 변화를 맞이합니다. 예수님은 겉으로 보이는 부정과 정결, 형식적이고 규정에 얽매인 정결과 부정의 이분법에 빠져있는 유대 지도자들의 허세와 위선을 신랄하게 비판하십니다(막 7:2-23). 사람이 만들어놓은 규정에 따라 정결과 부정을 나누고, 그것에 따라 사람을 차별하는 당시 구조를 깨뜨리시고, 예수님은 마음과 삶의 깨끗함을 참된 정결로 가르치십니다. 세례 요한의 세례도 이런 연장선 위에 있습니다. 종교적이고 율법적인 정결과 부정의 개념을 넘어서 삶에서 드러나는 참된 의미의 정결로 세례를 연결시킵니다.

웨슬리는 세례를 받았다는 사실이 우리가 구원받았다는 것을 증명해주지 못한다고 말합니다(『표준설교』). 세례를 받았느냐 받지 않았느냐가 중요한 것이 아니라, 세례 이후에 세례적 삶을 사는 것이 중요함을 강조합니다. 세례를 받았다고 해서 그 이후의 삶이 늘 한결같이 하나님을 향하여 사는 사람은 현실적으로 거의 없습니다. 비록 세례를 받았지만 많은 유혹을 받기도 하고 넘어지기도 합니다. 왜냐하면 우리가 육신을 갖고 사는 한 완전할 수는 없기 때문입니다(『표준설교』 35 "그리스도인의 완전". 1.1-9). 그래서 우리는 끊임없이 우리가 받았던 세례를 기억하며 늘 세례적 삶을 살려고 다짐해야 합니다. 싸우는 이 땅의 성도로서(ecclesia militans) 분투하는 매일의 노력이 없다면 우리는 구원에서 탈선하게 될 것입니다. 그래서 우리는 날마다 성령의 도우심을 구하며 믿음의 선한 싸움으로 정진해야 합니다. 자전거의 페달 밟기를 멈춘다면 자전거는 그동안의 관성으로 어느 정도 나아가겠지만, 얼마 못 가서 그 힘이 다하면 멈출 것이고, 자전거는 넘어질 것입니다.

누가복음 4장

¹ 예수께서 성령으로 가득하여 요단 강에서 돌아오셨다. 그리고 그는 성령에 이끌려 광야로 가서서, ² 사십 일 동안 악마에게 시험을 받으셨다. 그 동안 아무것도 잡수시지 않아서, 그 기간이 다하였을 때에는 시장하셨다. ³ 악마가 예수께 말하였다. "네가 하나님의 아들이거든, 이 돌더러 빵이 되라고 말해 보아라." ⁴ 예수께서 악마에게 대답하셨다. "성경에 기록하기를 '사람은 빵만 먹고 사는 것이 아니다' 하였다." ⁵ 그랬더니 악마는 예수를 높은 데로 이끌고 가서, 순식간에 세계 모든 나라를 그에게 보여 주었다. ⁶ 그리고 나서 악마는 그에게 말하였다. "내가 이 모든 권세와 그 영광을 너에게 주겠다. 이것은 나에게 넘어온 것이니, 내가 주고 싶은 사람에게 준다. ⁷ 그러므로 네가 내 앞에 엎드려 절하면, 이 모든 것을 너에게 주겠다." ⁸ 예수께서 악마에게 대답하셨다. "성경에 기록하기를 '주 너의 하나님께 경배하고, 그분만을 섬겨라' 하였다." ⁹ 그래서 악마는 예수를 예루살렘으로 이끌고 가서, 성전 꼭대기에 세우고, 그에게 말하였다. "네가 하나님의 아들이거든, 여기에서 뛰어내려 보아라. ¹⁰ 성경에 기록하기를 '하나님이 너를 위하여 자기 천사들에게 명해서, 너를 지키게 하실 것이다' 하였고 ¹¹ 또한 '그들이 손으로 너를 떠받쳐서, 너의 발이 돌에 부딪히지 않게 할 것이다' 하였다." ¹² 예수께서 악마에게 대답하셨다. "성경에 기록하기를 '주 너의

하나님을 시험하지 말아라' 하였다." [13] 악마는 모든 시험을 끝마치고 물러가서, 어느 때가 되기까지 예수에게서 떠나 있었다. [14] 예수께서 성령의 능력을 입고 갈릴리로 돌아오셨다. 예수의 소문이 사방의 온 지역에 두루 퍼졌다. [15] 그는 유대 사람의 여러 회당에서 가르치셨으며, 모든 사람에게서 영광을 받으셨다. [16] 예수께서는, 자기가 자라나신 나사렛에 오셔서, 늘 하시던 대로 안식일에 회당에 들어가셨다. 그는 성경을 읽으려고 일어서서 [17] 예언자 이사야의 두루마리를 건네 받아서, 그것을 펴시어, 이런 말씀이 있는 데를 찾으셨다. [18] "주님의 영이 내게 내리셨다. 주님께서 내게 기름을 부으셔서, 가난한 사람에게 기쁜 소식을 전하게 하셨다. 주님께서 나를 보내셔서, 포로 된 사람들에게 해방을 선포하고, 눈먼 사람들에게 눈 뜸을 선포하고, 억눌린 사람들을 풀어 주고, [19] 주님의 은혜의 해를 선포하게 하셨다." [20] 예수께서 두루마리를 말아서, 시중드는 사람에게 되돌려주시고, 앉으셨다. 회당에 있는 모든 사람의 눈은 예수께로 쏠렸다. [21] 예수께서 그들에게 말씀하셨다. "이 성경 말씀이 너희가 듣는 가운데서 오늘 이루어졌다." [22] 사람들은 모두 감탄하고, 그의 입에서 나오는 그 은혜로운 말씀에 놀라서 "이 사람은 요셉의 아들이 아닌가?" 하고 말하였다. [23] 그래서 예수께서 그들에게 말씀하셨다. "너희는 틀림없이 '의사야, 네 병이나 고쳐라' 하는 속담을 내게다 끌어대면서, '우리가 들은 대로 당신이 가버나움에서 했다는 모든 일을, 여기 당신의 고향에서도 해보시오' 하고 말하려고 한다." [24] 예수께서 또 말씀하셨다. "내가 진정으로 너희에게 말한다. 아무 예언자도 자기 고향에서는 환영을 받지 못한다. [25] 내가 진정으로 너희에게 말한다. 엘리야 시대에 삼 년 육 개월 동안 하늘이 닫혀서 온 땅에 기근이 심했을 때에, 이스라엘에 과부들이 많이 있었지만, [26] 하나님이 엘리야를 그 많은 과부 가운데서 다른 아무에게도 보내지 않으시고, 오직 시돈에 있는 사렙다 마을의 한 과부에게만 보내셨다. [27] 또 예언자 엘리사 시대에 이스라엘에 나병환자가 많이 있었지만, 그들 가운데서 아무도 고침을 받지 못하고, 오직 시리아 사람 나아만만이 고침을 받았다." ²⁸ 회당에 모인 사람들은 이 말씀을 듣고서, 모두 화가 잔뜩 났다. ²⁹ 그래서 그들은 들고일어나 예수를 동네 밖으로 내쫓았다. 그들의 동네가 산 위에 있으므로, 그들은 예수를 산 벼랑까지 끌고 가서, 거기에서 밀쳐 떨어뜨리려고 하였다. ³⁰ 그러나 예수께서는 그들의 한가운데를 지나서 떠나가셨다. ³¹ 예수께서 갈릴리의 가버나움 동네로 내려가셔서, 안식일에 사람들을 가르치셨다. ³² 그런데 사람들은 그의 가르침에 놀랐으니, 그의 말씀이 권위가 있었기 때문이다. ³³ 그 때에 그 회당에 악한 귀신의 영이 들린 사람이 하나 있었는데, 그가 큰 소리로 이렇게 외쳤다. ³⁴ "아, 나사렛 예수님, 왜 우리를 간섭하십니까? 우리를 없애려고 오셨습니까? 나는 당신이 누구인지 압니다. 하나님께서 보내신 거룩한 분입니다." ³⁵ 예수께서 그를 꾸짖어 말씀하셨다. "입을 닥치고, 그 사람에게서 나가라!" 그러자 귀신이 그를 사람들 한가운데다가 쓰러뜨려 놓고 그에게서 떠나갔는데, 그에게 상처는 입히지 않았다. ³⁶ 사람들이 모두 놀라서 서로 말하였다. "이 말이 대체 무엇이냐? 그가 권위와 능력을 가지고 악한 귀신들에게 명하니, 그들이 떠나가는구나." ³⁷ 그리하여 예수의 소문이 그 근처 모든 곳에 퍼졌다. ³⁸ 예수께서 회당을 떠나서, 시몬의 집으로 들어가셨다. 그런데 시몬의 장모가 심한 열병으로 앓고 있어서, 사람들이 그 여자를 두고 예수께 청하였다. ³⁹ 예수께서 그 여자에게 다가서서 굽어보시고, 열병을 꾸짖으셨다. 그러자 열병이 물러가고, 그 여자는 곧 일어나서 그들에게 시중을 들었다. ⁴⁰ 해가 질 때에 사람들이 온갖 병으로 앓는 사람들을 다 예수께로 데려왔다. 예수께서는 한 사람 한 사람에게 손을 얹어서, 고쳐주셨다. ⁴¹ 또 귀신들도 많은 사람에게서 떠나가며, 소리를 질렀다. "당신은 하나님의 아들입니다." 그러나 예수께서는 꾸짖으시며, 귀신들이 말하는 것을 허락하지 않으셨다. 그들이 그가 그리스도임을 알았기 때문이다. ⁴² 날이 새니, 예수께서 나가셔서, 외딴 곳으로 가셨다. 무리가 예수를 찾아다니다가, 그에게 와서, 자기들에게서 떠나가지 못하시게, 자기네 곁에 모셔두려고 하였다. **43** 그러나 예수께서 그들에게 말씀하셨다. "나는 다른 동네에서도 하나님 나라의 복음을 전해야 한다. 나는 이 일을 위하여 보내심을 받았기 때문이다." **44** 그리고 예수께서는 유대의 여러 회당에서 복음을 선포하셨다.

웨슬리와 함께 읽기

1 [예수께서 성령으로 가득하여 요단강에서 돌아오셨다. 그리고 그는 성령에 이끌려 광야로 가서서,]

광야로 – 어떤 사람들은 유대에 있는 곳으로 추측한다. 또 다른 사람들은 호렙이나 이스라엘의 자녀들이 40년 동안이나 시험을 받았고 모세와 엘리야가 40일 동안 금식했던 시나이 대 광야일 것으로 생각한다(마 4:1; 막 1:12).

4 신명기 8장 3절.

6 내가 주고 싶은 사람에게 준다 – 사탄아, 그렇지 않다. 무엇이 떨어지게도 혹은 일어나게 하는 것도 네가 아니라 바로 하나님이 하시는 것이다. 비록 때때로 하나님의 허락을 받아서 사탄이 이 세상에서 아주 큰일을 일으킬 수도 있지만.

8 신명기 6장 13절.

10 시편 91편 11절.

12 신명기 6장 16절.

13 어느 때 – 겟세마네 동산에서의 때(눅 22:53).[10]

14 예수께서 성령의 능력을 입고 돌아오셨다 – 친히 어려움을 겪으시고

난 후에 더 큰 능력을 입고.

15 모든 사람에게서 영광을 받으셨다 - 우리가 강력한 시험을 당한 후에 하나님께서는 종종 우리에게 강한 강장제를 주신다. 그러나 그들이 인정하는 것도 그리 오래 가지 않고, 예수께서 지금 누리시는 겉으로 보이는 이 평화도 실제로는 그리 오래 가지 않는다.

16 그는 일어서서 - 이렇게 함으로써 그분은 자기가 회중들 앞에서 성경 말씀을 읽겠다는 의향을 나타내셨다. 이렇게 했을 때 성경책을 건네받으셨다. 성경 말씀을 낭독할 때는 일어서고, 설교를 들을 때는 앉는 것이 유대 관습이었다(마 13:54; 막 6:1).

17 찾으셨다 - 하나님의 특별한 섭리에 따라 마침 그곳을 펴시게 된 것 같다.

18 내게 기름을 부으셔서 - 성령의 기름. 그분께서는 내 안에 거하시는 자기 성령의 능력으로 이런 일을 하라고 나를 따로 부르셨다. **가난한 자에게 복음을 전하고** - 실제로 경제적으로 가난한 사람을 가리키기도 하고, 영적인 가난함을 뜻하기도 한다. 영원히 복된 성 삼위일체의 교리가 전혀 나타나지도 않을 듯해 보이는 이 성경 구절에서 어쩌면 이리도 정교하게 잘 짜여있는지! 위대하신 삼위일체에 대한 선포가 이 구절에 얼마나 분명하게 나타나는가! **성령** - 주님의 성령이 내 위에 임했다![11] **포로 된 사람들에게 해방을, 눈먼 자에게 눈 뜸을 선포하고, 억눌린 사람들을 풀어주고** - 여기에는 아주 멋진 점층법이 사용되었다. 이 점층법은 인간의 영적 상태를 단순히 옥에 갇힌 것뿐만 아니라, 시드기야처럼 두 눈을 도려내고 쇠사슬에 묶여서 상처 입은 포로들의 비참한 상태에 비교한 것이다(사 61:1).

19 은혜의 해 - 희년을 가리킨다. 이때가 되면 빚진 자나 노예나 다 탕

감을 받고 해방된다.

21 이 성경 말씀이 너희가 듣는 가운데서 오늘 이루어졌다 – 너희가 내가 하는 말을 들음으로써.

22 그의 입에서 나오는 그 은혜로운 말씀 – 영적인 분별력을 소유한 사람은 우리 주님께서 하신 모든 가르침이 다른 어떤 사람들의 말, 심지어는 사도들의 말과는 비교할 수 없을 만큼 특별히 부드럽고 위엄 있으며 시의적절하다는 것을 발견하게 될 것이다.

23 너희는 틀림없이 말하려고 한다 – 즉, 너희가 전에는 내게 편견을 갖기보다 나를 더 인정했었다. 그러나 이제 그것이 그리 오래 가지 않을 것이다. 너희는 곧 "왜 내 사랑이 고향에서 시작하지 않는가?"라고, "왜 가버나움에서 행한 것처럼, 여기에서 기적을 행하지 않느냐?"라고 물을 것이다. 그 이유는 바로 너희가 믿지 않기 때문이다. 내가 내 고향에서 멸시를 받는 것이 내게는 전혀 낯선 일이 아니다. 그래서 엘리야나 엘리사도 고향에서 쫓겨나서 이스라엘보다는 이방인의 지역에 가서 기적을 행했다.

24 어떤 예언자도 자기 고향에서는 환영을 받지 못한다 – 즉, 자기 이웃에게서. 일반적으로 하나님으로부터 보내심을 받은 교사들은 낯선 이들에게보다는 자기의 이웃으로부터 환영을 받지 못한다. 이처럼 자기 친척들이 보이는 못된 모습과 그분의 처지가 보잘것없어진 것은 그분의 사역이 멸시받게 되는 원인이 되었다. 그 사람들은 이전에는 자기 자신들과 비슷한 처지에 있거나 자기들보다 낮은 위치에 있던 그분이 이제 훨씬 더 높은 모습을 보이는 것을 차마 눈 뜨고 볼 수 없었다.

25 삼 년 육 개월 동안 하늘이 닫혀서 – 이렇게 해서 그들은 하나님께서 그를 보내셨다는 증거를 받았다. 열왕기상 18장 1절에는 "주님의 말씀

이 제삼 년에 엘리야에게 임했다"라고 언급되어 있다. 이것은 기근이 시작한 때로부터 계산한 것이 아니라 사렙다의 과부와 함께 머물기 시작한 때로부터의 시간을 가리킨다. 기근은 그가 게리스 강독에 거주하던 때로부터 이미 시작되었다. 따라서 기근이 있었던 전체 기간은 3년 6개월이었다(성 야고보도 이처럼 말한다, 왕상 17:19; 18:44).

27 열왕기하 5장 14절.

28 그분께서 가르치신 내용의 요점, 즉 그들이 우습게 알았던 축복이 이방인들에게 주어지고 이방인들이 받아들였다는 내용을 듣고 그들은 화를 냈다. 이렇게 사악한 자들의 마음은 자주 변한다! 그들이 사랑하기 시작한다는 것은 이토록 신뢰하기가 힘들다! 그들은 가장 흠모할 만한 가르침을 따라 비슷하게라도 사는 것조차 거의 하지 못한다!

30 그들 한가운데를 지나서 – 아마도 안 보이게. 그들이 너무나 위압 당해서 비록 그들이 그분을 보기는 했지만, 감히 손을 댈 수 없었을 것이다.

31 가버나움으로 내려가셔서 – 그리고 거기에 머무르셨고, 나사렛에서 더는 머물지 않으셨다(막 1:21).

34 왜 우리를 간섭하십니까 – 당신께서는 우리 마귀들이 아니라 사람의 일이나 신경 쓰셔야 합니다. 나는 당신이 누구인지 압니다 – 그러나 조금 전만 하더라도 그는 그분께서 영원히 복되신 만유 위의 하나님이시라는 사실을 확실히 알지 못했다. 만약에 마귀가 이 사실을 온전히 알고 있었더라면 그는 그분에게 "이 모든 권세가 내게 주어졌고, 나는 무엇이든지 내가 원하는 사람에게 줄 수 있다"라고 감히 함부로 말할 수 없었을 것이다. 하나님의 거룩한 분 – 이 고백은 그가 무서워서 스스로 내놓은 고백일 수도 있고(마귀도 믿고 떤다), 아니면 그리스도라는 인물에 대한 의심을 표현하려는 의도로 이렇게 말한 것일 수도 있다. 아마도 바

리새인들이 "그가 귀신 왕의 힘을 빌려 귀신을 내쫓는다"라는 말을 하게 된 계기가 바로 이 사건에서 비롯한 것일 수도 있다.

38 마태복음 8장 14절; 마가복음 1장 29절.

40 해가 질 때 – 따라서 안식일이 끝났다. 그들은 해가 질 때부터 다음날 해가 질 때까지를 하루로 잡았다(마 8:16; 막 1:32).

42 마가복음 1장 35절.

역자 해설

예수님께서 세례를 받으시고 성령에 충만하여 요단강에서 돌아오셔서 본격적으로 사역을 시작하시기 전, 성령에 이끌려 광야로 가셔서 마귀로부터 시험을 받으십니다(1절). 마귀는 광야에서 40일 동안 예수님을 시험했는데, 이 기간에 예수님은 금식하셨기에 이 기간이 끝날 무렵 배고픔을 느끼셨습니다. 그러자 이 마지막 순간에 마귀가 돌로 빵을 만들라는 유혹을 던집니다. 이 시험을 물리치시자 마귀는 높은 곳에서 세계 만국을 보여주며 자신에게 경배하면 이 모든 것을 주겠노라고 큰소리칩니다. 그 시험을 이기시자 하나님의 아들이라면 그것을 증명해보라고 또 다른 시험을 냅니다. 이 모든 시험을 물리치시니 마귀는 예수님을 잠시 떠나갑니다. 그리고 예수님은 성령의 능력을 입고(14절) 사역을 시작하십니다.

나사렛 고향에서 예배 시간에 이사야 61장의 말씀을 낭독하시고 이것이 오늘 이루어졌다(21절)고 선언하시자 사람들이 감탄합니다(22절). 그러나 이들은 곧 예수님이 요셉의 아들이라고 하면서 무시하기 시작합니다(22-30절). 예수님께서 그들의 태도를 사렙다의 과부와 나아만 장군의 일화로 빗대어 말씀하시자 그들은 심사가 뒤틀려 결국 예수님을 벼랑에서 떨어뜨려 죽이려고 합니다. 이후 가버나움으로 가신 예수님은 귀신도 쫓고 병자를 고치시면서 하나님 나라의 복음 전파 사역을 계속하십니다(31-44절).

누가는 예수님의 시험과 사역의 자리에 '성령'의 개입을 언급합니다. 예수님께서 마귀에게 시험은 받지만, 그것은 성령에 이끌려 이루어진 일입니다(1절). 갈릴리 사역의 시작도 성령의 능력으로 시작된 것입니다 (14절). 마귀는 모든 것을 자기 손안에 다 쥐고 있는 것처럼 큰소리치지만, 그것은 거짓말쟁이의 아비인(요 8:44) 마귀의 거짓 술수일 뿐, 그 모든 것은 하나님의 계획과 섭리, 성령의 인도하심에 따라 이루어진 것입니다.

예수님은 세례를 받으시고 성령에 충만한 상태였습니다(1절). 그러나 마귀는 그것과 상관없이 예수님을 유혹합니다. 우리 그리스도인들이 착각하는 것 가운데 하나는 성령 충만하면 시험도 유혹도 없으리라 생각하는 것입니다. 그러나 예수님의 경우에서 보듯이 성령이 충만한가의 문제는 시험이 찾아오느냐 마느냐의 문제와는 아무런 상관이 없습니다. 성령이 충만한 상태에 있어도 시험과 유혹은 찾아옵니다. 그러나 성령 충만한 상태에 있으면 그 시험과 유혹을 예수님처럼 물리칠 수 있고, 성령 충만하지 않으면 거기에 넘어간다는 차이가 있습니다.

시험을 물리친다고 해서 마귀가 항복하고 멀리 가버린다고 생각하면 그 또한 착각입니다. 예수님께서 시험을 물리치셨을 때 마귀는 여전히 두 번째 도전을 합니다. 그 둘째 시험을 물리치시자 이번에 셋째 시험으로 유혹합니다. 그렇다면 셋째 시험을 물리치니 어떻습니까? 누가는 모든 시험이 끝나자 마귀가 "잠시" 예수님을 떠났다(13절)라고 말합니다. 모두 물리친 것 같지만, 결코 그렇지 않습니다. 웨슬리의 말처럼 우리 그리스도인은 완전하지만 다른 한편으로 완전하지 않기에 늘 시험과 유혹에 노출되어 있습니다(『표준설교』 35.1.8). 사도 바울 역시 이 점을 늘 인식하고 푯대를 향하여 꾸준히 정진합니다(빌 3:11-15).

예수님께서 갈릴리 사역을 시작하실 때 '성령의 능력'으로 시작하십니다(14절). 그러나 그 사역을 시작하자마자 당장 반대와 배척에 부닥칩니다(22-30절). 성령 충만하니, 성령께서 인도하시니 앞길이 고속도로처럼 편하게 쭉 뻗어나갈 것으로 생각하면 안 됩니다. 도리어 성령의 음성에 더욱 예민해지므로, 이전에는 별생각 없이 쉽게 하던 행동도 마음에 걸립니다. 옛날에는 전혀 문제가 되지 않았던 것이 성령의 음성이 들리면서 문제가 되기 시작합니다.

이렇게 사사건건 마음과 생각과 행동이 걸리는 이유는 우리가 살아 있는 믿음을 갖게 되기 때문입니다. 웨슬리는 거듭난 사람이 가지는 표징 가운데 하나로 '살아 있는 믿음'을 말합니다(『표준설교』 14.1.3-7). 아프리카 초원에서 사자가 물소를 잡아먹으려고 공격하면 물소는 도망가고 궁지에 몰리면 사자에게 뿔을 들이밀면서 저항합니다. 물소가 이런 행동을 하는 것은 아직 물소가 살아 있기 때문입니다. 그러나 물소가 사자에게 잡혀서 결국 숨이 끊어지면 사자가 물어뜯어도 아무런 반응을 하지 못합니다. 살아 있는 믿음을 가졌다는 것은 악마의 시험과 유혹을 받지 않는다는 말이 아니라 그 시험과 유혹에 맞서 싸운다는 말입니다. 그리고 성령 안에서 거듭난 사람, 죄의 용서를 받고 의롭다 하심을 입은 우리는 우리를 향한 그 죄의 권세를 이길 힘을 갖습니다(『표준설교』 1.1.5-7; 35.2.2-14; 14.1.4; 15.2.1).

우리는 아직 육신을 입고 사는 이 땅의 싸우는 교회(ecclesia militans)입니다. 그래서 여러 가지 유혹에 노출되고 성령의 음성을 놓쳐서 멀어지기도 합니다(『표준설교』 15.2.9). 그러면 우리에게는 믿음, 사랑, 성령이 주시는 기쁨, 평안, 죄를 이길 능력이 점차 사라집니다(『표준설교』 40.1.1-5). 따라서 시험에 무너져서 믿음의 파선한 자가 되지 않기 위해(딤전 1:19-20), 매 순간 가난한 심령으로(『표준설교』 16.1.1-13; 40.3.3-4) 성령의 도우심을 구하며 믿음의 선한 싸움을 싸워야 합니다(딤전 6:12). 그럴 때 우리에게 주어진 시험은 우리의 마음과 행실의 거룩을 증진시키는 주님께서 주시는 귀한 은혜의 수단이 될 것입니다(『표준설교』 41.4.5).

누가복음 5장

¹ 예수께서 게네사렛 호숫가에 서 계셨다. 그 때에 무리가 예수께 밀려와 하나님의 말씀을 들었다. ² 예수께서 보시니, 배 두 척이 호숫가에 대어 있고, 어부들은 배에서 내려서, 그물을 씻고 있었다. ³ 예수께서 그 배 가운데 하나인 시몬의 배에 올라서, 그에게 배를 뭍에서 조금 떼어 놓으라고 하신 다음에, 배에 앉으시어 무리를 가르치셨다. ⁴ 예수께서 말씀을 그치시고, 시몬에게 말씀하셨다. "깊은 데로 나가, 그물을 내려서, 고기를 잡아라." ⁵ 시몬이 대답하였다. "선생님, 우리가 밤새도록 애를 썼으나, 아무것도 잡지 못했습니다. 그러나 선생님의 말씀을 따라 그물을 내리겠습니다." ⁶ 그런 다음에, 그대로 하니, 많은 고기 떼가 걸려들어서, 그물이 찢어질 지경이었다. ⁷ 그래서 그들은 다른 배에 있는 동료들에게 손짓하여, 와서 자기들을 도와달라고 하였다. 그들이 와서, 고기를 두 배에 가득히 채우니, 배가 가라앉을 지경이 되었다. ⁸ 시몬 베드로가 이것을 보고, 예수의 무릎 앞에 엎드려서 말하였다. "주님, 나에게서 떠나 주십시오. 나는 죄인입니다." ⁹ 베드로 및 그와 함께 있는 모든 사람은, 그들이 잡은 고기가 엄청나게 많은 것에 놀랐던 것이다. ¹⁰ 또한 세베대의 아들들로서 시몬의 동료인 야고보와 요한도 놀랐다. 예수께서 시몬에게 말씀하셨다. "두려워하지 말아라. 이제부터 너는 사람을 낚을 것이다." ¹¹ 그들은 배를 뭍에 댄 뒤에, 모든 것을 버

려 두고 예수를 따라갔다. **12** 예수께서 어떤 동네에 계실 때에, 온 몸에 나병이 든 사람이 찾아 왔다. 그는 예수를 보고서, 얼굴을 땅에 대고 엎드려 간청하였다. "주님, 하고자 하시면, 나를 깨끗하게 해주실 수 있습니다." **13** 예수께서 손을 내밀어서, 그에게 대시고 "그렇게 해주마. 깨끗하게 되어라" 하고 말씀하시니, 곧 나병이 그에게서 떠나갔다. **14** 예수께서 그 사람에게 아무에게도 말하지 말라고 명하시고, 이렇게 말씀하셨다. "가서, 제사장에게 네 몸을 보이고, 네가 깨끗하게 된 것에 대하여 모세가 명한 대로 예물을 드려서 사람들에게 증거로 삼아라." **15** 그러나 예수의 소문이 더욱더 퍼지니, 큰 무리가 그의 말씀도 듣고, 또 자기들의 병도 고치고자 하여 모여들었다. **16** 그러나 예수께서는 외딴 데로 물러가서 기도하셨다. **17** 어느 날 예수께서 가르치시는데, 갈릴리 및 유대의 모든 마을과 예루살렘에서 온 바리새파 사람들과 율법교사들이 둘러앉아 있었다. 주님의 능력이 함께 하시므로, 예수께서는 병을 고치셨다. **18** 그런데 사람들이 중풍병에 걸린 사람을 침상에 눕힌 채로 데려와서는, 안으로 들여서, 예수 앞에 놓으려고 하였다. **19** 그러나 무리 때문에 그를 안으로 들여놓을 길이 없어서, 지붕으로 올라가서, 기와를 벗겨 그 자리를 뚫고, 그 병자를 침상에 누인 채, 무리 한가운데로 예수 앞에 달아 내렸다. **20** 예수께서 그들의 믿음을 보시고 말씀하셨다. "이 사람아, 네 죄가 용서받았다." **21** 그래서 율법학자들과 바리새파 사람들이 말하기를 "하나님을 모독하는 말을 하다니, 이 사람은 누구인가? 하나님 한 분 밖에, 누가 죄를 용서할 수 있는가?" 하면서, 의아하게 생각하기 시작하였다. **22** 예수께서는 그들의 생각을 알아채시고 말씀하셨다. "어찌하여 너희는 마음 속으로 의아하게 생각하느냐? **23** '네 죄가 용서받았다' 하고 말하는 것과 '일어나서 걸어가거라' 하고 말하는 것 가운데서 어느 쪽이 더 말하기가 쉬우냐? **24** 그러나 너희는 인자가 땅에서 죄를 용서하는 권세를 가지고 있음을 알아야 한다." 그리고 예수께서 중풍병 환자에게 말씀하셨다. "내가 너에게 말한다. 일어나서 네 침상을 치워 들고 네 집으로 가거라." ²⁵ 그러자 곧 그는 사람들 앞에서 일어나, 자기가 누웠던 침상을 거두어 들고, 하나님을 찬양하면서, 집으로 갔다. ²⁶ 사람들은 모두 놀라서, 하나님을 찬양하였으며, 두려움에 차서 말하였다. "우리는 오늘 신기한 일을 보았다." ²⁷ 그 뒤에 예수께서 나가서서, 레위라는 세리가 세관에 앉아 있는 것을 보시고 그에게 말씀하셨다. "나를 따라오너라." ²⁸ 레위는 모든 것을 버려두고, 일어나서 예수를 따라갔다. ²⁹ 레위가 자기 집에서 예수에게 큰 잔치를 베풀었는데, 많은 세리와 그 밖의 사람들이 큰 무리를 이루어서, 그들과 한 자리에 앉아서 먹고 있었다. ³⁰ 바리새파 사람들과 그들의 율법학자들이 예수의 제자들에게 불평하면서 말하였다. "어찌하여 당신들은 세리들과 죄인들과 어울려서 먹고 마시는 거요?" ³¹ 예수께서 그들에게 대답하셨다. "건강한 사람에게는 의사가 필요하지 않으나, 병든 사람에게는 필요하다. ³² 나는 의인을 부르러 온 것이 아니라, 죄인을 불러서 회개시키러 왔다." ³³ 사람들이 예수께 말하였다. "요한의 제자들은 자주 금식하며 기도하고, 바리새파 사람의 제자들도 그렇게 하는데, 당신의 제자들은 먹고 마시는군요." ³⁴ 예수께서 그들에게 말씀하셨다. "너희는 혼인 잔치의 손님들을, 신랑이 그들과 함께 있는 동안에 금식하게 할 수 있겠느냐? ³⁵ 그러나 신랑을 빼앗길 날이 올 터인데, 그 날에는 그들이 금식할 것이다." ³⁶ 예수께서는 그들에게 또 비유를 말씀하셨다. "새 옷에서 한 조각을 떼어내서, 낡은 옷에다가 대고 깁는 사람은 없다. 그렇게 하면, 그 새 옷은 찢어져서 못 쓰게 되고, 또 새 옷에서 떼어낸 조각은 낡은 옷에 어울리지도 않을 것이다. ³⁷ 새 포도주를 낡은 가죽 부대에다가 넣는 사람은 없다. 그렇게 하면, 새 포도주가 그 가죽 부대를 터뜨릴 것이며, 그래서 포도주는 쏟아지고 가죽 부대는 못 쓰게 될 것이다. ³⁸ 새 포도주는 새 부대에 넣어야 한다. ³⁹ 묵은 포도주를 마시고 나서, 새 포도주를 원하는 사람은 없다. 묵은 포도주를 마신 사람은 묵은 것이 좋다고 한다."

웨슬리와 함께 읽기

1 마태복음 4장 18절; 마가복음 1장 16절.

6 그물이 찢어질 – 이제 막 찢어지기 시작했다.

8 나에게서 떠나 주십시오. 나는 죄인입니다 – 그러므로 당신 앞에 감히 있을 자격이 없습니다.

11 그들은 모든 것을 버려두고 예수를 따라갔다 – 그들은 이전에 예수를 따라갔었다(요 1:43). 그러나 모든 것을 버려두지는 않았었다. 지금까지 그들은 일상적인 부르심에만 응했다.[12]

12 마태복음 8장 2절; 마가복음 1장 40절.

14 레위기 14장 2절.

16 그는 물러가서 – 헬라어 원어의 의미를 생각하면 그분께서는 자주 이렇게 하셨다.

17 둘러앉아 – 이런 모습은 몰려와서 둘러서 있는 수많은 군중의 모습보다는 훨씬 더 경의를 표하는 모습을 담고 있다. 주님의 능력이 함께 하시므로 예수께서는 병을 고치셨다 – 그들의 육체적 질병뿐만 아니라 마음의 질병까지도 고치셨다.

18 마태복음 9장 2절; 마가복음 2장 3절.

19 그들은 그 사람들 데리고 군중 틈새로 헤집고 들어갈 수 없었다. 그래서 그들은 뒷길로 돌아가서 바깥쪽 계단을 올라갔다. 그리고 그들은 평평한 지붕에 올라가서 덧문을 통해 그를 달아 내렸다. 이 덧문은 보통 유대인의 집 옥상에 있는 것이었다. 이 모습은 그 당시 상황의 장면을 상상해보면 당연히 그렇게밖에 할 수 없던 것이었다.

26 우리는 오늘 신기한 일을 보았다 - 죄 용서가 이루어지고 기적이 행해졌다.

27 마태복음 9장 9절; 마가복음 2장 14절.

28 모든 것을 버려두고 - 자기가 하는 일과 벌어들인 것.

29 레위가 자기 집에서 예수에게 큰 잔치를 베풀었는데 - 이 잔치는 분명히 큰 잔치였을 것이다. 왜냐하면 손님의 숫자가 많았기 때문이다.

33 기도하고 - 오랫동안 엄숙하게(마 9:14; 막 2:18).

34 하게 할 수 있겠느냐 - 즉, 그 사람에게 축제의 기간에 엄숙하게 금식하고 곡을 하라고 시키는 것이 합당한가?

36 그는 또한 비유로 말씀하셨다 - 옷과 포도주의 비유. 이렇게 함으로써 잔치 자리에서 아주 적절한 비유가 되었다.

39 묵은 포도주를 마시고 새 포도주를 원하는 사람은 없다 - 뿐만 아니라 사람들이 해묵은 편견에서 즉각적으로 벗어나는 일도 흔하지는 않다.[13]

누가복음 6장

¹ 한 안식일에 예수께서 밀밭 사이로 지나가시게 되었다. 그런데 그의 제자들이 밀 이삭을 잘라, 손으로 비벼서 먹었다. ² 그러자 몇몇 바리새파 사람이 말하였다. "어찌하여 당신들은 안식일에 해서는 안 되는 일을 합니까?" ³ 예수께서 그들에게 대답하셨다. "다윗과 그 일행이 주렸을 때에, 다윗이 한 일을 너희는 읽어보지 못하였느냐? ⁴ 다윗이 하나님의 집에 들어가서, 제사장들 밖에는 먹어서는 안 되는 제단 빵을 집어서 먹고, 자기 일행에게도 주지 않았느냐?" ⁵ 그리고 예수께서 그들에게 말씀하셨다. "인자는 안식일의 주인이다." ⁶ 또 다른 안식일에 예수께서 회당에 들어가서 가르치시는데, 거기에는 오른손이 오그라든 사람이 있었다. ⁷ 율법학자들과 바리새파 사람들은 예수를 고발할 구실을 찾으려고, 예수가 안식일에 병을 고치시는지 엿보고 있었다. ⁸ 예수께서 그들의 생각을 아시고, 손이 오그라든 사람에게 말씀하셨다. "일어나서, 가운데 서라." 그래서 그는 일어나서 섰다. ⁹ 예수께서 그들에게 말씀하셨다. "너희에게 물어 보겠다. 안식일에 착한 일을 하는 것이 옳으냐? 악한 일을 하는 것이 옳으냐? 목숨을 건지는 것이 옳으냐? 죽이는 것이 옳으냐?" ¹⁰ 예수께서 그들을 모두 둘러보시고서, 그 사람에게 명하셨다. "네 손을 내밀어라." 그 사람이 그렇게 하니, 그의 손이 회복되었다. ¹¹ 그들은 화가 잔뜩 나서, 예수를 어떻게 할까 하고 서

로 의논하였다. ¹² 그 무렵에 예수께서 기도하려고 산으로 떠나가서, 밤을 새우면서 하나님께 기도하셨다. ¹³ 날이 밝을 때에, 예수께서 자기의 제자들을 부르시고, 그 가운데서 열둘을 뽑으셨다. 그는 그들을 사도라고도 부르셨는데, ¹⁴ 열둘은 베드로라고도 이름을 주신 시몬과 그의 동생 안드레, 그리고 야고보와 요한과 빌립과 바돌로매와 ¹⁵ 마태와 도마와 알패오의 아들 야고보와 열심당원이라고도 하는 시몬과 ¹⁶ 야고보의 아들 유다와 배반자가 된 가룟 유다이다. ¹⁷ 예수께서 그들과 함께 산에서 내려오셔서, 평지에 서셨다. 거기에 그의 제자들이 큰 무리를 이루고, 또 온 유대와 예루살렘과 두로 및 시돈 해안 지방에서 모여든 많은 백성이 큰 무리를 이루었다. ¹⁸ 그들은 예수의 말씀도 듣고, 또 자기들의 병도 고치고자 하여 몰려온 사람들이다. 악한 귀신에게 고통을 당하던 사람들은 고침을 받았다. ¹⁹ 온 무리가 예수에게 손이라도 대보려고 애를 썼다. 예수에게서 능력이 나와서 그들을 모두 낫게 하였기 때문이다. ²⁰ 예수께서 눈을 들어 제자들을 보시고 말씀하셨다. "너희 가난한 사람들은 복이 있다. 하나님의 나라가 너희의 것이다. ²¹ 너희 지금 굶주리는 사람들은 복이 있다. 너희가 배부르게 될 것이다. 너희 지금 슬퍼 우는 사람들은 복이 있다. 너희가 웃게 될 것이다. ²² 사람들이 너희를 미워하고, 인자 때문에 너희를 배척하고, 욕하고, 너희의 이름을 악하다고 내칠 때에는, 너희는 복이 있다. ²³ 그 날에 기뻐하고 뛰놀아라. 보아라, 하늘에서 받을 너희의 상이 크다. 그들의 조상들이 예언자들에게 이와 같이 행하였다. ²⁴ 그러나 너희, 부요한 사람들은 화가 있다. 너희가 너희의 위안을 받고 있기 때문이다. ²⁵ 너희, 지금 배부른 사람들은 화가 있다. 너희가 굶주리게 될 것이기 때문이다. 너희, 지금 웃는 사람들은 화가 있다. 너희가 슬퍼하며 울 것이기 때문이다. ²⁶ 모든 사람이 너희를 좋게 말할 때에, 너희는 화가 있다. 그들의 조상들이 거짓 예언자들에게 이와 같이 행하였다. ²⁷ 그러나 내 말을 듣고 있는 너희에게 내가 말한다. 너희의 원수를 사랑하여라. 너희를 미워하는 사람들에게 잘 해 주고, **28** 너희를 저주하는 사람들을 축복하고, 너희를 모욕하는 사람들을 위하여 기도하여라. **29** 네 뺨을 치는 사람에게는 다른 쪽 뺨도 돌려대고, 네 겉옷을 빼앗는 사람에게는 속옷도 거절하지 말아라. **30** 너에게 달라는 사람에게는 주고, 네 것을 가져가는 사람에게서 도로 찾으려고 하지 말아라. **31** 너희는 남에게 대접을 받고자 하는 대로 남을 대접하여라. **32** 너희가 너희를 사랑하는 사람들만 사랑하면, 그것이 너희에게 무슨 장한 일이 되겠느냐? 죄인들도 자기네를 사랑하는 사람들을 사랑한다. **33** 너희를 좋게 대하여 주는 사람들에게만 너희가 좋게 대하면, 그것이 너희에게 무슨 장한 일이 되겠느냐? 죄인들도 그만한 일은 한다. **34** 도로 받을 생각으로 남에게 꾸어 주면, 그것이 너희에게 무슨 장한 일이 되겠느냐? 죄인들도 고스란히 되받을 요량으로 죄인들에게 꾸어 준다. **35** 그러나 너희는 너희 원수를 사랑하고, 좋게 대하여 주고, 또 아무것도 바라지 말고 꾸어 주어라. 그리하면 너희는 큰 상을 받을 것이요, 더없이 높으신 분의 아들이 될 것이다. 그분은 은혜를 모르는 사람들과 악한 사람들에게도 인자하시다. **36** 너희의 아버지께서 자비로우신 것 같이, 너희도 자비로운 사람이 되어라. **37** 남을 심판하지 말아라. 그리하면 하나님께서도 너희를 심판하지 않으실 것이다. 남을 정죄하지 말아라. 그리하면 하나님께서도 너희를 정죄하지 않으실 것이다. 남을 용서하여라. 그리하면 하나님께서도 너희를 용서하실 것이다. **38** 남에게 주어라. 그리하면 하나님께서도 너희에게 주실 것이니, 되를 누르고 흔들어서, 넘치도록 후하게 되어서, 너희 품에 안겨 주실 것이다. 너희가 되질하여 주는 그 되로 너희에게 도로 되어서 주실 것이다." **39** 예수께서 그들에게 또 비유 하나를 말씀하셨다. "눈먼 사람이 눈먼 사람을 인도할 수 있느냐? 둘이 다 구덩이에 빠지지 않겠느냐? **40** 제자는 스승보다 높지 않다. 그러나 누구든지 다 배우고 나면, 자기의 스승과 같이 될 것이다. **41** 어찌하여 너는 남의 눈 속에 있는 티는 보면서, 네 눈 속에 있는 들보는 깨닫지 못하느냐? [42] 너는 네 눈 속에 있는 들보를 보지 못하면서, 어떻게 남에게 '친구야, 내가 네 눈 속에 있는 티를 빼내 줄 테니 가만히 있어라' 하고 말할 수 있겠느냐? 위선자야, 먼저 네 눈에서 들보를 빼내어라. 그리해야 그 때에 네가 똑똑히 보게 되어서, 남의 눈 속에 있는 티를 빼 줄 수 있을 것이다. [43] 좋은 나무가 나쁜 열매를 맺지 않고, 또 나쁜 나무가 좋은 열매를 맺지 않는다. [44] 나무는 각각 그 열매를 보면 안다. 가시나무에서 무화과를 거두어들이지 못하고, 가시덤불에서 포도를 따지 못한다. [45] 선한 사람은 그 마음 속에 갈무리해 놓은 선 더미에서 선한 것을 내고, 악한 사람은 그 마음 속에 갈무리해 놓은 악 더미에서 악한 것을 낸다. 마음에 가득 찬 것을 입으로 말하는 법이다. [46] 어찌하여 너희는 나더러 '주님, 주님!' 하면서도, 내가 말하는 것은 행하지 않느냐? [47] 내게 와서 내 말을 듣고 그대로 행하는 사람이 어떤 사람과 같은지를 너희에게 보여 주겠다. [48] 그는 땅을 깊이 파고, 반석 위에다 기초를 놓고 집을 짓는 사람과 같다. 홍수가 나서 물살이 그 집에 들이쳐도, 그 집은 흔들리지도 않는다. 잘 지은 집이기 때문이다. [49] 그러나 내 말을 듣고서도 그대로 행하지 않는 사람은, 기초 없이 맨 흙 위에다가 집을 지은 사람과 같다. 물살이 그 집에 들이치니, 그 집은 곧 무너져 버렸고, 그 집의 무너짐이 엄청났다."

웨슬리와 함께 읽기

1 **첫 안식일에** – 유대인들은 유월절부터 오순절까지 안식일을 첫째, 둘째, 셋째 등의 방식으로 하여서 일곱째 안식일까지 매겼다. 이 안식일은 오순절 바로 전이었는데, 이때는 무교절 둘째 날 이후의 50번째 날이었다(마 12:1; 막 2:23).

2 **어찌하여 당신은** – 성 마태와 마가는 바리새인들이 우리 주님께 직접 질문을 하는 것으로 그리고 있다. 아마도 그들은 제자들에게 먼저 질문했고, 이 장면은 그 질문 다음에 이루어진 것 같다.

4 사무엘상 21장 6절.

6 마태복음 12장 9절; 마가복음 3장 1절.

9 **목숨을 건지는 것이 옳으냐? 죽이는 것이 옳으냐** – 아마도 예수께서는 그들 마음속에 예수를 죽이려고 하는 계획을 간파하셨던 것 같다.

12 **하나님께 기도하셨다** – 이 구절은 예수께서 특별하고도 숭고하게 헌신하셨음을 보여주는 보기 드물고 눈에 띄는 구절이다(막 3:13).

13 마태복음 10장 2절; 마가복음 3장 14절; 사도행전 1장 13절.

15 **열심당원 시몬** – 열심으로 가득 찬. 혹은 가나안인 시몬이라고도 부른다.

17 평지에서 – 산자락에서.

20 다음 구절들에서 우리 주님께서는 새로운 청중들에게 말씀하신다. 이 청중들에는 뽑으신 제자들과 군중이 섞여 있는데, 예수께서는 이전에 산 위에 올라가 앉으셔서 전하신 바 있는 설교들 가운데 많은 훌륭한 구절을 평지에 서서 반복하여 말씀하고 계신다.[14] 여기에서 그분께서는 가난한 자, 굶주린 자, 애통하는 자, 박해받는 자가 행복하다고 다시금 선포하신다. 그리고 부유하고, 배부르고, 즐거워하고, 칭송을 받는 자에 대해서는 화를 선언하신다. 이렇게 말씀하신 까닭은 일반적으로 번창하는 것은 달콤한 독약이며, 고통은 비록 쓰기는 하지만 치료제이기 때문이다. 우리도 어려움에 대해 나쁘게 생각하지 말고, 이 세상이 우리를 향해 웃음을 지을 때는 정신을 바짝 차려야 할 것이다. 풍요로운 식탁이 우리 앞에 차려져 있을 때, 우리의 잔이 흘러넘치고 있을 때, 우리의 마음이 즐거울 때, 다른 사람들이 우리를 칭찬하는 소리를 들을 때(우리의 본능은 이것을 좋아하게 되어 있다), 우리는 이러한 것을 잘 생각해야 할 것이다. **너희 가난한 자들은 복이 있다** – 이 말씀은 문자 그대로 받아들여야 할 것이다. 나를 위해 너희의 모든 것을 버려둔 너희들은(마 5:3).[15]

24 **너희 부유한 자들은 화가 있다** – 만일 너희가 그 부유함에서 너희의 위로와 행복을 받으려 하거나 위로와 행복을 받았다면.[16]

25 **배부른** – 잘 먹고 잘 마셔서 배부른 것, 세상의 물질이 넉넉한 것. **웃는** – 경박한 마음을 가진 자들.

26 **모든 사람이 너희를 좋게 말할 때, 너희는 화가 있다** – 그러나 과연 그 누가 이 사실을 믿을까?

27 **내 말을 듣고 있는 너희에게 내가 말한다** – 여기에서 우리 주님은 특별한 사람들에게만 말씀하셨다. 이제 그분께서는 모든 사람에게 일반

적으로 말씀을 시작하신다(마 5:44).

29 네 뺨을 치는 사람에게는 – 네 겉옷을 빼앗는 사람에게는 – 이것은 관용적인 표현으로, 명예나 재산에 손해를 입히는 행동을 부드럽게 표현한 것이다. **다른 쪽 뺨도 돌려대고** – **속옷도 거절하지 말아라** – 즉, 그리스도인의 사랑에 어울리지 않는 방식으로 너 자신의 권리를 지키느라 그의 화를 돋우기보다는 차라리 그가 모욕하고 상처를 주는 대로 그냥 받아들이라(마 5:39).

30 사람에게는 주고 – 친구든 원수든. 너희가 가지고 있는 것을 그가 정말로 원하거든. **네 것을 가져가는 사람에게서** – 만일 이 사람이 갚을 능력이 없는 사람인데 너희에게서 빌려 간다고 하거든, 주고 나서 다시 돌려달라고 하지 말라(마 5:42).

31 마태복음 7장 12절.

32 우리가 주의 깊이 눈여겨볼 것은, 우리 주님께서는 인간들이 가장 고상한 미덕 가운데 하나라고 자연스럽게 받아들이는 미덕에 대해서, 즉 사랑을 사랑으로 보답하는 미덕에 대해서 감사를 표시할 가치조차 없는 것일 정도로 가치를 부여하지 않으신다. 그분께서 말씀하시기를, 심지어는 죄인들조차도 이런 것은 한다는 것이다. 즉, 하나님에 대해 전혀 개의치 않는 사람들조차도 그 정도는 한다는 것이다. 따라서 기독교에 한 발짝도 들여놓지 않은 사람이라 할지라도 그 정도는 한다.

37 마태복음 7장 1절.

38 **너희 품에** – 유대인들이 입던 망토 같은 것을 가리키는 것으로, 여기에는 많은 양의 곡식을 받을 수 있었다. **너희가 되질하여 주는 그 됫박으로 너희에게 도로 되어서 주실 것이다** – 얼마나 선하신가! 이로 인해서 우리는 우리 자신을 다듬을 수 있다! 우리는 하나님께 얼마나 큰 자

비를 우리에게 보여주실 것인지 친히 말씀드릴 수 있다! 또한 우리는 "너희가 하나님으로부터 받기를 원하는 만큼, 다른 사람들에게 주는" 가장 많은 분량보다 적은 것에도 만족할 수 있다.[17]

39 예수께서 비유 하나를 말씀하셨다 – 우리 주님께서는 평범한 가르침이나 공개적으로 선포하시는 말씀들이 종종 청중의 마음에 지나치게 열정을 불사른다는 것을 잘 알고 계셨기에, 그런 경우에는 종종 비유를 사용하여 말씀하셨다. 이러한 이유로 우리 주님께서는 "눈먼 사람이 눈먼 사람을 인도할 수 있느냐?"라는 비유를 사용하셨다. 눈먼 사람이 눈먼 사람을 인도할 수 있느냐 – 율법학자들이 이 길, 즉 자기 자신도 모르는 이 길을 인도할 수 있느냐? 그들과 그들에게서 배우는 사람들이 모두 함께 멸망하지 않겠느냐? 그들이 자신들의 제자들을 자기들보다 더 뛰어난 사람으로 만들 수 있겠느냐? 그러나 내 제자가 될 사람들은 모두 하나님으로부터 가르침을 받아야 한다. 그분께서는 그들이 자기 스승 주님의 장성한 분량에 이르도록 만들어주실 수 있으시다. 너희들은 그들의 제자가 되지 말라. 그들은 다른 사람들을 비판하지만 정작 자기 자신들은 바로잡지 않는다(마 15:14).

40 마태복음 10장 24절; 요한복음 15장 20절.

41 마태복음 7장 3절.

46 어찌하여 너희는 나더러 주님 주님 하면서도 – 고백은 멋들어지게 하지만, 정작 그에 걸맞은 삶의 모습은 드러나지 않는다(마 7:21).

47 마태복음 7장 24절.

역자 해설(5:1-6:19)

누가는 예수님께서 제자를 부르시고 그들과 함께하신 사역을 소개합니다. 5장 1절에서 6장 19절 부분은 이런 구조를 잘 보여줍니다.

베드로와 그의 동료를 제자로 부르심(5:1-11)
　나병환자 (5:12-16)와 중풍병자(5:17-26) 치유
레위를 제자로 부르심(5:27-28)과 저항(5:29-32)
　저항들(5:33-39; 6:1-5)
　병자 치유와 저항(6:6-11)
열두 제자를 부르심(6:12-16)과 요약 정리(6:17-19)

전체적인 흐름을 보면 예수님께서 제자들을 부르신 이야기가 앞뒤를 감싸고 있고, 그 안에는 병자들을 치유하시는 이야기와 유대 지도자들의 공격과 저항이 담겨 있습니다. 이 이야기들의 흐름은 마가복음의 흐름과 비슷합니다(막 2:1-3:6). 누가는 마가보다 조금 더 상세하게 이야기를 전하기도 하고 마가에 없는 내용도 포함시킵니다. 베드로와 그 동료를 부르시는 이야기는 마가에 비해 상세한 내용을 소개하는데, 기적적으로 많은 물고기를 잡는 장면이 포함됩니다.

그런데 내용을 가만히 살펴보면 물고기가 많이 잡힌 기적을 말하는 것이 요점이 아닙니다. 누가가 정작 말하고자 한 것은 베드로가 자기는

죄인이니 자기를 떠나달라고 하는 것과 그런데도 예수님은 그를 제자로 부르신 사건입니다(8-10절). 이어 나오는 레위를 부르시는 이야기에서도 세리와 죄인을 부르고 그들과 가까이하시는 예수님의 행동이(30-32절) 이 갈등을 일으킵니다.

이렇듯 죄인들을 부르시는 예수님 그리고 그런 모습을 못마땅해하는 기득권자들의 불평과 저항을 담고 있고, 이런 모습은 누가복음 곳곳에서 거듭 나타납니다. 예수님께서 이 땅에 이루고자 하신 하나님 나라는 소외되는 사람 없이 모두가 하나님의 자녀로서 그 자격을 회복하고, 그분의 자녀로서 건강하고 행복하게 살아가는 세상입니다. 그러나 힘과 권력을 쥔 사람들은 그것을 싫어합니다. 왜냐하면 그들이 누리는 기득권은 다른 사람의 불행과 못남을 발판 삼아 그 위에 세워진 비교적 가치를 지닌 것이기 때문입니다. 즉, 그들은 행복이라는 것이 어떤 일이나 관계 그 자체에서 비롯된 것이 아니라 다른 것이나 다른 사람과의 비교를 통해 얻어진다고 믿습니다. 남들이 못 가져야 내가 가진 것이 돋보이고, 남이 실패해야 내가 실패하지 않은 것이 성공으로 두드러지기 때문에 남들의 불행이 곧 나의 행복이라는 공식으로 살아갑니다.

그래서 그들은 어떻게 해서든 남들을 죄인이라고 무시하고 차별하고 짓밟으려 하며, 남들이 조금이라도 넉넉해지거나 행복해지면 그것이 영 맘에 들지 않습니다. 왜냐하면 남들이 잘 되면 내가 불행해진다고 생각하기 때문입니다. 그러나 예수님은 그런 세상을 거부하십니다. 잘났거나 못났거나 상관없이, 사람은 그 자체로 고유하고 소중한 가치를 가진 존재이며, 하나님의 나라는 이것이 당연하게 인정되는 세상입니다.

예수님은 이것을 이루기 위한 하나님 나라의 사역을 혼자 하지 않으십니다. 그분께서는 혼자 하셔도 아무런 문제가 없지만, 그 길을 선택하지 않으셨습니다. 사람들의 도움을 받고 그들과 함께 그런 세상을 이루려고 하십니다. 왜냐하면 이런 모습 자체가 하나님 나라의 모습을 보여주기 때문입니다. 그래서 예수님은 친구들을 불러 그들에게 도움을 부탁하십니다. 그뿐만 아니라 예수님은 성령의 도우심을 구하며 그 길을 걸으십니다. 오늘 이야기 중에서 마가복음과 중요한 차이를 보이는 부분이 바로 예수님께서 기도하신다는 구절입니다. 마가는 예수님께서 나병환자를 고쳐주신 후에 외딴곳에 가 계셨다고 말하지만(막 1:45), 누가는 가서 기도하셨다고 말합니다(5:16). 마가는 예수님께서 산에 올라가셔서 제자들을 부르셨다고만 말하지만(막 3:13), 누가는 산에 올라가 밤새도록 기도하신 후에 아침이 되어서 제자들을 부르셨다고 말합니다(6:12). 이는 예수님께서 인간적인 관계를 통해서만 하나님 나라를 이루려 하시지 않고 항상 하나님과 교제하시면서 이 모든 일을 이루려 하셨음을 보여줍니다. 하나님 나라의 사역을 이어받은 우리가 어떻게 이 사역을 감당해야 하는지 예수님께서 좋은 모범을 보여주셨습니다.

누가복음 7장

¹ 예수께서 자기의 모든 말씀을 백성들에게 들려주신 뒤에, 가버나움으로 가셨다. ² 어떤 백부장의 종이 병들어 거의 죽게 되었는데, 그는 주인에게 소중한 종이었다. ³ 그 백부장이 예수의 소문을 듣고, 유대 사람들의 장로들을 예수께로 보내어 그에게 청하기를, 와서 자기 종을 낫게 해달라고 하였다. ⁴ 그들이 예수께로 와서, 간곡히 탄원하기를 "그는 선생님에게서 은혜를 받을 만한 사람입니다. ⁵ 그는 우리 민족을 사랑하는 사람이고, 우리에게 회당을 지어주었습니다" 하였다. ⁶ 예수께서 그들과 함께 가셨다. 예수께서 백부장의 집에서 그리 멀지 않은 곳에 이르렀을 때에, 백부장은 친구들을 보내어, 예수께 이렇게 아뢰게 하였다. "주님, 더 수고하실 것 없습니다. 저는 주님을 내 집에 모셔들일 만한 자격이 없습니다. ⁷ 그래서 내가 주님께로 나아올 엄두도 못 냈습니다. 그저 말씀만 하셔서, 내 종을 낫게 해주십시오. ⁸ 나도 상관을 모시는 사람이고, 내 밑에도 병사들이 있어서, 내가 이 사람더러 가라고 하면 가고, 저 사람더러 오라고 하면 옵니다. 또 내 종더러 이것을 하라고 하면 합니다." ⁹ 예수께서 이 말을 들으시고, 그를 놀랍게 여기시어, 돌아서서, 자기를 따라오는 무리에게 말씀하셨다. "내가 너희에게 말한다. 나는 이스라엘 사람 가운데서는, 아직 이런 믿음을 본 일이 없다." ¹⁰ 심부름 왔던 사람들이 집에 돌아가서 보니, 종은 나아 있었다.

11 그 뒤에 곧 예수께서 나인이라는 성읍으로 가시게 되었는데, 제자들과 큰 무리가 그와 동행하였다. **12** 예수께서 성문에 가까이 이르셨을 때에, 사람들이 한 죽은 사람을 메고 나오고 있었다. 그 죽은 사람은 그의 어머니의 외아들이고, 그 여자는 과부였다. 그런데 그 성의 많은 사람이 그 여자와 함께 따라오고 있었다. **13** 주님께서 그 여자를 보시고, 가엾게 여기셔서 말씀하셨다. "울지 말아라." **14** 그리고 앞으로 나아가서, 관에 손을 대시니, 메고 가는 사람들이 멈추어 섰다. 예수께서 말씀하셨다. "젊은이야, 내가 네게 말한다. 일어나라." **15** 그러자 죽은 사람이 일어나 앉아서, 말을 하기 시작하였다. 예수께서 그를 그 어머니에게 돌려주셨다. **16** 그래서 모두 두려움에 사로잡혀서, 하나님을 찬양하면서 말하기를 "우리에게 큰 예언자가 나타났다" 하고, 또 "하나님께서 자기 백성을 돌보아주셨다" 하였다. **17** 예수의 이 이야기가 온 유대와 그 주위에 있는 모든 지역에 퍼졌다. **18** 요한의 제자들이 이 모든 일을 요한에게 알렸다. 요한은 자기 제자 가운데서 두 사람을 불러, **19** 주님께로 보내어 "선생님이 오실 그분입니까? 그렇지 않으면, 우리가 다른 분을 기다려야 합니까?" 하고 물어 보게 하였다. **20** 그 사람들이 예수께 와서 말하였다. "세례자 요한이 우리를 선생님께로 보내어 '선생님이 오실 그분입니까? 그렇지 않으면, 우리가 다른 분을 기다려야 합니까?' 하고 물어 보라고 하였습니다." **21** 그 때에 예수께서는 질병과 고통과 악령으로 시달리는 사람을 많이 고쳐주시고, 또 눈먼 많은 사람을 볼 수 있게 해주셨다. **22** 예수께서 그들에게 이렇게 대답하셨다. "너희가 보고 들은 것을, 가서 요한에게 알려라. 눈먼 사람이 다시 보고, 다리 저는 사람이 걷고, 나병환자가 깨끗해지고, 귀먹은 사람이 듣고, 죽은 사람이 살아나고, <u>가난한 사람이 복음을 듣는다.</u> **23** 나에게 걸려 넘어지지 않는 사람은 복이 있다." **24** <u>요한의 심부름꾼들이 떠난 뒤에,</u> 예수께서 요한에 대하여 무리에게 말씀하셨다. "너희는 무엇을 보러 광야에 나갔더냐? 바람에 흔들리는 갈대냐? **25** 아니면, 무엇을 보

러 나갔더냐? 비단 옷을 입은 사람이냐? 화려한 옷을 입고 호사스럽게 사는 사람은 왕궁에 있다. ²⁶ 아니면, 무엇을 보러 나갔더냐? 예언자를 보려고 나갔더냐? 그렇다. 내가 너희에게 말한다. 그는 예언자보다 더 위대한 인물이다. ²⁷ 이 사람에 대하여 성경에 기록하기를 '보아라. 내가 내 심부름꾼을 너보다 앞서 보낸다. 그가 네 앞에서 네 길을 닦을 것이다' 하였다. ²⁸ 내가 너희에게 말한다. 여자가 낳은 사람 가운데서, 세례자 요한보다 더 큰 인물이 없다. 그러나 하나님 나라에서는 가장 작은 자라도 요한보다 더 크다." ²⁹ 모든 백성과 심지어는 세리들까지도 요한의 설교를 듣고, 그의 세례를 받았다. 이렇게 하여 그들은 하나님의 옳으심을 드러냈다. ³⁰ 그러나 바리새파 사람들과 율법학자들은 요한에게서 세례를 받지 않음으로써 자기들에 대한 하나님의 계획을 물리쳤다. ³¹ "그러니, 이 세대 사람을 무엇에 비길까? 그들은 무엇과 같은가? ³² 그들은 마치 어린이들이 장터에 앉아서, 서로 부르며 말하기를 '우리가 너희에게 피리를 불어도, 너희는 춤추지 않았고, 우리가 애곡을 하여도 너희는 울지 않았다' 하는 것과 같다. ³³ 세례자 요한이 와서, 빵도 먹지 않고 포도주도 마시지 않으니, 너희가 말하기를 '그는 귀신이 들렸다' 하고, ³⁴ 인자는 와서, 먹기도 하고 마시기도 하니, 너희가 말하기를 '보아라, 저 사람은 마구 먹어대는 자요, 포도주를 마시는 자요, 세리와 죄인의 친구다' 한다. ³⁵ 그러나 지혜의 자녀들이 결국 지혜가 옳다는 것을 드러냈다." ³⁶ 바리새파 사람 가운데에서 어떤 사람이 예수께 청하여, 자기와 함께 음식을 먹자고 하였다. 그래서 예수께서는 그 바리새파 사람의 집에 들어가셔서, 상에 앉으셨다. ³⁷ 그런데 그 동네에 죄인인 한 여자가 있었는데, 예수께서 바리새파 사람의 집에서 음식을 잡숫고 계신 것을 알고서, 향유가 담긴 옥합을 가지고 와서, ³⁸ 예수의 등 뒤에 발 곁에 서더니, 울면서, 눈물로 그 발을 적시고, 자기 머리털로 닦고, 그 발에 입을 맞추고, 향유를 발랐다. ³⁹ 예수를 초대한 바리새파 사람이 이것을 보고, 혼자 중얼거렸다. "이 사람이 예언자라면, 자기를 만지는 저 여자가 누구이며, 어떠한 여자인지 알았을 터인데! 그 여자는 죄인인데!" ⁴⁰ 예수께서 그에게 말씀하셨다. "시몬아, 네게 할 말이 있다." 시몬이 말했다. "선생님, 말씀하십시오." 예수께서 말씀하셨다. ⁴¹ "어떤 돈놀이 꾼에게 빚진 사람 둘이 있었는데, 한 사람은 오백 데나리온을 빚지고, 또 한 사 람은 오십 데나리온을 빚졌다. ⁴² 둘이 다 갚을 길이 없으므로, 돈놀이꾼은 둘 에게 빚을 없애주었다. 그러면 그 두 사람 가운데서 누가 그를 더 사랑하겠느 냐?" ⁴³ 시몬이 대답하였다. "더 많이 빚을 없애준 사람이라고 생각합니다." 예수 께서 그에게 말씀하셨다. "네 판단이 옳다." ⁴⁴ 그런 다음에, 그 여자에게로 돌아 서서, 시몬에게 말씀하셨다. "너는 이 여자를 보고 있는 거지? 내가 네 집에 들 어왔을 때에, 너는 내게 발 씻을 물도 주지 않았다. 그러나 이 여자는 눈물로 내 발을 적시고, 자기 머리털로 닦았다. ⁴⁵ 너는 내게 입을 맞추지 않았으나, 이 여 자는 들어와서부터 줄곧 내 발에 입을 맞추었다. ⁴⁶ 너는 내 머리에 기름을 발 라 주지 않았으나, 이 여자는 내 발에 향유를 발랐다. ⁴⁷ 그러므로 내가 네게 말 한다. 이 여자는 그 많은 죄를 용서받았다. 그것은 그가 많이 사랑하였기 때문 이다. 용서받는 것이 적은 사람은 적게 사랑한다." ⁴⁸ 그리고 예수께서 그 여자 에게 말씀하셨다. "네 죄가 용서받았다." ⁴⁹ 그러자 상에 함께 앉아 있는 사람들 이 속으로 수군거리기를 "이 사람이 누구이기에 죄까지도 용서하여 준다는 말 인가?" 하였다. ⁵⁰ 그러나 예수께서는 그 여자에게 말씀하셨다. "네 믿음이 너를 구원하였다. 평안히 가거라."

웨슬리와 함께 읽기

1 마태복음 8장 5절.

3 **예수의 소문을 듣고** – 그분의 기적에 대한 소문과 그분께서 가버나움에 오셨다는 소식.

18 마태복음 11장 2절.

22 **가난한 사람이 복음을 듣는다** – 이것은 가장 위대한 자비이며 모든 기적 중에 가장 위대한 기적이다.

24 **요한의 심부름꾼들이 떠난 뒤에** – 예수께서는 아래에 나오는 말씀을 요한의 제자들이 듣는 자리에서는 하지 않으셨는데, 그렇게 하면 마치 자신이 요한을 추어올리는 것처럼 보일 수도 있고, 그가 이전에 했던 증언을 고수하는 것에 대해 칭찬하는 것처럼 보일 수도 있기 때문이었다. 이러한 모든 의혹을 피하려고 예수께서는 요한에 대한 비판도 그 제자들이 떠날 때까지 잠시 뒤로 미루었다. 그 후에 예수께서는 마치 예수 자신의 판단에 따라 요한이 이리저리 흔들리는 것처럼 사람들이 마음대로 상상하지 않게 하려고 그리고 요한이 사람들의 궁금증을 풀어주기보다는 마치 자기 자신의 궁금증을 해소하기 위해서 두 명의 제자들을 보냈다고 사람들이 마음대로 상상하지 않게 하려고 이 말씀을

전하셨다.

27 말라기 3장 1절.

28 세례자 요한보다 더 큰 인물이 없다 - 위대한 선생. 그러나 하나님 나라에서는 가장 작은 자라도 - 내가 이전에 보냈던 가장 보잘것없는 선생도 요한보다는 크다.

29 모든 백성 - 우리 주님께서는 자신의 가르침을 계속해나가신다. 하나님의 옳으심 - 하나님의 옳으심은 사람들을 불러서 회개하게 하시고 오실 그분을 맞이할 준비를 하게 하시는 그분의 지혜와 자비를 가리킨다.

30 그러나 바리새파 사람들과 율법학자들은 - 선하고 학식이 높고 칭송을 받는 사람들. 자기들에 대한 하나님의 계획을 물리쳤다 - 하나님은 그들에게 여러 방법으로 자신의 사랑을 드러내셨으나 그들은 그분을 실망하게 했고, 그들은 그 사랑의 방식을 통해 얻어지는 아무런 유익도 받지 못했다.

32 그들은 장터에 앉은 어린이들과 같다 - 그들은 너무나 완고하고 제멋대로이기 때문에 그들을 만족시킬 어떤 방법도 없다. 우리 주님께서는 그들을 불평하는 사람으로 빗대는 것이 아니라 어린이들이 그들에 대해서 불평을 하는 것으로 빗대어 말씀하시는 것이 분명하다.

35 그러나 지혜의 자녀들이 지혜가 옳다는 것을 드러낸다 - 지혜의 자녀들은 구원에 대하여 지혜로운 자들이다. 하나님께서 나눠주신 모든 지혜는, 즉 죄인들을 회개로 부르시는 모든 다양한 수단은 이 모든 것에 담겨 있으며 이것들에 의해 진실로 증명된다.

36 바리새파 사람 가운데에서 어떤 사람이 예수께 청하여, 자기와 함께 음식을 먹자고 하였다 - 우리 주님께서는 올무를 놓기 위해서 마련된 잔치에 초대를 받으셨을 때 그 초대를 솔직하게 그리고 정중하고도 신

중하게 받아들이셨다. 이러한 모습은 우리에게 비둘기같이 순결하고 부드럽지만, 뱀처럼 지혜로워야 한다는 교훈을 준다. 친절한 척 다가오지만 사실 그 저의가 상당히 의심스러운 사람들이 호의를 베풀 때 그것을 무조건 거절하지도 말고, 그들이 우리를 무시하여 소홀히 대한다고 해서 화를 내지도 말자. 그리고 그들이 친한 척 다가오지만, 결코 방심해서는 안 된다는 것도 기억하자.

37 한 여자 – 예수께서 마지막 유월절을 보내시기 6일 전에 그분께 기름을 부었던 베다니의 마리아와는 다른 사람이다.

40 예수께서 그에게 말씀하셨다. "시몬아, 네게 할 말이 있다." – 우리 주님께서는 그토록 교만하고 트집을 잘 잡는 바리새인에게조차도 그렇게 부드럽고 정중하게 말씀하신다.

43 누가 더 그를 사랑하였느냐 – 그분께서 그들을 용서하시기 전에는 그들 중에 어느 사람도 그를 사랑하지는 않았었다. 파산 지경에 이른 채무자는 탕감받기 전에는 그를 사랑하지 않고 도리어 그 채권자를 피해 다닌다.

44 너는 내게 물을 주지 않았다 – 유대인들에게 있어서 손님이 왔을 때 입을 맞춰 인사하고, 발 씻을 물을 내오고, 머리에 기름이나 좋은 향유를 발라주는 것은 손님을 존경하고 친절하게 환영한다는 것을 보여주는 관습이었다.

47 이 여자는 많은 죄를 용서받았다. 그래서 이 여자는 많이 사랑한다 – 이것은 그녀가 용서를 받은 것으로 인해 맺은 열매이다. 여기에서 주의 깊게 살펴보아야 할 것은 이 여인이 사랑하는 것이 그녀가 용서받기 위한 조건이나 원인이 아니라, 용서받은 결과로 나타나는 현상이나 증거라는 사실이다. 그녀는 자기가 용서를 많이 받았다는 것을 알았다. 그래

서 그녀는 많이 사랑했다.[18]

50 네 믿음이 너를 구원하였다 - 너의 사랑이 아니라. 사랑은 구원이
다.[19]

역자 해설(6:20-7:50)

예수님께서 제자들을 향해 가르침을 주십니다(6:20-49). 이 가르침은 마태복음에서는 산상수훈(마 5-7장)에 해당하는 부분인데, 누가는 이 가르침이 평지에서 이루어진 것으로 전하기 때문에(6:17) 학자들은 평지 설교라고도 부릅니다. 이 부분은 산상수훈과는 약간 다른 곳에 초점을 둡니다. 누가는 물질적으로 가난한 사람, 지금 굶주리는 사람, 지금 슬피 우는 사람 등 마태복음과는 달리 현세에서 실제로 고통을 당하는 사람을 말하고 있습니다(20-23절). 또한 마태와 달리 현세에서 물질적으로 풍요를 누리며 즐기는 사람들에게 임할 화를 선포합니다(24-26절).

마태와 누가복음에 나온 말씀 중에 어느 것이 실제로 예수님께서 하신 말씀인지 묻는 것은 의미가 없습니다. 예수님께서 하신 말씀을 듣고 누가는 마태와 달리 현실의 삶을 떠올리고 그렇게 해석한 것입니다. 누가는 자신의 복음서를 쓰면서 세상 것을 신뢰하고 의지하는 태도가 얼마나 어리석은 것인지 말합니다. 누가복음 12장이나 16장 등에 나오는 비유를 봐도 누가는 하나님을 우습게 보면서 세상의 물질과 힘, 권모술수 등을 의지하는 삶의 태도가 잘못된 것임을 지적합니다.

평지 설교에서는 막연한 추상적 의미의 가난이나 애통함이 아닌 실제 삶 속에서 경험하는 현실의 가난, 애통함, 풍요로움, 쾌락 등을 말합니다. 누가가 화가 있다고 경고하는 것은 재물을 많이 소유해서 오는 부요함이 아니라 그 재물을 의지하면서 하나님을 우습게 여기는 태도입니다. 예를 들어 누가복음 12장과 16장의 부자는 어리석은 사람이지만 부자였던 삭개오(19:2)는 아브라함의 자손이라고 예수님으로부터 인정받습니다. 즉, 물질적 부요함이나 가난함 자체의 문제가 아니라, 물질(맘몬)을 섬기는 것이 문제입니다. 그 맘몬은 현실 세계에서 사람이 하나님을 버리고 그 물질을 의지하며 섬기도록 만드는 강한 힘이 있으며, 그 손아귀를 벗어나는 것은 여간 힘든 것이 아니기에 누가는 이렇게 경고하는 것입니다.

남을 돕는 행위도 순수한 것이 아닌 세상적인 계산이 들어간 것이라면(6:34-35) 그것 또한 하나님보다는 세상적인 거래나 얄팍한 술수라는 맘몬을 의지하는 것입니다. 예수님께서는 이것을 분명히 경고하셨고(14:12-14), 비유를 통해서도 그런 인간적인 술수를 의지하는 것의 어리석음을 경계하셨습니다(16:1-8). 2천 년 전 당시 세계에서는 가난하고 못 배운 사람들은 무시를 당했습니다. 그들은 부자들과 권력자들의 먹잇감이었고, 늘 빼앗기고 착취당하는 힘든 삶을 살았습니다. 요즘과 달리 당시 세계에서는 가난한 사람이 부자가 되거나 신분 상승을 이룩하는 것은 거의 불가능했습니다.

그래서 가난하고 비천한 사람들은 하나님만을 의지할 수밖에 없었습니다. 7장 앞부분에 나오는 두 사람의 일화, 즉 백부장의 종을 고쳐주시는 이야기와 과부의 아들을 살리시는 이야기 그리고 7장 마지막에 나오는 향유를 바르는 여인 이야기는 이 사실을 잘 보여줍니다. 백부장은 이방인입니다. 비록 로마가 이스라엘을 식민지 삼았지만, 종교적으로 백부장은 이방인으로서 이스라엘 사람들의 기피와 경멸의 대상이었습니다. 그러나 이 백부장은 다른 점령군 지배자와는 달리 주민들에게 호의를 베풀었던 뜻밖의 사람이었습니다(7:4-5). 그리고 유대 장로들은 그를 위해 기꺼이 나섰습니다(3절). 예수님께 전하는 백부장의 말도(6-8절) 참으로 겸손합니다. 이 모든 것을 미루어 볼 때 이 백부장은 힘과 권력을 갖고 있지만 그것을 의지하여 휘두르지 않고 사람들에게 호의를 베풀며 겸손한 태도를 지닌 사람임을 알 수 있습니다.

과부의 아들을 살리시는 이야기도 마찬가지입니다. 당시 세계에서 과부와 고아가 된다는 것은 삶의 가장 하층민으로 떨어진다는 것을 의미했습니다. 누구로부터 보호도 받지 못하는 가엾은 사람입니다. 그나마 하나 있던 아들마저 죽어버려 이 여인은 마지막 보호막까지 잃어버렸습니다. 이렇듯 어디에도 기댈 곳 없는 이 여인에게 예수님의 은총이 찾아옵니다.

7장을 마무리하는 한 여인의 이야기를 봅시다. 이 여인은 사람들에게서 '죄인'이라고 멸시당하는 여성이었습니다(37절). 이 여인이 왜 다짜고짜 예수님 발을 눈물로 적시고 자신의 머리카락으로 닦으며, 그 발에 입을 맞추고 향유를 발랐는지 아무런 설명은 없습니다. 그러나 우리는 이 여인의 마음을 충분히 느낄 수 있습니다. 도리어 아무런 설명이 없기에 이 여인의 마음이 우리 마음에 더 깊이 와닿습니다. 이 여인이 이러는 사이 주변에 선 사람이 대놓고 인격을 모독하며 비난합니다. 혼자 중얼거리지만(39절) 모두 다 들리게 중얼거립니다. 예수님 귀에도 들렸으니 이 여인의 귀에도 들렸겠지요. 참으로 잔인합니다.

자신의 머리카락으로 남의 더러운 발을 닦고 그 발에 계속 입을 맞춘다는 것(45절)을 보면 과연 누가 이 여인보다 자신을 더 낮출 수 있을까 싶습니다. 그런데 이런 사람을 예수님께서 높이십니다. 그리고 자신을 낮춘 이 여인을 무시하던 시몬은 망신을 당합니다(44-47절). 이 세 사람은 모두 비천하거나 무시당하는 사람들이었습니다. 어쩌면 그러하기에 이들은 오직 주님의 은총만을 의지할 수밖에 없었을 것입니다. 그리고 이들에게 주님의 은총이 임했습니다.

사람은 조금만 힘이 생기거나 믿고 의지할 만한 구석이 생기면 그것이 마치 대단한 것인 양, 그것이 나의 모든 것을 해결해줄 만능 해결사인 양 그것에 매달립니다. 그러는 사이에 하나님은 우리 삶에서 저 뒤쪽 구석으로 밀려납니다. 그러나 만일 우리가 그런 삶의 태도를 지닌다면 이는 참으로 어리석은(12:20) 일입니다. 주님의 은총은 자신을 지극히 낮추며 그분의 도우심만을 간절히 바라는 이에게 찾아옵니다.

누가복음 8장

¹ 그 뒤에 예수께서 고을과 마을을 두루 다니시면서, 하나님의 나라를 선포하며 그 기쁜 소식을 전하셨다. 열두 제자가 예수와 동행하였다. ² 그리고 악령과 질병에서 고침을 받은 몇몇 여자들도 동행하였는데, 일곱 귀신이 떨어져 나간 막달라라고 하는 마리아와 ³ 헤롯의 청지기인 구사의 아내 요안나와 수산나와 그 밖에 여러 다른 여자들이었다. 그들은 자기들의 재산으로 예수의 일행을 섬겼다. ⁴ 무리가 많이 모여들고, 각 고을에서 사람들이 예수께로 나아오니, 예수께서 비유를 들어 말씀하셨다. ⁵ "씨 뿌리는 사람이 씨를 뿌리러 나갔다. 그가 씨를 뿌리는데, 더러는 길가에 떨어지니, 발에 밟히기도 하고, 하늘의 새들이 쪼아먹기도 하였다. ⁶ 또 더러는 돌짝밭에 떨어지니, 싹이 돋아났다가 물기가 없어서 말라 버렸다. ⁷ 또 더러는 가시덤불 속에 떨어지니, 가시덤불이 함께 자라서, 그 기운을 막았다. ⁸ 그런데 더러는 좋은 땅에 떨어져서 자라나, 백 배의 열매를 맺었다." 이 말씀을 하시고, 예수께서는 "들을 귀가 있는 사람은 들어라" 하고 외치셨다. ⁹ 예수의 제자들이, 이 비유가 무슨 뜻인지를 그에게 물었다. ¹⁰ 예수께서 대답하셨다. "너희에게는 하나님 나라의 비밀을 아는 것을 허락해 주셨다. 그러나 다른 사람들에게는 비유로 말하였으니, 그것은 '그들이 보아도 보지 못하고, 들어도 깨닫지 못하게 하려는 것'이다." ¹¹ "그 비유의 뜻은 이러하다.

씨는 하나님의 말씀이다. [12] 길가에 떨어진 것들은, 말씀을 듣기는 하였으나, 그 뒤에 악마가 와서, 그들의 마음에서 말씀을 빼앗아 가므로, 믿지 못하고 구원을 받지 못하게 되는 사람들이다. [13] 돌짝밭에 떨어진 것들은, 들을 때에는 그 말씀을 기쁘게 받아들이지만, 뿌리가 없으므로 잠시 동안 믿다가, 시련의 때가 오면 떨어져 나가는 사람들이다. [14] 가시덤불에 떨어진 것들은, 말씀을 들었으나, 살아가는 동안에 근심과 재물과 인생의 향락에 사로잡혀서, 열매를 맺는 데에 이르지 못하는 사람들이다. [15] 그리고 좋은 땅에 떨어진 것들은, 바르고 착한 마음으로 말씀을 듣고서, 그것을 굳게 간직하여 견디는 가운데 열매를 맺는 사람들이다." [16] "아무도 등불을 켜서, 그릇으로 덮거나, 침대 아래에다 놓지 않고, 등경 위에다가 올려놓아서, 들어오는 사람들이 그 빛을 보게 한다. [17] 숨겨 둔 것은 드러나고, 감추어 둔 것은 알려져서 환히 나타나기 마련이다. [18] 그러므로 너희는 조심하여 들어라. 가진 사람은 더 받을 것이요, 가지지 못한 사람은 가진 줄로 생각하는 것마저 빼앗길 것이다." [19] 예수의 어머니와 형제들이 예수께로 왔으나, 무리 때문에 만날 수 없었다. [20] 그래서 사람들이 예수께 전하였다. "선생님의 어머니와 형제들이 밖에 서서, 선생님을 만나고 싶어합니다." [21] 예수께서 그들에게 말씀하셨다. "하나님의 말씀을 듣고 행하는 이 사람들이 나의 어머니요, 나의 형제들이다." [22] 어느 날 예수께서 제자들과 함께 배에 오르셔서, 그들에게 말씀하셨다. "호수 저쪽으로 건너가자." 그들이 출발하여 [23] 배를 저어 가고 있을 때에 예수께서는 잠이 드셨다. 그런데 사나운 바람이 호수로 내리 불어서, 배에 물이 차고, 그들은 위태롭게 되었다. [24] 그래서 제자들이 다가가서 예수를 깨우고서 말하였다. "선생님, 선생님, 우리가 죽게 되었습니다." 예수께서 깨어나서, 바람과 성난 물결을 꾸짖으시니, 바람과 물결이 곧 그치고 잔잔해졌다. [25] 예수께서 그들에게 말씀하셨다. "너희의 믿음이 어디에 있느냐?" 그들은 두려워하였고, 놀라서 서로 말하였다. "이분이 도대체 누구시기에 바람과 물을 호령하시니, 바람과 물조차도 그에게 복종하는가?" [26] 그들은 갈릴리 맞은 편에 있는 거라사 지방에 닿았다. [27] 예수께서 뭍에 내리시니, 그 마을 출신으로서 귀신 들린 사람 하나가 예수를 만났다. 그는 오랫동안 옷을 입지 않은 채, 집에서 살지 않고, 무덤에서 지내고 있었다. [28] 그가 예수를 보고, 소리를 지르고서, 그 앞에 엎드려서, 큰 소리로 말하였다. "더없이 높으신 하나님의 아들 예수님, 당신이 나와 무슨 상관이 있습니까? 제발 나를 괴롭히지 마십시오." [29] 예수께서 이미 악한 귀신더러 그 사람에게서 나가라고 명하셨던 것이다. 귀신이 여러 번 그 사람을 붙잡았기 때문에, 사람들이 그를 쇠사슬과 쇠고랑으로 묶어서 감시하였으나, 그는 그것을 끊고, 귀신에게 몰려서 광야로 뛰쳐나가곤 하였다. [30] 예수께서 그에게 물으셨다. "네 이름이 무엇이냐?" 그가 대답하였다. "군대입니다." 많은 귀신이 그 사람 속에 들어가 있었기 때문이다. [31] 귀신들은 자기들을 지옥에 보내지 말아달라고 예수께 간청하였다. [32] 마침 그 곳 산기슭에, 놓아 기르는 큰 돼지 떼가 있었다. 귀신들은 자기들을 그 돼지들 속으로 들어가게 허락해 달라고 예수께 간청하였다. 예수께서 허락하시니, [33] 귀신들이 그 사람에게서 나와서, 돼지들 속으로 들어갔다. 그래서 그 돼지 떼는 비탈을 내리달아서 호수에 빠져서 죽었다. [34] 돼지를 치던 사람들이 이 일을 보고, 도망가서 읍내와 촌에 알렸다. [35] 그래서 사람들이 일어난 그 일을 보러 나왔다. 그들은 예수께로 와서, 귀신들이 나가버린 그 사람이 옷을 입고 제정신이 들어서 예수의 발 앞에 앉아 있는 것을 보고, 두려워하였다. [36] 처음부터 지켜본 사람들이, 귀신 들렸던 사람이 어떻게 해서 낫게 되었는가를 그들에게 알려 주었다. [37] 그러자 거라사 주위의 고을 주민들은 모두 예수께, 자기들에게서 떠나 달라고 간청하였다. 그들이 큰 두려움에 사로잡혔기 때문이다. 그래서 예수께서는 배에 올라 되돌아가시는데, [38] 귀신이 나간 그 사람이 예수와 함께 있게 해 달라고 애원하였으나, 예수께서는 그를 돌려보내시며 이렇게 말씀하셨다. [39] "네 집으로 돌아가서, 하나님께서 네게 하신 일을 다 이야기하여라." 그 사람이 떠나가서, 예수께서 자기에게 하신 일을 낱낱이 온 읍내에 알렸다. ⁴⁰ 예수께서 돌아오시니, 무리가 그를 환영하였다. 그들은 모두 예수를 기다리고 있었던 것이다. ⁴¹ 그 때에 야이로라는 사람이 왔다. 이 사람은 회당장이었다. 그가 예수의 발 앞에 엎드려서, 자기 집으로 가시자고 간청하였다. ⁴² 그에게 열두 살쯤 된 외동딸이 있는데, 그 딸이 죽어가고 있었기 때문이다. 예수께서 야이로의 집으로 가시는데, 무리가 예수를 밀어댔다. ⁴³ 무리 가운데 열두 해 동안 혈루증으로 앓는 여자가 있었는데 [의사에게 재산을 모두 다 탕진했지만] 아무도 이 여자를 고쳐주지 못하였다. ⁴⁴ 이 여자가 뒤에서 다가와서는 예수의 옷술에 손을 대니, 곧 출혈이 그쳤다. ⁴⁵ 예수께서 물으셨다. "내게 손을 댄 사람이 누구냐?" 사람들이 모두 부인하는데, 베드로가 말하였다. "선생님, 무리가 선생님을 에워싸서 밀치고 있습니다." ⁴⁶ 그러자 예수께서 말씀하셨다. "누군가가 내게 손을 댔다. 나는 내게서 능력이 빠져나간 것을 알고 있다." ⁴⁷ 그 여자는 더 이상 숨길 수 없음을 알고서, 떨면서 나아와 예수께 엎드려서, 그에게 손을 댄 이유와 또 곧 낫게 된 경위를 모든 백성 앞에 알렸다. ⁴⁸ 그러자 예수께서 그 여자에게 말씀하셨다. "딸아, 네 믿음이 너를 구원하였다. 평안히 가거라." ⁴⁹ 예수께서 아직 말씀을 계속하시는데, 회당장의 집에서 사람이 와서 말하였다. "따님이 죽었습니다. 선생님을 더 괴롭히지 마십시오." ⁵⁰ 예수께서 들으시고 나서, 회당장에게 말씀하셨다. "두려워하지 말고, 믿기만 하여라. 딸이 나을 것이다." ⁵¹ 그리고 그 집에 이르러서, 베드로와 요한과 야고보와 그 아이의 부모 밖에는, 아무도 함께 들어가는 것을 허락하지 않으셨다. ⁵² 사람들은 모두 울며 그 아이에 대해 슬퍼하고 있었다. 예수께서 말씀하셨다. "울지 말아라. 아이가 죽은 것이 아니라, 자고 있다." ⁵³ 그들은 아이가 죽었음을 알고 있으므로, 예수를 비웃었다. ⁵⁴ 예수께서 아이의 손을 잡으시고 말씀하셨다. "아이야, 일어나라." ⁵⁵ 그러자 그 아이의 영이 돌아와서, 아이가 곧 일어났다. 예수께서는 먹을 것을 아이에게 주라고 지시하셨다. [56] 아이의 부모는 놀랐다. 예수께서 이 일을 아무에게도 말하지 말라고 그들에게 명하셨다.

웨슬리와 함께 읽기

2 막달라 마리아 – 혹은 갈릴리 지역의 한 동네인 막달라 출신의 마리아.[20] 아마도 맨 마지막 장에 언급된 사람일 것이다.

4 마태복음 13장 1절; 마가복음 4장 1절.

15 간직하는 사람 – 길가와는 달리. **열매를 맺는** – 가시덤불과는 달리. **견디는 가운데** – 돌밭과는 달리.

16 등불을 켜서··· 않고 – 그분께서 "너희 선한 열매가 드러나도록 하라"고 말씀하신 것처럼(마 5:15; 막 4:21; 눅 11:33).

17 감추어진 것은 없고 – 그것을 절대로 감추려 하지 말라. 왜냐하면 당신은 아무것도 오랫동안 숨겨둘 수 없기 때문이다(마 10:26; 막 4:22; 눅 12:2).

**18 '~한 줄로'라고 흔히 번역되는 이 단어는 의미를 약화하는 것이 아니라 도리어 강화한다(마 13:12; 막 4:25; 눅 19:26).[21]

19 마태복음 12장 46절; 마가복음 3장31절.

22 마태복음 8장 23절; 마가복음 4장 35절.

26 마태복음 8장 28절; 마가복음 5장 1절.

29 여러 번 그 사람을 붙잡았기 때문에 – 따라서 우리 주님께서는 동정심을 가지고 속히 그 귀신을 쫓아내셨다.

31 지옥 - 즉, 끝이 없는 구덩이.

32 돼지들 속으로 들어가게 - 돼지들에서 나가는 것보다 돼지들 속으로 들어가는 것이 더 쉬우므로 그렇게 해달라고 한 것은 아니다. 만일 돼지에게서 나오는 것이 더 쉬웠더라면 그들은 곧바로 돼지 떼를 몰살시킨 후에 제 발로 돼지 떼에게서 나왔을 것이다.

37 마태복음 9장 1절; 마가복음 5장 18절.

40 마가복음 5장 21절.

52 아이가 죽은 것이 아니라 자고 있다 - 그녀의 영혼은 그 육신으로부터 완전히 분리된 상태가 아니었다. 이러한 상태는 죽음이라고 하기보다는 잠들었다고 하는 것이 더 적절하다.[22]

역자 해설

　예수님께서는 주변에 몰려든 무리에게 밭의 비유를 말씀하시고 그 뜻을 풀어주십니다. 가르침을 마치시고 예수님은 풍랑이 이는 갈릴리 호수를 잔잔하게 하시면서 건너편으로 가십니다. 그곳에서 군대 귀신 들린 사람에게서 귀신을 쫓아내시고 다시 배를 타고 갈릴리 서쪽 지역으로 돌아오십니다. 그리고 그곳에서 열두 해 동안 혈루증을 앓던 여인도 고치시고 회당장 야이로의 열두 살짜리 딸도 살려내십니다.

　예수님은 밭의 비유를 풀이하시면서 좋은 열매를 맺지 못하는 밭에 관해 설명하십니다. 길가, 돌밭, 가시덤불에서 열매를 맺지 못하는 이유는 마귀의 농간으로 말씀이 자리 잡지 못하는 것, 매섭게 닥치는 시련, 근심, 재물과 향락에 대한 미련과 집착을 언급합니다. 이 세 유형의 땅에 해당하는 사람은 왜 이런 덫에 빠지게 되는 걸까요? 우리는 왜 악마의 농간에 빠져서 어떤 사안 앞에서 성령의 음성을 놓칠까요? 왜 시련에 굴복할까요? 무엇 때문에 근심할까요? 왜 재물과 인생의 향락에 집착할까요?(11-14절)

　우리가 성령의 음성을 놓치는 이유는 성령의 음성이 사라졌기 때문이 아니라 귀를 막아버렸기 때문입니다. 라디오를 켜면 그 주파수에 맞춰서 그 시간에 정해진 방송 프로그램이 나옵니다. 우리가 어떤 라디오 방송 프로그램을 청취하고 싶다면, 그 시간에 우리의 주파수를 그 방송 프로그램의 주파수에 맞춰야 합니다. 그렇지 않으면 우리는 그 방송을

들을 수 없습니다. 우리가 살아가면서 하나님의 음성이 들리지 않는다고 답답해할 때가 종종 있습니다. 그것이 심해지면 하나님이 나를 버리신 것은 아닌가 의심하기도 합니다. 그러나 사실 우리가 하나님의 음성을 못 듣는 것은 그분의 음성이 사라진 것이 아니라 우리가 엉뚱한 곳에 우리의 주파수를 맞춰놓았기 때문입니다. 하나님의 음성을 듣고 싶으면 우리의 주파수를 하나님께로 고정해야 하는데, 엉뚱한 곳에 주파수를 맞춰놓고는 하나님의 음성은 도대체 왜 안 들리는 거냐고 의심하고 불평할 때가 많지 않습니까?

우리가 하나님의 음성을 듣지 못하고 다른 곳에 주파수를 맞추는 이유는 무엇일까요? 많은 경우 우리의 욕심과 세상이 주는 쾌락의 달콤함에 미련을 두고 놓지 못하기 때문입니다. 어려움이 닥치면 근심합니다. 왜 근심할까요? 두렵기 때문입니다. 왜 두려워할까요? 그 어려움을 가져온 어떤 일이 우리의 목을 움켜쥐고 있다고 믿기 때문입니다. 그리고 악마는 우리의 귀에 대고 위와 같은 그릇된 속임수를 끊임없이 속삭이며 우리를 세뇌하고, 그 결과 우리는 하나님이 아닌 다른 것에 자꾸 의지하게 됩니다. 그래서 우리는 그것들이 우리에게 기쁨과 즐거움을 주고, 평안을 줄 것이며, 만일 그것이 사라지면 우리의 삶은 엉망이 되고 불행해질 것이라는 두려움을 우리 안에서 키워가게 됩니다.

웨슬리는 우리가 어떻게 은혜를 떠나 죄에 더욱 빠져들게 되는지 그 과정을 설명합니다(『표준설교』 15.2.9). 그 출발점은 유혹 앞에 굴복하고 성령의 음성에 귀를 막는 것입니다. 군대 귀신 들린 사람이 치유함을 받았을 때 동네 사람들은 두려워하며 예수님에게 떠나 달라고 말합니다(37절). 그들이 두려워한 것은 도대체 무엇이었을까요? 예수님이 엄청난 기적을 일으키는 존재여서 두려웠을까요? 그들에게 일어난 일은 자기들이 키우던 큰 돼지 떼가 죽었다는 것입니다. 어쩌면 이 예수라는 분이 우리 가까이에 더 계셨다가는 앞으로 무슨 큰 손실을 더 볼지 걱정이 되었을 수도 있습니다. 가시덤불 밭처럼 말입니다.

열두 해 동안 혈루증 앓던 여인과(47절) 야이로에게도(50절) 두려움은 있었습니다. 그러나 이 두 사람이 거라사 주민들과 달랐던 점은 이들이 그 두려움을 믿음으로 이겨냈다는 것입니다. 이 세상에는 많은 것이 우리의 눈을 가려서 하나님을 바라보지 못하고 세상 권세를 보게 하고, 세상의 유혹을 맛보게 유혹하고, 겁을 주기도 합니다. 그래서 우리는 종종 그 악마의 회유와 겁박에 굴복하여 하나님을 놓고 성령의 음성에 귀를 기울이지 못합니다. 그러나 우리가 세상을 이기었노라고 선포하신(요 16:33) 주님의 약속을 신뢰하면서 우리의 시선을 하나님께로 고정한다면, 우리의 눈이 모든 것을 주관하시고 섭리하시는 하나님의 크심을 바라볼 수 있다면, 우리는 주님의 음성을 듣게 될 것이며, 그분의 음성이 우리를 더욱 풍성한 열매를 맺는 삶으로 만들어 줄 것입니다.

누가복음 9장

¹ 예수께서 그 열둘을 한 자리에 불러놓으시고, 모든 귀신을 제어하고 병을 고치는 능력과 권능을 주시고, ² 하나님 나라를 선포하며 병든 사람을 고쳐 주게 하시려고 그들을 내보내시며 ³ 그들에게 말씀하셨다. "길을 떠나는 데는, 아무 것도 가지고 가지 말아라. 지팡이도 자루도 빵도 은화도 가지고 가지 말고, 속옷도 두 벌씩은 가지고 가지 말아라. ⁴ 어느 집에 들어가든지, 거기에 머물다가, 거기에서 떠나거라. ⁵ 어디에서든지 사람들이 너희를 영접하지 않거든, 그 고을을 떠날 때에 너희 발에 묻은 먼지를 떨어버려서, 그들을 거스르는 증거물로 삼아라." ⁶ 제자들은 나가서, 여러 마을을 두루 다니면서, 곳곳에서 복음을 전하며, 병을 고쳤다. ⁷ 분봉왕 헤롯은 이 모든 일을 듣고서 당황하였다. 왜냐하면, 어떤 사람들은 요한이 죽은 사람들 가운데서 살아났다고 하고, ⁸ 또 어떤 사람들은 엘리야가 나타났다고 하고, 또 어떤 사람들은 옛 예언자 가운데 한 사람이 살아났다고 말하기 때문이었다. ⁹ 그러나 헤롯은 이렇게 말하였다. "요한은 내가 목을 베어 죽였는데, 내게 이런 소문이 파다하게 들리는 사람은 누구인가?" 그는 예수를 만나고 싶어하였다. ¹⁰ 사도들이 돌아와서, 자기들이 한 모든 일을 예수께 이야기하였다. 예수께서는 그들을 데리고, 따로 벳새다라고 하는 고을로 물러가셨다. ¹¹ 그러나 무리가 그것을 알고서, 그를 따라갔다. 예수께서

는 그들을 맞이하셔서, 하나님 나라를 말씀해 주시고, 또 병 고침을 받아야 할 사람들을 고쳐 주셨다. ¹² 그런데 날이 저물기 시작하니, 열두 제자가 다가와서, 예수께 말씀드렸다. "무리를 헤쳐 보내어, 주위의 마을과 농가로 찾아가서 잠자리도 구하고 먹을 것도 구하게 하십시오. 우리가 있는 여기는 빈 들입니다." ¹³ 그러나 예수께서는 그들에게 말씀하셨다. "너희가 그들에게 먹을 것을 주어라." 그들이 말하였다. "우리에게는 빵 다섯 개와 물고기 두 마리밖에 없습니다. 우리가 나가서, 이 모든 사람이 다 먹을 수 있을 만큼 먹을 것을 사지 않으면, 안 되겠습니다." ¹⁴ 거기에는 남자만도 약 오천 명이 있었다. 예수께서 제자들에게 말씀하셨다. "사람들을 한 오십 명씩 떼를 지어서 앉게 하여라." ¹⁵ 제자들이 그대로 하여, 모두 다 앉게 하였다. ¹⁶ 예수께서 빵 다섯 개와 물고기 두 마리를 손에 들고, 하늘을 우러러 쳐다보시고 그것들을 축복하신 다음에, 떼어서 제자들에게 주시고, 무리 앞에 놓게 하셨다. ¹⁷ 그들은 모두 배불리 먹었다. 그리고 남은 부스러기를 주워 모으니, 열두 광주리나 되었다. ¹⁸ 예수께서 혼자 기도하고 계실 때에, 제자들이 그와 함께 있었다. 예수께서 제자들에게 물으셨다. "사람들이 나를 누구라고 하느냐?" ¹⁹ 그들이 대답하였다. "세례자 요한이라고 합니다. 그러나 엘리야라고 하는 사람들도 있고, 옛 예언자 가운데 한 사람이 살아났다고 하는 사람들도 있습니다." ²⁰ 예수께서 그들에게 물으셨다. "그러면 너희는 나를 누구라고 하느냐?" 베드로가 대답하였다. "하나님의 그리스도이십니다." ²¹ 그런데 예수께서는 그들에게 엄중히 경고하셔서, 이것을 아무에게도 말하지 말라고 명하시고, ²² 말씀하셨다. "인자가 반드시 많은 고난을 받고, 장로들과 대제사장들과 율법학자들에게 배척을 받아 죽임을 당하고서, 사흘날에 살아나야 한다." ²³ 그리고 예수께서 모든 사람에게 말씀하셨다. "나를 따라오려는 사람은, 자기를 부인하고, 날마다 자기 십자가를 지고, 나를 따라오너라. ²⁴ 누구든지 제 목숨을 구하려고 하는 사람은 잃을 것이요, 누구든지 나를 위하여 제 목숨을 잃는 사람은 목숨을 구할 것이다. ²⁵ 사람이 온 세상을 얻고도 자기를 잃거나 빼앗기면, 무슨 이득이 있겠느냐? ²⁶ 누구든지 나와 내 말을 부끄럽게 여기면, 인자도 자기의 영광과 아버지와 거룩한 천사들의 영광에 싸여 올 때에, 그 사람을 부끄럽게 여길 것이다. ²⁷ 내가 진정으로 너희에게 말한다. 여기에 서 있는 사람 가운데는, 죽기 전에 하나님 나라를 볼 사람들이 있다." ²⁸ 이 말씀을 하신 뒤에, 여드레쯤 되어서, 예수께서는 베드로와 요한과 야고보를 데리고, 기도하러 산에 올라가셨다. ²⁹ 예수께서 기도하고 계시는데, 그 얼굴 모습이 변하고, 그 옷이 눈부시게 희어지고 빛이 났다. ³⁰ 그런데 갑자기 두 사람이 나타나 예수와 더불어 말을 하고 있었다. 그들은 모세와 엘리야였다. ³¹ 그들은 영광에 싸여 나타나서, 예수께서 예루살렘에서 이루실 일 곧 그의 떠나가심에 대하여 말하고 있었다. ³² 베드로와 그 일행은 잠을 이기지 못해서 졸다가, 깨어나서 예수의 영광을 보고, 또 그와 함께 서 있는 그 두 사람을 보았다. ³³ 그 두 사람이 예수에게서 막 떠나가려고 할 때에, 베드로가 예수께 말하였다. "선생님, 우리가 여기서 지내는 것이 좋겠습니다. 우리가 초막 셋을 지어서, 하나에는 선생님을, 하나에는 모세를, 하나에는 엘리야를 모시겠습니다." 베드로는 자기가 무슨 말을 하는지도 모르고, 그렇게 말하였다. ³⁴ 그가 이렇게 말하고 있는데, 구름이 일어나서 그 세 사람을 휩쌌다. 그들이 구름 속으로 들어가니, 제자들은 두려움에 사로잡혔다. ³⁵ 그리고 구름 속에서 소리가 났다. "이는 내 아들이요, 내가 택한 자다. 너희는 그의 말을 들어라." ³⁶ 그 소리가 끝났을 때에, 예수만이 거기에 계셨다. 제자들은 입을 다물고, 그들이 본 것을 얼마 동안 아무에게도 알리지 않았다. ³⁷ 다음날 그들이 산에서 내려오니, 큰 무리가 예수를 맞이하였다. ³⁸ 그런데 무리 가운데서 한 사람이 소리를 크게 내서 말하였다. "선생님, 내 아들을 보아주십시오. 그 아이는 내 외아들입니다. ³⁹ 귀신이 그 아이를 사로잡으면, 그 아이는 갑자기 소리를 지릅니다. 또 귀신은 아이에게 경련을 일으키고, 입에 거품을 물게 합니다. 그리고 아이를 상하게 하면서 좀처럼 떠나지 않습니다. ⁴⁰ 그래서 선생님의 제자들에게 귀신을 내쫓아 달라고 청하였으나, 그들은 해내지를 못했습니다." ⁴¹ 예수께서 대답하셨다. "아! 믿음이 없고, 비뚤어진 세대여! 내가 언제까지 너희와 함께 있어야 하며 너희를 참아 주어야 하겠느냐? 네 아들을 이리로 데려오너라." ⁴² 아이가 예수께로 오는 도중에도, 귀신이 그 아이를 거꾸러뜨리고, 경련을 일으키게 하였다. 예수께서는 그 악한 귀신을 꾸짖으시고, 아이를 낫게 하셔서, 그 아버지에게 돌려주셨다. ⁴³ 사람들은 모두 하나님의 위대한 능력을 보고 놀랐다. 사람들이 모두 예수께서 하신 모든 일을 보고, 놀라서 감탄하고 있을 때에, 예수께서 제자들에게 말씀하셨다. ⁴⁴ <u>너희는 이 말을 귀담아 들어라. 인자는 사람들의 손으로 넘어갈 것이다.</u>" ⁴⁵ 그러나 제자들은 이 말씀을 깨닫지 못하였다. 그들이 그 말씀을 이해하지 못하도록 그 뜻이 숨겨져 있었다. 또한 그들은 그 말씀에 관하여 그에게 묻기조차 두려워하였다. ⁴⁶ 제자들 사이에서는, 자기들 가운데서 누가 가장 큰 사람이냐 하는 문제로 다툼이 일어났다. ⁴⁷ 예수께서 그들 마음 속의 생각을 아시고, 어린이 하나를 데려다가, 곁에 세우시고, ⁴⁸ 그들에게 말씀하셨다. "누구든지 내 이름으로 이 어린이를 영접하면 나를 영접하는 것이요, 누구든지 나를 영접하면 나를 보내신 분을 영접하는 것이다. 너희 가운데에서 가장 작은 사람이 큰 사람이다." ⁴⁹ 요한이 대답하였다. "선생님, 어떤 사람이 선생님의 이름으로 귀신을 내쫓는 것을 우리가 보았습니다. 그런데 그 사람은 우리를 따르는 사람이 아니므로, 우리는 그가 그런 일을 하지 못하게 막았습니다." ⁵⁰ 그러나 예수께서는 그에게 말씀하셨다. "막지 말아라. 너희를 반대하지 않는 사람은 너희를 지지하는 사람이다." ⁵¹ 예수께서 하늘에 올라가실 날이 다 되었다. 그래서 예수께서는 예루살렘에 가시기로 마음을 굳히시고 ⁵² 심부름꾼들을 앞서 보내셨다. 그들이 길을 떠나서 예수를 모실 준비를 하려고 사마리아 사람의 한 마을에 들어갔다. ⁵³ 그러나 그 마을 사람들은 예수가 예루살렘으로 가시는 도중이므로, 예수를 맞아들이지 않았다. ⁵⁴ 그래서 제자인 야고보와 요한이 이것을 보고 말하였다. "주님, 하늘에서 불이 내려와 그들을 태워 버리라고 우리가 명령하면 어떻겠습니까?" ⁵⁵ 예수께서 돌아서서 그들을 꾸짖으셨다. ⁵⁶ 그리고 그들은 다른 마을로 갔다. ⁵⁷ 그들이 길을 가고 있는데, 어떤 사람이 예수께 말하였다. "나는 선생님이 가시는 곳이면, 어디든지 따라가겠습니다." ⁵⁸ 예수께서 그에게 말씀하셨다. "여우도 굴이 있고, 하늘을 나는 새도 보금자리가 있으나, 인자는 머리 둘 곳이 없다." ⁵⁹ 또 예수께서 다른 사람에게 "나를 따라오너라" 하고 말씀하셨다. 그러나 그 사람이 말하였다. "[주님,] 내가 먼저 가서 아버지의 장례를 치르도록 허락하여 주십시오." ⁶⁰ 그러나 예수께서는 그에게 말씀하셨다. "죽은 사람들을 장사하는 일은 죽은 사람들에게 맡겨두고, 너는 가서 하나님 나라를 전파하여라." ⁶¹ 또 다른 사람이 말하였다. "주님, 내가 주님을 따라가겠습니다. 그러나 먼저 집안 식구들에게 작별 인사를 하게 해주십시오." ⁶² 예수께서는 그에게 말씀하셨다. "누구든지 손에 쟁기를 잡고 뒤를 돌아다보는 사람은 하나님 나라에 합당하지 않다."

웨슬리와 함께 읽기

1 마태복음 10장 1절; 마가복음 6장 7절.

4 **거기에 머물다가 거기에서 떠나거라** - 즉, 그 동네를 떠날 때까지 그 집에서 머물라.

7 **어떤 사람은… 라고 하고** - 이 소식은 헤롯 자신의 귀에도 곧 들어간다(마 14:1; 막 6:14).

8 **엘리야가 나타났다고** - 그는 다시 살아날 수 없다. 왜냐하면 그는 죽지 않았기 때문이다.

10 마가복음 6장 30절.

12 마태복음 14장 15절; 마가복음 6장 35절; 요한복음 6장 3절.

18 **혼자** - 군중에게서 떨어져서. **그들에게 물으셨다** - 그분께서 기도를 마치셨을 때. 그분께서 기도하시는 동안 그들은 아마도 좀 떨어진 곳에서 머물고 있었을 것이다(마 14:13; 막 8:27).

22 **말씀하셨다** - 여러분은 이 말씀과는 완전히 다른 장면을 맞닥뜨릴 준비를 하시길 바란다.[23)]

23 **자기를 부인하고 자기 십자가를 지고** - 이러한 의무를 반드시 이행해야 하는 것에 대해서는 이미 여러 곳에서 나타난 바 있다. 어느 정도까

지 해야 할지에 대해서 여기에서는 '날마다'라고 말한다. **날마다** – 따라서 아무런 십자가도 지지 않은 날이 있었다면, 그날은 허비한 날이다.

24 마태복음 16장 25절; 마가복음 8장 35절; 요한복음 12장 25절.

28 마태복음 17장 1절; 마가복음 9장 2절.

31 **영광에** – 자신들이 말을 나누고 있는 그리스도처럼.

32 **그들은 그의 영광을 보았다** – 성 요한과 성 베드로가 묘사한 것과 아주 똑같은 표현이다(요 1:14; 벧후 1:16).

34 구름이 몰려와서 그들을 모두 휩쌌다. 그러자 사도들은 두려워했고, 그러는 동안에 모세와 엘리야는 구름으로 들어가서 가려졌다.

37 마태복음 17장 14절; 마가복음 9장 14절.

44 **너희는 이 말을 귀담아 들어라** – 즉, 이 말을 깊이 생각하라. 기쁨으로 십자가를 기억하라. 우리 주님께서는 이처럼 현명하게 칭송과 고난을 균형 있게 잘 맞추신다(마 17:22; 막 9:31).

46 **자기들 가운데서 다툼이 일어났다** – 이러한 종류의 다툼은 항상 상상할 수 없는 가장 부적절한 시간에 벌어진다.

47 마태복음 18장 2절; 마가복음 9장 37절.

48 **그리고 그들에게 말씀하셨다** – 만일 너희가 진정으로 위대해지려거든 너희 자신을 가장 보잘것없는 자리까지 낮추어라. 그분께서 보시기에 가장 보잘것없는 사람이 큰 자가 될 것이다.

49 마가복음 9장 38절.

51 **하늘에 올라가실 날이 다 되었다** – 즉, 그분의 수난의 때가 임박했다. 성 누가는 이것을 통해서 이후에 따라올 영광을 바라본다. **마음을 굳히시고** – 자기의 원수들을 두려워하지도 않으시고, 십자가도 부끄러워하지 않으시고(히 12:2).

52 심부름꾼들을 앞서 보내셨다. 준비하려고 – 자기 자신과 자기와 함께 있는 사람들이 명절을 보내는 데 필요한 숙소를.

53 예수가 예루살렘으로 가시는 도중이므로 – 분명한 것은 그분께서 성전에서 예배를 드리려고 하셨다는 것이며, 이렇게 하심으로 그리심 산에서 예배하는 사마리아인들을 정죄하신 것이다.[24]

54 엘리사가 했듯이[25] – 엘리사가 이런 유사한 행동을 했던 것이 아마도 이 근처였을 것이고, 예수께서 이런 저항을 겪으시는 이 상황에서 제자들도 엘리사의 행동을 생각하고 이렇게 했을 것이다.[26]

55 너희가 무슨 생각으로 하는지 모른다[27] – 기독교의 정신이 무엇인지 모른다. 기독교 정신은 분노나 복수의 정신이 아니라 평화와 신사적인 태도와[28] 사랑이다.

57 마태복음 8장 19절.

58 예수께서 그에게 말씀하셨다 – 먼저 계약 내용을 이해하라. 즉, 네가 어떤 조건을 가지고 나를 따르게 되는지 잘 살펴보라.

61 그러나 먼저 집안 식구들에게 작별 인사를 하게 해주십시오 – 밭에서 쟁기질하던 엘리사를 엘리야가 불렀을 때(왕상 19:19) 그가 보였던 반응처럼, 우리 주님께서 그에게 주시는 답변은 그 이야기를 암시하는 것처럼 보인다.

62 하나님 나라에 합당하지 않다 – 하나님 나라를 전파하기에도 적합하지 않고, 그 나라를 받아들이기에도 적합하지 않다.

역자 해설

예수님은 이제 제자들을 보내어 하나님 나라의 복음을 전하도록 하십니다. 예수님께서 그들에게 "아무것도 가지고 가지 말아라. 지팡이도 자루도 빵도 은화도 가지고 가지 말고, 옷도 두 벌씩은 가지고 가지 말아라"(3절)라고 말씀하십니다. 제자들이 사역을 마치고 돌아오자(10절) 예수님은 그들을 데리고 벳새다 들판으로 가십니다. 그리고 그들과 함께 따라온 무리에게 복음을 전하시고 빵 다섯 개와 물고기 두 마리로 그들을 먹여주십니다(11-17절). 이어서 예수님은 혼자 기도하러 가셨다가 제자들에게 자신의 정체에 관해 물으신 후에(18-20절) 자신의 십자가 고난과 죽음과 부활을 예언하십니다(21-27절).

이후 세 명의 제자들은 변화산에서 놀라운 모습으로 변화하신 예수님의 모습을 보고 놀라는데, 그사이에 산 아래에서는 나머지 제자들이 귀신을 감당하지 못해 쩔쩔맵니다(28-36, 37-43절). 결국 이들을 대신해서 귀신을 쫓아내신 예수님은 자신의 수난을 다시 예고하십니다. 그러나 그들은 그 뜻을 이해하지 못합니다(45절). 도리어 그들은 서로 높은 자리를 두고 다투고, 다른 사람이 귀신을 내쫓는 사역을 못하도록 앞길을 가로막기도 합니다(46-50절). 더 나아가서 자신의 앞길을 가로막는 사마리아 사람에게 하늘에서 불을 내려 태워 죽이자고 제안하기까지 합니다(51-56절).

우리는 이 이야기들에서 제자들이 왜 이런 행동을 하는지 생각해보지 않을 수 없습니다. 앞선 장에서 우리는 우리의 시선이 엉뚱한 곳에 가 있을 때 주님에게서 멀어진다는 가르침을 배웠습니다. 예수님께서는 제자들에게 복음 전파를 위해 파송하시면서 거의 빈손으로 내보내셨습니다. 마치 사탄이 예수님을 시험했을 때 예수님은 사람이 빵으로 살 것이 아니며, 오직 하나님만을 섬겨야 한다는 말씀으로 물리치셨던 것처럼(4:1-13), 제자들에게 자신들이 행하는 놀라운 이적이 어디에서 비롯된 것인지 잊지 않고 오직 하나님만을 의지해야 함을 가르치시기 위해 그렇게 하셨는지도 모르겠습니다.

그래서 그들이 사역을 마치고 돌아왔을 때 하늘을 우러러 기도하시고 하늘의 만나로 그들을 먹이심으로 세상이 주는 빵이 아닌 하늘의 만나로 채워지는 삶을 그들이 배우기를 원하셨을 것입니다(요 6:31-59). 그리고 그 기적을 베푸신 후에 기도하는 본을 보이심으로써(18절) 예수님 자신이 하나님을 의지하는 법을 제자들에게 가르치셨습니다. 예수님은 이렇게 하나님을 의지하셨기에 자신에게 닥칠 고난과 죽음도 묵묵히 받아들이실 수 있었습니다(21-27, 44절).

그러나 아쉽게도 제자들은 그렇지 못했습니다. 그들은 하나님께서 자신들을 통해 일하시는 것을 마치 자기들이 대단한 능력을 갖게 되어서 그렇게 한 것인 양 위세를 부리기 시작합니다. 그래서 그들은 서로 자기가 높다고 싸우고(46절), 자기 외에 다른 사람이 자기들처럼 놀라운 일을 행하는 경쟁자가 되는 것을 가만두고 보지 못하며(49절), 자신들이 가는 길을 가로막는 일은 감히 있을 수 없는 일이라 여기면서 그들을 불태워 죽이자고 합니다(51-55절). 그들의 오만함은 하늘을 찌를 듯하여, 심지어 "하늘에서 불이 내려와서 태우라고 우리가 명령하자" 하면서 자기들이 말만 하면 하나님도 맘대로 부릴 수 있다고 생각하는 듯합니다

(54절). 사람이 망치를 휘둘러 바위를 깨뜨리는데, 망치가 마치 자기가 힘이 대단해서 바위를 깨뜨린다고 착각하여 망치를 휘두르는 사람도 우습게 여기고 위세를 떠는 꼴입니다.

이 제자들은 어쩌다가 이렇게 되었을까요? 그들은 빈손으로 가서 하나님 나라의 사역을 하라는 예수님의 뜻을 제대로 파악하지 못하고, 자신들의 손을 통해 이루어진 놀라운 일들(6절)만을 바라보았기 때문입니다. 그 놀라운 일들이 하나님께서 이루신 일이며, 자신들은 그저 그 일을 위해 사용된 도구라는 사실을 잊지 않았더라면, 그들은 그런 오만한 모습을 보이지 않았을 것입니다. 예수님은 틈만 나면 하나님께 기도하셨습니다(18절). 그분이 위대한 일을 이루시면서도 묵묵히 하나님의 뜻에 순종할 수 있었던 것은, 넓은 마음으로 겸손의 본을 보이실 수 있었던 것은(50, 56절) 늘 하나님을 바라보며 그분께 의지하는 태도가 몸에 배어 있으셨기 때문입니다.

자그마한 일에도 자랑하고 뽐내고 싶어 입이 근질거리고, 그것을 핑계 삼아 위세를 떨어보려는 우리의 어리석음은 어쩌면 하나님과 늘 동행하지 못하기 때문일는지 모르겠습니다. 전도서의 지혜자는 이렇게 고백합니다. "하나님은 모든 것이 제때 알맞게 일어나도록 만드셨다. 더욱이, 하나님은 사람들에게 과거와 미래를 생각하는 감각을 주셨다. 그러나 사람은, 하나님이 하신 일을 처음부터 끝까지 다 깨닫지는 못하게 하셨다"(전 3:11). 모든 것은 하나님의 섭리 안에 이루어지며, 우리는 그것을 생각할 수는 있지만, 그 모든 것을 다 깨달을 수 없는 한계를 지닌 인간입니다. 인간은 코에 들락거리는 가녀린 숨에 그 생사가 달린 미약한 존재이니, 그 자랑하고 의지할 것이 어디에 있겠습니까?(사 2:22) 그저 겸손히 주님 앞에 머리를 숙일 따름입니다.

누가복음 10장

¹ 이 일이 있은 뒤에, 주님께서는 다른 일흔[두] 사람을 세우셔서, 친히 가려고 하시는 모든 고을과 모든 곳으로 둘씩 [둘씩] 앞서 보내시며 ² 그들에게 말씀하셨다. "추수할 것은 많으나, 일꾼이 적다. 그러므로 추수하는 주인에게 추수할 일꾼을 보내 달라고 청하여라. ³ 가거라, 내가 너희를 보내는 것이 양을 이리 가운데로 보내는 것과 같다. ⁴ 전대도 자루도 신도 가지고 가지 말고, 길에서 아무에게도 인사하지 말아라. ⁵ 어느 집에 들어가든지, 먼저 '이 집에 평화가 있기를 빕니다!' 하고 말하여라. ⁶ 거기에 평화를 바라는 사람이 있으면, 너희가 비는 평화가 그 사람에게 내릴 것이요, 그렇지 않으면, 그 평화가 너희에게 되돌아올 것이다. ⁷ 너희는 한 집에 머물러 있으면서, 거기서 주는 것을 먹고 마셔라. 일꾼이 자기 삯을 받는 것은 마땅하다. 이 집 저 집 옮겨 다니지 말아라. ⁸ 어느 고을에 들어가든지, 사람들이 너희를 영접하거든, 너희에게 차려 주는 음식을 먹어라. ⁹ 그리고 거기에 있는 병자들을 고쳐주며 '하나님 나라가 너희에게 가까이 왔다' 하고 그들에게 말하여라. ¹⁰ 그러나 어느 고을에 들어가든지, 사람들이 너희를 영접하지 않거든, 그 고을 거리로 나가서 말하기를, ¹¹ '우리 발에 묻은 너희 고을의 먼지를 너희에게 떨어버린다. 그러나 하나님 나라가 가까이 왔다는 것을 알아라' 하여라. ¹² 내가 너희에게 말한다. 그 날에는 소돔이 그 고을

보다 더 견디기 쉬울 것이다." ¹³ "고라신아, 너에게 화가 있다. 벳새다야, 너에게 화가 있다. 내가 너희에게 행한 기적들을 두로와 시돈에서 행했더라면, 그들은 벌써 베옷을 입고, 재를 뒤집어쓰고 앉아, 회개하였을 것이다. ¹⁴ 그러나 심판 날에는 두로와 시돈이 너희보다 더 견디기 쉬울 것이다. ¹⁵ 가버나움아, 네가 하늘까지 치솟을 셈이냐? 지옥에까지 떨어질 것이다. ¹⁶ 누구든지 너희의 말을 들으면 내 말을 듣는 것이요, 누구든지 너희를 배척하면 나를 배척하는 것이다. 그리고 누구든지 나를 배척하면, 나를 보내신 분을 배척하는 것이다." ¹⁷ 일흔[두] 사람이 기쁨에 차서, 돌아와 보고하였다. "주님, 주님의 이름을 대면, 귀신들까지도 우리에게 복종합니다." ¹⁸ 예수께서 그들에게 말씀하셨다. "사탄이 하늘에서 번갯불처럼 떨어지는 것을 내가 보았다. ¹⁹ 보아라, 내가 너희에게 뱀과 전갈을 밟고, 원수의 모든 세력을 누를 권세를 주었으니, 아무것도 너희를 해하지 못할 것이다. ²⁰ 그러나 귀신들이 너희에게 굴복한다고 해서 기뻐하지 말고, 너희의 이름이 하늘에 기록된 것을 기뻐하여라." ²¹ 그 때에 예수께서 성령으로 기쁨에 차서 이렇게 아뢰었다. "하늘과 땅의 주님이신 아버지, 이 일을 지혜 있는 사람들과 똑똑한 사람들에게는 감추시고, 철부지 어린 아이들에게는 드러내 주셨으니, 감사합니다. 그렇습니다, 아버지! 이것이 아버지의 은혜로우신 뜻입니다. ²² 아버지께서 모든 것을 내게 맡겨 주셨습니다. 아버지 밖에는 아들이 누구인지 아는 사람이 없습니다. 또 아들 밖에는, 그리고 아버지를 계시하여 주려고 아들이 택한 사람 밖에는, 아버지가 누구인지 아는 사람이 없습니다." ²³ 예수께서 제자들에게 돌아서서 따로 말씀하셨다. "너희가 보고 있는 것을 보는 눈은, 복이 있다. ²⁴ 내가 너희에게 말한다. 많은 예언자와 왕이 너희가 지금 보고 있는 것을 보고자 하였으나 보지 못하였고, 너희가 지금 듣고 있는 것을 듣고자 하였으나 듣지 못하였다." ²⁵ 어떤 율법교사가 일어나서, 예수를 시험하여 말하였다. "선생님, 내가 무엇을 해야 영생을 얻겠습니까?" ²⁶ 예수께서 그에게 말씀하셨다. "율법에 무엇이라고 기록하였으며, 너는 그것을 어떻게 읽고 있느냐?" **27** 그가 대답하였다. "'네 마음을 다하고 네 목숨을 다하고 네 힘을 다하고 네 뜻을 다하여, 주 너의 하나님을 사랑하여라' 하였고, 또 '네 이웃을 네 몸같이 사랑하여라' 하였습니다." **28** 예수께서 그에게 말씀하셨다. "네 대답이 옳다. 그대로 행하여라. 그리하면 살 것이다." **29** 그런데 그 율법교사는 자기를 옳게 보이고 싶어서 예수께 말하였다. "그러면, 내 이웃이 누구입니까?" **30** 예수께서 대답하셨다. "어떤 사람이 예루살렘에서 여리고로 내려가다가 강도들을 만났다. 강도들이 그 옷을 벗기고 때려서, 거의 죽게 된 채로 내버려두고 갔다. **31** 마침 어떤 제사장이 그 길로 내려가다가 그 사람을 보고 피하여 지나갔다. **32** 이와 같이, 레위 사람도 그 곳에 이르러 그 사람을 보고, 피하여 지나갔다. **33** 그러나 어떤 사마리아 사람은 길을 가다가, 그 사람이 있는 곳에 이르러, 그를 보고 측은한 마음이 들어서, **34** 가까이 가서, 그 상처에 올리브 기름과 포도주를 붓고 싸맨 다음에, 자기 짐승에 태워서, 여관으로 데리고 가서 돌보아주었다. **35** 다음 날, 그는 두 데나리온을 꺼내어서, 여관 주인에게 주고, 말하기를 '이 사람을 돌보아주십시오. 비용이 더 들면, 내가 돌아오는 길에 갚겠습니다' 하였다. **36** 너는 이 세 사람 가운데서 누가 강도 만난 사람에게 이웃이 되어 주었다고 생각하느냐?" **37** 그가 대답하였다. "자비를 베푼 사람입니다." 예수께서 그에게 말씀하셨다. "가서, 너도 이와 같이 하여라." **38** 그들이 길을 가다가, 예수께서 어떤 마을에 들어가셨다. 마르다라고 하는 여자가 예수를 자기 집으로 모셔 들였다. **39** 이 여자에게 마리아라고 하는 동생이 있었는데, 마리아는 주님의 발 곁에 앉아서 말씀을 듣고 있었다. **40** 그러나 마르다는 여러 가지 접대하는 일로 분주하였다. 그래서 마르다가 예수께 와서 말하였다. "주님, 내 동생이 나 혼자 일하게 두는 것을 아무렇지 않게 생각하십니까? 가서 거들어 주라고 내 동생에게 말씀해 주십시오." **41** 그러나 주님께서는 마르다에게 대답하셨다. "마르다야, 마르다야, 너

는 많은 일로 염려하며 들떠 있다. [42] 그러나 주님의 일은 많지 않거나 하나뿐
이다. 마리아는 좋은 몫을 택하였다. 그러니 아무도 그것을 그에게서 빼앗지 못
할 것이다."

웨슬리와 함께 읽기

2 **추수하는 주인에게 추수할 일꾼을 보내 달라고 청하여라** - 오직 하나님만이 이 일을 하실 수 있다. 오직 그분만이 이 일을 위해 사람들을 훈련하시고 파송하실 수 있다(마 9:37).

3 마태복음 10장 16절.

4 **길에서 아무에게도 인사하지 말아라** - 유대인들은 종종 인사를 하는데 많은 시간을 보냈다. 그러나 그들은 짧은 시간 동안 해야 할 일이 너무나 많았기 때문에 시간을 아껴야만 했다.

6 **평화를 바라는 사람** - 즉, 그 평화에 합당한 사람.

7 마태복음 10장 11절.

11 **하나님의 나라가 가까이 왔다** - 비록 너희는 그것을 받지는 못하겠지만.

13 **고라신아 너에게 화가 있다** - 그리스도께서 얼마 전에 하셨던 것과 똑같은 선언. 그분께서는 여기에서 다시금 그 화를 반복하여 말씀하심으로 70명의 사람에게 괜히 그런 도시로 가서 시간을 낭비하지 말라고 경고하신다(마 11:21).

16 마태복음 10장 40절; 요한복음 13장 20절.

18 사탄이… 내가 보았다 – 즉, 너희가 나갔을 때 아주 높이 있었던 사탄의 왕국이 순식간에 땅에 곤두박질치는 것을 내가 보았다.

19 내가 너희에게 권세를 주었으니 – 즉, 내가 계속해서 그것을 너희에게 준다. **아무것도 너희를 해하지 못할 것이다** – 사탄의 권세나 계략도.

20 독자들이여, 만일 그대가 참된 신자라고 한다면, 이 말씀이 바로 당신의 것이다! 하나님은 이름을 하늘에 기록해주시고 절대로 지워버리지 않으신다!

21 하늘과 땅의 주님 – 하늘과 땅 모두에 당신의 나라가 서 있습니다! 그리고 사탄의 나라는 무너졌습니다! **당신께서 이 일을 하셨으니** – 그분께서는 지혜롭고 신중한 사람들이 멸망하는 것을 기뻐하지 않으신다. 도리어 하나님의 은혜의 풍성함을 사람들에게 드러내 보이시는 것을 즐거워하신다. 그분께서 자신의 은혜를 드러내 보이시는 것은 우리의 구원의 모든 영광이 그분께로 말미암은 것이며 사람들이 자랑하지 못하게 하시는 방식으로 하신다(마 11:25).

22 아들이 누구인지 – 본질에서 하나님과 하나이신 아들. **아버지가 누구인지** – 그분이 얼마나 위대하시고 지혜로우시며 선하신 분이신지!

23 마태복음 13장 16절.

25 마태복음 22장 35절; 마가복음 12장 28절.

27 주 너의 하나님을 사랑하라 – 즉, 너는 네 영혼의 모든 부분이 가장 지혜로운 것을, 가장 진실한 것을, 가장 많은 사랑으로, 가장 신실한 섬김으로 그분께 바쳐지도록 하라. 우리가 만일 이 모든 단어 하나하나의 특별한 의미를 분명히 인식하고 있지 못하면, 우리는 이 중요한 단어들을 그저 일상적인 의미로만 생각하여 그런 의미에 안주하게 될 위험이 있다. 우리가 흔히 하는 말로 마음을 다해서 진정으로 이것을 하

기를 원한다는 말은 다음 세 가지의 것들로 설명할 수 있을 것이다. '마음을 다하고'라는 말은 가장 따스한 애정의 감정을 가지고라는 의미이며, '모든 힘을 다해서'라는 말은 그대의 뜻을 행함에 있어서 가장 애를 써서 노력한다는 의미이며, '네 마음 혹은 이해를 다해'라는 말은 그대가 할 수 있는 최대한의 지혜와 합리적인 방식으로 한다는 것을 의미한다. 그대의 이해력은 그대의 뜻과 감정을 잘 인도한다(신 6:5; 레 19:18).

28 **네 대답이 옳다. 그대로 행하여라. 그리하면 살 것이다** - 여기에 아이러니이기는 하지만 심오하고 비중 있는 진실이 있다. 이 땅에서 사는 동안 하나님과 자신의 이웃을 그렇게 사랑하는 사람, 오직 이 사람만이 영원히 살 수 있다.

29 **자기를 옳게 보이려고** - 즉, 자기가 이것을 했다는 것을 보이려고(레 18:5).

30 **예루살렘에서 여리고로** - 예루살렘에서 여리고로 내려가는 길은(약 18마일이다) 광야와 돌이 많은 지역을 가로질러 가게 되어 있다. 그래서 많은 강도와 도적이 거기에서 노리고 있었다. 그런 연유에서 이 지역은 피의 길이라고 불렸다. 여리고는 계곡에 있는 도시였다. 그래서 내려간다는 표현을 사용한 것이다. 약 12,000명의 제사장과 레위인이 거기에 살았었는데, 이들은 모두 성전에서 섬기는 일을 하였다.

31 일반적으로 번역하면 '우연히' - 이것은 상당히 잘못된 것이다. 엄격히 말해서 이 우주에는 우연이나 행운 같은 것은 없다. **어떤 제사장이 그 길로 내려가다가… 피하여 지나갔다** - 이 사람도 그렇고 레위인도 마찬가지로 다른 한쪽으로 지나쳐갈 핑계를 찾을 수 있었다. 그래서 이들은 자신의 형제가 피를 흘리며 쓰러져 있는데도 내버려 두고 떠나가면서 하나님께서 자신들을 구해주셨다는 것에 대해서는 대단히 감사

하였으리라는 것은 의심할 여지가 없다. 이런 모습이 다름 아닌 거룩한 직무를 감당하고 있다고 하는 많은 사람이 종종 보이는 표상이 아니던 가! 오, 레위의 집과 아론의 집이여! 마지막 심판의 날에 이교도들과 사마리아인들의 미덕이 일어나서 그대들을 심판할 날이 곧 다가오지 않는가!

33 그러나 어떤 사마리아 사람은 길을 가다가 - 어려움에 부닥친 것을 유대인으로 설정하고 자비를 베푸는 쪽을 사마리아 사람으로 설정한 것은 아주 적절하게 판단한 것이다. 이렇게 해놓았기 때문에 자기 자신에만 관심이 있는 사람이 이 말씀을 보고, 그 행동이 얼마나 아름다운 행동인지 깨달아서, 우리 주님께서 하시고자 하시는 말씀에 마음을 열고 귀를 기울이게 되기 때문이다. 만약에 다른 방식으로 이야기가 전개되었더라면 사람들이 감동하기도 전에 그들 속에 있는 편견이 쉽게 끼어들어 갔을 것이다.

34 올리브 기름과 포도주를 붓고 - 이 두 가지를 섞으면 새로 생긴 상처에 가장 좋은 연고 역할을 할 수 있다.

36 이들 중에 누가 강도 만난 사람에게 이웃이 되어주었느냐 - 누가 이웃의 역할을 했다고 생각하느냐?

37 그가 대답하였다. "자비를 베푼 사람입니다." - 이렇게 말함으로 이 사람은 자기 자신을 정죄한 셈이 된다. 또한 우리가 사랑을 베풀어야 할 이웃에 관해 그동안 가졌던 자신의 잘못된 생각을 이제 완전히 뒤엎어야 했다. 이렇게까지 해야만 하는 처지에 놓이게 되었지만, 이 사람은 부끄러워서라도 다르게 말을 할 수 없었다. **가서 너도 이처럼 하여라** - 우리도 가서 우리의 도움이 필요한 사람들을 우리의 이웃으로 보고 이처럼 하자. 우리와 같은 감정을 가지고 같이 행동하는 소수의 사람에게

만 마음을 열고, 모든 인류에 대해서는 우리의 마음을 무감각하게 만드는 편협한 태도와 파당 짓는 열정을 모두 부인하자. 그런 소수의 사람만을 향한 편협한 사랑은 단지 자기 자신을 사랑하는 사랑이 투영된 것에 지나지 않기 때문이다. 하나님께서 우리를 서로 강하게 묶으셔서 사람들 사이를 친절하게 하셨고, 이를 통해 우리 인간의 원초적 본성 안에 그 행복한 본능을 길러내신다는 사실을 우리 모두 진지하고도 열린 마음으로 기억하자.

40 마르다가 분주하였다 – 헬라어로 이 단어는 동시에 서로 다른 여러 가지 일에 관심을 두는 것을 의미한다. 또한 이러한 행동은 무엇을 가장 먼저 처리해야 하는지도 모른 채 여러 가지 것들에 한꺼번에 신경을 쓰는(마르다가 그랬던 것처럼) 마음의 상태를 좋게 표현하는 것이다.

41 마르다야, 마르다야 – 말을 반복해서 하는 것에는 특별한 마음이나 애틋한 감정을 담고 있다. 너는 마음속으로는 신경을 많이 쓰고 있고, 외적으로는 분주하다.

42 마리아는 좋은 몫을 택하였다 – 자신의 영혼을 구원하는 일. 독자들이여, 당신들도 이렇게 하라!

역자 해설

태초에 하나님은 세상을 지으시고 아담과 하와가 그 안에서 다른 모든 생물과 더불어 평화롭고 행복하게 잘 살기를 바라셨습니다. 그러나 안타깝게도 그들은 그 좋은 길을 버리고 불행의 길을 선택했습니다. 그들은 "하나님은 너희가 그 나무 열매를 먹으면 너희의 눈이 밝아지고, 하나님처럼 되어서 선과 악을 알게 된다는 것을 아시고 그렇게 말씀하신 것이다"(창 2:5)라는 뱀의 꾐에 넘어갔습니다. 그들의 귀가 솔깃해진 것은 다름 아닌 "하나님처럼 된다"라는 유혹 때문이었습니다. 어쩌면 인류 최초의 악의 시작은 이와 같은 교만함이었는지 모릅니다. 사람은 작은 일 하나도 자랑거리가 생기면 그것을 널리 알리고 싶어서 견디지 못하는 못된 습성이 본성 깊이 남아있습니다.

예수님께서는 72명의 제자를 파송하여 복음을 전파하게 하십니다 (1-12절). 앞선 9장에서 열두 제자를 파송하실 때처럼 이들도 빈손으로 나아가도록 하십니다. 그들의 사역은 놀라운 결과를 가져왔고, 그들은 기쁨에 차서 자랑스레 예수님께 선교 보고를 올립니다. 그들은 "주님, 주님의 이름을 대면 귀신들까지도 우리에게 복종합니다"(17절)라고 의기양양합니다. 엄밀히 말하면 자기들에게 복종한 것이 아니라 예수의 이름 앞에 무릎 꿇은 것이지요. 이들은 살짝 교만의 유혹에 넘어가는 중입니다. 마치 고라신과 가버나움의 교만처럼 말입니다(13-15절). 그런 그들에게 주님은 그들이 정작 기뻐할 것은 그들의 이름이 하늘에 기록된 것이어야 함을 가르치십니다(20절).

교만은 우리를 하나님 나라에서 멀어지게 합니다. 왜냐하면 하나님 나라의 비밀은 "지혜롭고 총명한 사람에게는 감춰졌고 철부지 아이처럼 보잘것없는 이들에게는 도리어 드러나기"(21-24절) 때문입니다. 하지만 인간의 본성은 여전히 교만의 유혹을 떨쳐버리는 것을 싫어합니다. 그래서 세상 모든 사람은 나보다 못난 사람이어야 하고, 나의 잘남을 돋보이도록 다른 사람은 뒷배경을 장식해주는 엑스트라나 악역을 담당해줘야 한다고 생각합니다. 행여나 나의 잘남이 침해받거나 나보다 못한 사람이 감히 나의 높고 귀한 독보적 영역에 들어오게 되면 그 꼴을 가만히 내버려 두지 않으려 합니다. 나는 너와 근본적으로 다르다고 생각하기 때문에 행여라도 내가 너와 비슷한 부류로 엮인다면 그것은 견디지 못할 일이라고 사람들은 종종 생각합니다.

이런 못된 인간의 본성을 적나라하게 드러내 보이신 것이 소위 '선한 사마리아인의 비유'라는 이야기입니다. 이 비유의 시작은 잘난 척하고 싶었던 한 율법교사의 질문에서 시작합니다(25-29절). 그는 자신이 완벽하고 올바른 사람이라는 것을 예수님의 입을 통해 널리 인정받고 싶어 했습니다(29절). 그는 예수님께 "누가 내 이웃입니까?"라고 질문합니다(29절). 그리고 예수님께서는 강도 만난 사람 이야기를 해주신 후에 그에게 역으로 질문하십니다. "너는 이 세 사람 가운데서 누가 강도 만난 사람의 이웃이 되어주었다고 생각하느냐?"(36절)

이 사람의 질문과 예수님의 답변은 서로 어긋나있습니다. 그는 "누가" 내 이웃인가라는 것, 즉 '누구'(who)에 관심이 있었지만, 예수님은 이야기의 핵심을 누가 "이웃이 되어주었는가"라는 '행동'(what did)으로 돌려놓으십니다. 비유 내용도 그와 같습니다. 제사장과 레위인, 사마리아인이 이야기의 핵심 역할을 합니다. 그런데 이 세 사람의 이야기를 보면 '누가'라는 것이 아니라 그들이 '무엇을 했는가'라는 것에 초점이 있음을 알 수 있습니다. 제사장이 한 행동과 레위인이 한 행동은 동일하게 반복됩니다. "보고, 피하고, 지나갔다"(31-32절). 그리고 사마리아인의 행동은 보다 자세하게 대조됩니다. "보고, 불쌍한 마음을 갖고"(33절), "가까이 가서, 올리브 기름과 포도주를 붓고, 싸매고, 자기 짐승에 태우고, 여관으로 데리고 가고, 돌봐주는"(33-34절) 행동이 자세히 나옵니다. 게다가 추후 행동의 약속까지 덧붙입니다(35절).

율법학자의 질문은 애초에 그의 악한 마음을 반영하고 있습니다. "누가 내 이웃입니까?"라는 질문에는 "그렇다면 누구는 내 이웃이 아닌가?"라는 전제가 깔려있습니다. 예를 들어 사람들이 열 명 있는데, 이들 중에서 누가 내 친구인지 골라낸다는 것은 그중에서 내 친구가 아닌 사람이 누구인지 찾는 것과 같습니다. 즉, "누가 내 이웃인가?"라는 질문은 내 편과 내 편이 아닌 사람을 구분 짓는 선 긋기(boundary marking)를 한다는 것입니다.

율법학자는 애초에 자신이 완벽한 사람이라고 자부한 사람입니다. 그러나 사마리아인은 유대인에게 사람 취급도 못 받는 존재였습니다. 그러니 예수님의 비유에서 사마리아인이 훌륭한 모범적 등장인물로 제시되는 것이 영 못마땅했습니다. 그는 사마리아인을 자신의 잘남을 돋보이게 해주는 땔감 정도로 생각했는데 이런 사마리아인이 주인공 노릇을 한다니 이것은 견디지 못할 일이었습니다. 그런 그의 마음도 몰라주시는지 예수님은 그에게 물어보십니다. "이웃이 되어준 사람이 누구냐?" 우리 같았으면 "네, 사마리아인입니다"라고 답했겠지만, 그는 자존심 때문에 차마 그 말을 입에서 떼지 못합니다. 결국 그는 "그에게 자비를 베푼 사람입니다"라는 말로 대충 둘러서 얼버무립니다.

사람은 남들이 나보다 잘난 꼴은 보고 싶어 하지 않습니다. 도리어 남이 나를 섬겨야 하고 떠받들어주어야 한다고 생각합니다. 그래서 마르다는 무척 화가 났겠지요(38-42절). 자기는 예수님을 섬기느라 열심히 부엌일을 하고 있는데 마리아는 예수님과 "노닥거리고 있으니" 자존심이 상했을 것입니다. 마리아는 주인마님이고 자기는 하인처럼 느껴진 것입니다. 나는 섬김을 받아야 하는데, 도리어 밑바닥에서 잡일을 하며 치다꺼리를 하는 자신의 꼴을 보려니 기분이 무척 상했나 봅니다. 그래서 예수님께 따집니다. "주님, 내 동생이 나 혼자 일하게 두는 것을 아무렇지 않게 생각하십니까?"(40절) 마르다의 이 말을 가만히 살펴보십시오. 마르다는 지금 마리아를 나무라는 것이 아니라 예수님을 탓합니다. 마리아도 그러려니와, 그렇다고 마리아의 그런 행동을 내버려 두는 예수님이 마르다가 보기에는 더 얄미운 게지요. 마리아와 예수님이 공범이 된 셈입니다.

예수님은 마르다에게 "너는 많은 일로 염려하며 들떠있다"라고 지적하십니다(41절). 여기에서 '염려하다'라는 말은 그리스어 원어로 '메림나오'라는 동사인데, '나뉘어있다'라는 말입니다. 즉, 마르다의 마음은 순전하지 못하고 그 안에 여러 가지로 뒤섞여있다는 것입니다. 처음에는 예수님을 섬기고자 하는 순수한 마음으로 마르다가 부엌일을 했겠지요. 그러나 동생의 모습을 본 순간 갑자기 자신은 허드렛일이나 하는 하인처럼 느껴졌을 것입니다. 그런 그녀의 마음에 사탄은 교만을 불러일으켜서 자존심을 발휘하게 만듭니다. 예수님을 섬기고자 했던 순수한 마음이 오염되기 시작했습니다. 그리고 그녀의 마음은 복잡해졌습니다. 예수님을 향했던 사랑과 겸손의 섬김은 사라지고 불평만 남았습니다.

아담과 하와 이래로 교만은 인류를 불행으로 떨어지게 만드는 원흉 노릇을 해왔습니다. 남이 나보다 잘난 꼴은 못 봐주고, 내 자리가 남에게 침해받을 때 "아니, 감히 네가…?"라고 자존심을 세우면서 내 영역을 건드리지 못하도록 확실하게 금을 긋습니다. 행여 내가 남들보다 못한 자리로 내려가는 것같은 느낌을 받으면 그 또한 참을 수 없습니다. 그러나 주님께서 말씀하십니다. 하나님 나라의 비밀은 "어린아이처럼 보잘것없는 자에게 드러난다"(21절).

누가복음 11장

¹ 예수께서 어떤 곳에서 기도하고 계셨는데, 기도를 마치셨을 때에 그의 제자들 가운데 한 사람이 그에게 말하였다. "주님, 요한이 자기 제자들에게 기도하는 것을 가르쳐 준 것과 같이, 우리에게도 그것을 가르쳐 주십시오." ² 예수께서 그들에게 말씀하셨다. "너희는 기도할 때에, 이렇게 말하여라. '아버지, 그 이름을 거룩하게 하여 주시고, 그 나라를 오게 하여 주십시오. ³ 날마다 우리에게 필요한 양식을 내려 주십시오. ⁴ 우리의 죄를 용서하여 주십시오. 우리에게 빚진 모든 사람을 우리가 용서합니다. 우리를 시험에 들지 않게 하여 주십시오." ⁵ 예수께서 그들에게 말씀하셨다. "너희 가운데 누구에게 친구가 있다고 하자. 그가 밤중에 그 친구에게 찾아가서 그에게 말하기를 '여보게, 내게 빵 세 개를 꾸어 주게. ⁶ 내 친구가 여행 중에 내게 왔는데, 그에게 내놓을 것이 없어서 그러네!' 할 때에, ⁷ 그 사람이 안에서 대답하기를 '나를 괴롭히지 말게. 문은 이미 닫혔고, 아이들과 나는 잠자리에 누웠네. 내가 지금 일어나서, 자네의 청을 들어줄 수 없네' 하겠느냐? ⁸ 내가 너희에게 말한다. 그 사람의 친구라는 이유로는, 그가 일어나서 청을 들어주지 않을지라도, 그가 졸라대는 것 때문에는, 일어나서 필요한 만큼 줄 것이다. ⁹ 내가 너희에게 말한다. 구하여라, 그리하면 너희에게 주실 것이다. 찾아라, 그리하면 찾을 것이다. 문을 두드려라, 그리하면 너

희에게 열어 주실 것이다. ¹⁰ 구하는 사람마다 받을 것이요, 찾는 사람마다 찾을 것이요, 문을 두드리는 사람에게 열어 주실 것이다. ¹¹ 너희 가운데 아버지가 된 사람으로서 아들이 생선을 달라고 하는데, 생선 대신에 뱀을 줄 사람이 어디 있으며, ¹² 달걀을 달라고 하는데 전갈을 줄 사람이 어디에 있겠느냐? ¹³ 너희가 악할지라도 너희 자녀에게 좋은 것들을 줄 줄 알거든, 하물며 하늘에 계신 아버지께서야 구하는 사람에게 성령을 주시지 않겠느냐?" ¹⁴ 예수께서 귀신을 하나 내쫓으셨는데, [그것은] 벙어리 [귀신이었다]. 그 귀신이 나가니, 말 못하는 사람이 말을 하게 되었다. 그래서 무리가 놀랐다. ¹⁵ 그들 가운데서 더러는 이렇게 말하였다. "그가 귀신들의 두목인 바알세불의 힘을 빌어서 귀신을 내쫓는다." ¹⁶ 또 다른 사람들은 예수를 시험하여 하늘에서 내리는 표징을 보여 달라고 그에게 요구하였다. ¹⁷ 그러나 예수께서는 그들의 생각을 아시고서, 이렇게 말씀하셨다. "어느 나라든지 갈라져서 서로 싸우면 망하고, 또 가정도 서로 싸우면 무너진다. ¹⁸ 그러니 사탄이 갈라져서 서로 싸우면, 그 나라가 어떻게 서 있겠느냐? 너희는 내가 바알세불을 힘입어 귀신을 내쫓는다고 하는데, ¹⁹ 내가 바알세불을 힘입어 귀신을 내쫓는다면 너희의 추종자들은 누구를 힘입어 귀신을 내쫓는다는 말이냐? 그러므로 그들이야말로 너희의 재판관이 될 것이다. ²⁰ 그러나 내가 하나님의 능력을 힘입어 귀신들을 내쫓으면, 하나님 나라가 너희에게 이미 온 것이다. ²¹ 힘센 사람이 완전히 무장하고 자기 집을 지키고 있는 동안에는, 그의 소유는 안전하다. ²² 그러나 그보다 더 힘센 사람이 달려들어서 그를 이기면, 그가 의지하는 무장을 모두 해제시키고, 자기가 노략한 것을 나누어 준다. ²³ 나와 함께 하지 않는 사람은 나를 반대하는 사람이요, 나와 함께 모으지 않는 사람은 헤치는 사람이다." ²⁴ "악한 귀신이 어떤 사람에게서 나온다고 하면, 그 귀신은 쉴 곳을 찾느라고 물 없는 곳을 헤맨다. 그러나 그 귀신은 찾지 못하고 말하기를 '내가 나온 집으로 되돌아가겠다' 한다. ²⁵ 그런데 와서 보니, 집은 말끔히 치워져 있고, 잘 정돈되어 있었다. ²⁶ 그래서 그 귀신은 가서, 자기보다 더 악한 딴 귀신 일곱을 데리고 와서, 그 집에 들어가 자리를 잡고 산다. 그러면 그 사람의 나중 형편이 처음보다 더 비참하게 된다." ²⁷ 예수께서 이 말씀을 하고 계실 때에, 무리 가운데서 한 여자가 목소리를 높여 그에게 말하였다. "당신을 밴 태와 당신을 먹인 젖은 참으로 복이 있습니다!" ²⁸ 그러나 예수께서 이렇게 말씀하셨다. "오히려, 하나님의 말씀을 듣고 지키는 사람이 복이 있다." ²⁹ 무리가 모여들 때에, 예수께서 말씀하기 시작하셨다. "이 세대는 악한 세대다. 이 세대가 표징을 구하지만, 이 세대는 요나의 표징 밖에는 아무 표징도 받지 못할 것이다. ³⁰ 요나가 니느웨 사람들에게 표징이 된 것과 같이, 인자 곧 나도 이 세대 사람들에게 그러할 것이다. ³¹ 심판 때에 남방 여왕이 이 세대 사람들과 함께 일어나서, 이 세대 사람들을 정죄할 것이다. 그 여왕은 솔로몬의 지혜를 들으려고, 땅 끝에서부터 찾아왔기 때문이다. 그러나 보아라, 솔로몬보다 더 큰 이가 여기에 있다. ³² 심판 때에 니느웨 사람들이 이 세대 사람들과 함께 일어나서, 이 세대 사람들을 정죄할 것이다. 그들은 요나의 선포를 듣고 회개했기 때문이다. 그러나, 보아라, 요나보다 더 큰 이가 여기에 있다." ³³ "아무도 등불을 켜서 움 속에나 [말 아래에] 놓지 않고, 등경 위에 놓아 두어서, 들어오는 사람들이 그 빛을 보게 한다. ³⁴ 네 눈은 몸의 등불이다. 네 눈이 성하면, 네 온 몸도 밝을 것이요, 네 눈이 성하지 못하면, 네 몸도 어두울 것이다. ³⁵ 그러므로 네 속에 있는 빛이 어둡지 않은지 살펴보아라. ³⁶ 네 온 몸이 밝아서 어두운 부분이 하나도 없으면, 마치 등불이 그 빛으로 너를 환하게 비출 때와 같이, 네 몸은 온전히 밝을 것이다." ³⁷ 예수께서 말씀하실 때에, 바리새파 사람 하나가 자기 집에서 잡수시기를 청하니, 예수께서 들어가서 앉으셨다. ³⁸ 그런데 그 바리새파 사람은, 예수가 잡수시기 전에 먼저 손을 씻지 않으신 것을 보고, 이상히 여겼다. ³⁹ 그러나 주님께서는 그에게 말씀하셨다. "지금 너희 바리새파 사람들은 잔과 접시의 겉은 깨끗하게 하지만, 너희 속에는 탐욕과 악독이 가득하다. ⁴⁰ 어리석은 사람들아, 겉을 만드신 분이 속도 만들지 아니하셨느냐? ⁴¹ 그 속에 있는 것으로 자선을 베풀어라. 그리하면 모든 것이 너희에게 깨끗해질 것이다. ⁴² 너희 바리새파 사람들에게 화가 있다! 너희는 박하와 운향과 온갖 채소의 십일조는 바치면서, 정의와 하나님께 대한 사랑은 소홀히 한다! 그런 것들도 반드시 행해야 하지만, 이런 것들도 소홀히 하지 않았어야 하였다. ⁴³ 너희 바리새파 사람들에게 화가 있다! 너희는 회당에서 높은 자리에 앉기를 좋아하고, 장터에서 인사 받기를 좋아한다! ⁴⁴ 너희에게 화가 있다! 너희는 드러나지 않게 만든 무덤과 같아서, 사람들이 그 위를 밟고 다니면서도, 그것이 무덤인지를 알지 못한다!" ⁴⁵ 율법교사 가운데 어떤 사람이 예수께 말하였다. "선생님, 선생님이 이렇게 말씀하시면, 우리까지도 모욕하시는 것입니다." ⁴⁶ 예수께서 말씀하셨다. "그렇다. 너희 율법교사들에게도 화가 있다! 너희는 지기 어려운 짐을 사람들에게 지우면서, 너희 자신은 손가락 하나도 그 짐에 대려고 하지 않는다! ⁴⁷ 너희에게 화가 있다! 너희는 너희 조상들이 죽인 예언자들의 무덤을 세운다. ⁴⁸ 그렇게 함으로써 너희는 너희 조상들이 저지른 소행을 증언하며 찬동하는 것이다. 너희의 조상들은 예언자들을 죽였는데, 너희는 그들의 무덤을 세우기 때문이다. ⁴⁹ 그러므로 하나님의 지혜도 말하기를 '내가 예언자들과 사도들을 그들에게 보내겠는데, 그들은 그 가운데서 더러는 죽이고, 더러는 박해할 것이다' 하였다. ⁵⁰ 창세 이래로 흘린 모든 예언자들의 피의 대가를 이 세대에게 요구할 것이다. ⁵¹ 아벨의 피에서 비롯하여 제단과 성소 사이에서 죽은 사가랴의 피에 이르기까지 말이다. 그렇다. 나는 너희에게 말한다. 이 세대가 그 책임을 져야 할 것이다. ⁵² 너희 율법교사들에게 화가 있다! 너희는 지식의 열쇠를 가로채서, 너희 자신도 들어가지 않고, 또 들어가려고 하는 사람들도 막았다!" ⁵³ 예수께서 그 집에서 나오실 때에, 율법학자들과 바리새파 사람들은 잔뜩 앙심을 품고서,

여러 가지 물음으로 예수를 몰아붙이기 시작하였다. [54] 그들은 예수의 입에서 나오는 말에서 트집을 잡으려고 노렸다.

웨슬리와 함께 읽기

1 **주님, 요한이 자기 제자들에게 기도하는 것을 가르쳐 준 것과 같이, 우리에게도 그것을 가르쳐 주십시오** – 유대인 스승들은 종종 자신의 제자들에게 짤막한 기도문을 주었다. 이것은 일종의 자신과 그들 사이의 특별한 관계를 나타내는 표식이었다. 아마도 세례자 요한도 그런 차원에서 기도를 가르쳐주었을 것이다. 이런 의미에서 제자들도 이제 예수께 기도하는 법을 가르쳐달라고 요구하고 있다. 따라서 그분께서는 여기에서 산상수훈을 통해 그들에게 주셨던 그 양식을 반복하여서 같은 머리말을 바탕으로 확대하여(그렇지만 여전히 그 본질적인 내용에서는 같다) 말씀하신다. 마음속 깊은 곳에서 나온, 진실하고 깊은 의미를 담고 있는 이 기도는 진정으로 참된 기독교인임을 나타내는 표식이다. 참된 기독교인이라면 하나님의 영광을 가장 먼저 가장 간절하게 갈망하는 사람이 아니겠는가! 참된 기독교인이라면 자기의 즐거움을 그분의 나라가 임하는 곳에서 찾고, 하늘에서 내려오는 만나를 간절히 기다리는 동안 그저 일용할 양식 이상으로 세상의 다른 어떤 것도 구하지 않는 사람이 아니겠는가! 참된 기독교인이라면 자기를 위해 간절히 바라는 것이라고는 (자기가 진심으로 남을 용서한 것처럼) 죄의 용서를 받는 것과 거룩함에 이르는 것뿐인

사람이 아니겠는가!

2 너희는 기도할 때에 - 그분께서 그들에게 말씀하신 것은 우리에게도 말씀하신 것임이 틀림없다. 따라서 우리는 우리가 기도할 때마다 이 기도를 본떠서 할 뿐만 아니라 기도의 형태 또한 이런 양식을 따라 해야 한다(마 6:9).[29]

4 우리에게 빚진 사람을 용서하오니, 우리의 죄를 용서하여 주십시오 - 한 번만 용서한 것이 아니라 거듭 용서하였으니. 우리가 남을 용서했다는 것이 칭찬받을 만한 대단한 일이라는 뜻이 아니다. 만약에 우리가 남을 용서하지 않으면 우리도 죄의 용서를 받을 수 없으므로 남을 용서한다는 것은 우리가 죄의 용서를 받는 데 있어서 방해되는 요소를 제거하는 것이다.

5 밤중에 - 아주 부적절한 시간에. 그러나 하나님께 있어서 기도를 들으시거나 그 기도에 응답하는 데 부적절한 시간이란 없다.

9 마태복음 7장 7절.

13 하물며 하늘에 계신 아버지께서야 - 이 얼마나 멋진 점층법인가! 친구에서 아버지로 그리고 하나님으로! **성령을 주시지 않겠느냐** - 이것은 가장 좋은 선물이며, 모든 좋은 선물이 이 안에 다 포함되어 있다.

14 벙어리 - 즉, 그 귀신이 그 사람을 그렇게 만들어 놓았다(마 12:22).

15 이들의 이렇게 하는 말에 대해서 누가복음 11장 17절을 통해 그분께서 대답하신다. 다른 사람들은 하늘에서 진짜로 표적이 내려오는지 안 오는지 한번 시험해보려고 그렇게 하였다. 이런 사람들에 대해서 그분께서는 누가복음 11장 29절 이하에서 야단을 치신다. 바알세불은 파리 대왕을 뜻하는데, 이교도들은 신들의 제왕이라고 믿었던 주피터에게 이 호칭을 붙였다. 그들은 자기들의 신전이나 희생 제사를 드릴 때

파리를 쫓아버리는 데 그가 한몫을 한다고 생각해서 그렇게 한 것이다. 블레셋 사람들은 이 이름을 가진 신을 에르곤의 신으로 숭배했다. 여기에서 유대인들은 이름을 빌려와서 모든 귀신의 대장에게 이 이름을 붙였다(막 3:22).

16 마태복음 12장 38절.

17 집 – 즉, 가족.

20 만일 하나님의 손가락으로 귀신을 내쫓으면 – 즉, 드러나는 하나님의 능력으로. 어쩌면 이 표현은 더 나아가서 어떠한 수고도 없이 이루어지는 것을 묘사한 것일 수도 있다. **하나님 나라가 너희에게 이미 온 것이다** – 헬라어 단어에는 '알지도, 기대하지도 못하게'라는 의미를 내포하고 있다.

21 힘센 사람이 무장하고 – 스스로 강한 그리고 교만과 완악함으로 무장한 마귀. 마귀는 자기가 들어간 사람을 이것들로 무장시켜 지킨다.

26 그러면 그 사람의 나중 형편이 처음보다 더 비참하게 된다 – 누구든지 요세푸스가 성전과 유대인들의 행동에 대해 말했던 이야기, 즉 그리스도께서 승천하신 이후와 로마인들에 의해 완전히 멸망하기 전의 기간에 있었던 슬픈 이야기에 대해서 들은 사람이라면, 그보다 더 적절한 묘사는 없다는 것을 알게 될 것이다. 그들은 마치 군대 귀신에 사로잡힌 것처럼 그리고 미칠 수 있는 최대한으로 미친 사람들처럼 상상할 수 없을 정도로 사악했고, 스스로 자신들의 멸망을 자초하여 밀어붙였던 자들이었다. 그러나 이러한 모습은 진리의 믿음을 완전히 버리고 마침내 돌아선 모든 사람을 통해 성취되었다.

27 당신을 밴 태와 당신을 먹인 젖은 참으로 복이 있습니다 – 여인이 생각하기에 얼마나 자연스러운 것인가! 그리고 얼마나 신사적으로 우리

주님께서 그 여인의 생각을 바로잡아 주시는가!

28 오히려, 하나님의 말씀을 듣고 지키는 사람이 복이 있다 - 설령 그녀가 심지어 그분을 낳았다 하더라도 하나님의 말씀을 듣고 지키지 않는다면 축복을 절대로 받을 수 없었을 것이다.

29 구하지만 - 헬라어 원어는 더 많이 추구하거나 이미 가지고 있는데도 더 많이 추구하는 것을 의미한다.

32 그들은 요나의 선포를 듣고 회개했다 - 그러나 그것은 그때뿐이었다. 나중에 그들은 다시 사악함에 빠졌으며 마침내(약 40년 후에) 멸망하였다. 눈여겨볼 것은 여기에서 비교하고 있다는 것이다. 하나님께서는 대략 40년 동안 유대인들의 벌을 유예해주셨다. 그러나 그들은 여전히 악한 길로 더 나아갔고, 결국 자신들의 분량을 다 채워서 완전히 멸망하게 되었다.

33 이 말의 뜻은 하나님께서 당신에게 이 복음의 빛을 주셨고, 그래서 당신이 회개할 수 있게 되었다는 것이다. 당신의 눈이 오로지 그분에게만 고정되도록, 오직 하나님만을 기쁘시게 해드리는 것에만 고정되도록 하라. 당신이 이렇게 하는 동안 당신의 모든 영혼은 지혜와 거룩함과 행복으로 가득 차게 될 것이다(마 5:15; 막 4:21; 눅 8:16).

34 그러나 네 눈이 성하지 못하면 - 당신이 다른 것들을 향해 있다면, 당신이 어리석고 악하고 비참한 것으로 채워지려고 한다면. 그 반대로는 마태복음 6장 22절을 보라.

36 만일 네 몸이 빛으로 가득하다면 - 만일 그대가 거룩한 지혜로 가득하게 된다면, 어떠한 어둠도 없다면, 죄나 어리석음에 굴복하지 않는다면, 그렇게 된다면 이전에는 어두웠던 방이 불꽃이나 등불로 환해지듯이 하늘의 원리가 당신의 능력과 모든 부분에 빛을 비춰줄 것이다.[30]

39 너희 바리새인들 - 아마도 그 자리에 있던 사람 중에 많은 이가 바리새인이었던 것 같다(마 23:25).

41 그 속에 있는 것으로 자선을 베풀어라 - 구제를 할 때 너희가 깨끗이 하는 그릇들과 너희에게 깨끗하다고 하는 모든 것들. 그분께서 이전에 "강탈과 사악함에 정반대로 행동함으로써 너희 마음이 깨끗해졌다는 것을 보여라"라고 말씀하신 것처럼, 겉으로 드러나는 씻는 행위는 필요 없다.

42 너희에게 화가 있다 - 즉, 너희는 불쌍하게 되었다. 이 장 전체에서 이런 표현의 말씀은 이런 식으로 이해하면 된다.

44 너희는 드러나지 않게 만든 무덤과 같아서 - 아마도 이것을 말씀하실 때 우리 주님께서는 율법학자들을 바라보고 계셨던 것 같다. 드러나지 않은 무덤은 그 위에 풀이 뒤덮여서 그런 것인데, 이것 때문에 사람들은 그 무덤에 걸려 넘어져서 다치거나 그 무덤에 접촉하게 되어서 부정하게 되기 전까지는 거기에 무덤이 있는지 알지 못한다. 다른 곳에서 그리스도께서는 그들을 겉으로는 화려하지만 속으로는 더러운, 회칠한 무덤에 비유하셨다(마 23:27).

45 율법교사 가운데 어떤 사람이 - 즉, 율법학자가. 율법에 대해 전문가인 사람.

48 그들은 죽였는데 너희는 그들의 무덤을 세운다 - 그들처럼 옛날 선지자들을 대단하게 존경하는 척하지만, 사실 너희는 하나님이 너희에게 보내신 사람들을 죽인다. 따라서 이토록 철저하게 위선함으로 너희는 자신이 그들과 아주 똑같은 마음을 가진 사람이라는 것을 스스로 증언하고 있다.

49 그러므로 하나님의 지혜도 말하기를 - 비록 이와 똑같은 표현을 사

용하지는 않지만, 성경의 곳곳에서, '내가 그들에게 예언자들을 보내겠다'라고 말한다 – 주로 구약에서. **사도들을** – 주로 신약에서(마 23:34).

50 즉, 분명하고도 끔찍하게 그에 대한 대가를 치르게 될 것이다.

51 그래서 40년이 채 못 되어서 가장 놀라운 방식으로, 즉 성전과 도성과 온 나라가 끔찍하게 파괴됨으로써. **성전과 제단 사이에서** – 성전 뜰에서.

52 **너희는 지식의 열쇠를 가로채서** – 너희는 현재와 또한 미래의 하늘나라에 들어가는 열쇠가 되는 메시아에 대한 지식을 모호하게 감추고 망가뜨렸다. 이 하늘나라는 은혜와 영광의 나라이다. **너희는 들어가려 하지 않는다** – 현재에 임한 하늘나라에.

역자 해설

예수님께서 이 세상에 오셔서 하나님의 다스리시는 새로운 세상을 선포하시고, 실제로 그런 세상이 임했음을 많은 가르침과 놀라운 사역으로 보여주십니다. 터진 둑에서 거대한 물이 쏟아져 나오듯, 이제 하나님의 능력으로 임한 새로운 나라는 그 누구도 가로막거나 거스를 수 없습니다. 사람들은 이제 자기에게 들이닥친 이 새로운 세상, 하나님께서 능력으로 통치하시는 그 나라 안으로 들어오거나 그것을 거부하거나 둘 중 하나의 선택을 해야 합니다.

예수님께서는 그 나라를 맞이하는 모습을 보여주십니다. 먼저 한밤중에 찾아와 양식을 구하는 사람의 비유를 말씀하십니다(5-13절). 이 비유는 얼핏 보면 여행하다가 한밤중에 친구의 집에 찾아온 예의 없는 한 친구를 먹이겠다고 자신의 이웃에게 민폐를 끼치는 이상한 사람에 대해 이야기합니다. 무척 예의에 어긋나고 비현실적인 이 인물에 관한 이야기의 초점은 끈질긴 간청에 있습니다. 바로 앞에서 주님의 기도를 가르치신 후 이어진 비유이므로(1-4절) 이 비유는 하나님께 기도로 간구하는 것에 대한 이야기입니다. 이 비유에서 강조되는 것은 이 사람이 보이는 끈질긴 기도의 태도입니다. 즉, 기도할 때는 이렇게 간절하고 끈질기게 기도해야 한다는 것입니다.

그래서 많은 주석자나 설교가는 18장에 나오는 못된 고을 원님과 끈질긴 과부 이야기를 연결합니다. 이 비유를 통해 예수님께서는 우리가 원하는 것을 끈질기게 간구하면 하나님께서 그 기도를 들어주시니, 우리가 기도할 때는 포기하지 말고 기도해야 한다는 것을 가르친 것이라고 말합니다. 그러나 사실 이런 풀이는 이야기의 초점에서 약간 어긋납니다. 이어 나오는 9-13절의 가르침에서 보듯이, 하나님은 자식을 사랑하는 아버지처럼 아들이 필요한 것을 알아서 잘 챙겨주시는 선하신 분입니다. 하나님은 우리가 얼마나 끈질기게 졸라대는지 그 하는 모습을 본 후에 이만하면 됐다 싶을 때 마지못해 슬그머니 선물 보따리를 풀어놓는 그런 가학적인 분이 아닙니다.

그렇다면 이 비유는 무엇을 말하고자 하는 걸까요? 이 비유만 놓고 보면 끈질기게 간절히 구하는 기도의 태도를 말하는 것이 맞습니다. 그러나 이 비유는 반드시 그 뒤에 이어지는 9-13절과 함께 읽어야 합니다. 우리가 기도할 때 간절하게 구해야 하는 것은 맞지만, 우리의 어리석음으로 인해 우리는 종종 잘못된 간구를 할 때가 많습니다. 야고보 사도가 말했듯이 그래서 그런 우리의 기도는 응답받지 못하는 것입니다(약 4:1-3). 누가는 우리가 끈질기고도 간절하게 사모하며 받으려 애써야 하는 것은 다름 아닌 바로 '성령'이라고 분명히 언급합니다(13절). 하나님의 자녀로서 하나님의 나라에서 살아가는 우리는 그 나라의 법에 따라 살아야 합니다. 그리고 그 나라의 법은 성령께서 이끄시는 삶입니다. 이제 권능 가운데 임한 하나님의 나라로 들어오라는 초대에 아멘으로 응답하여 그분의 자녀가 된 우리는 날마다 우리의 아버지이신 하나님의 선하심을 신뢰하며, 늘 그분과 동행하는 성령 충만한 삶을 살아야 합니다.

그러나 그렇게 임한 하나님 나라를 거절하는 사람들도 있었습니다. 그들은 하나님 나라의 모습을 보면서 그것이 바알세불 일당의 장난질이라고 치부했습니다(14-23절). 믿지도 않을 것이면서 그들은 표적을 보여달라고(16절) 요구합니다. 그러나 애초부터 그들에게는 그 나라에 들어갈 마음도 없고, 요나의 선포에 회개로 응답했던 니느웨 주민들과는 달리 주님께서 부르짖으신 회개로의 초대에도 응할 마음이 없었습니다(32절). 따라서 그들은 아무리 표적을 보여달라고 요구하더라도 아무런 표적도 받지 못하게 됩니다(29절). 그리고 그 나라에 들어가지 못한 이들은 결국 심판 때에 정죄를 받게 될 것입니다(30-32절).

이들은 왜 하나님 나라로 들어오라 부르시는 그 초대에 응하지 못할까요? 그 이유는 이들이 스스로 생각하기를 자기들은 아무런 문제가 없다고, 자기들은 온전하고 완벽한 의인이라고 착각하기 때문입니다(37-54절). 그들은 자기들이 하나님께 시시콜콜한 것까지 다 구별해서 바치는 완벽한 종교인이므로(42절) 스스로 의롭다고 생각합니다. 남을 괴롭히고(46절), 남 앞에서 잘난 척하기를 좋아하고(43절), 심지어는 자신들의 잘못을 책망하는 바른 소리를 하는 사람을 죽이기까지 합니다(47-49절). 예수님께서 잘못을 지적하시니 그들은 모욕감을 느꼈다고 하면서 예수님께 대듭니다(45절). 그러니 이들은 하나님의 나라로 들어와 그분의 통치를 받는 삶, 성령 충만하여 그 성령으로 인도함을 받는 삶을 살라고 부르시는 그 초대의 음성에 당연히 귀를 기울이지도 않고, 그 성령을 받기 위해 간절하고도 끈질기게 구하지도 않습니다. 그들의 눈은 성하지 못하므로 그들의 온몸은 어둠으로 가득합니다(33-34절).

하나님의 나라, 그분의 통치는 이미 임했습니다. 어떤 이들은 간절하고 가난한 마음으로 그분의 다스리심, 그 성령의 충만함을 받으려 애쓰지만, 어떤 이들은 자기는 아무런 문제가 없다고, 자신은 이미 하나님을 잘 믿고 있다고 스스로 높이면서 성령 충만함을 간구하지 않습니다.

그들은 자신들이 훌륭하고 경건한 믿음의 사람이라고 생각하지만, 그들은 신앙인이 아니라 종교인일 뿐입니다. 우리가 매일 걷는 믿음의 여정에는 온갖 유혹과 시험이 늘 도사리고 있습니다. 설령 우리가 하나님께로 돌아서서 마귀 하나를 우리 마음에서 쫓아냈다 하더라도 잠시만 한눈을 팔면 어느새 그 마귀가 더 악한 마귀 친구 일곱을 데려와서 우리를 더 깊은 나락으로 떨어뜨립니다(24-26절). 그래서 사도 바울께서는 "이미 선 자는 넘어질까 조심하라"(고전 10:12)라고 경고합니다. 이에 웨슬리도 하나님의 자녀가 되어 은혜 아래 있게 된 이들은 더욱 조심하라고 경고합니다(『표준설교』 30, "믿음을 통해 세워지는 율법", 3.1-8). 우리가 육신을 벗고 천국 잔치에 앉기까지 '싸우는 교회'로서 날마다 성령 충만함을 간구해야 할 것입니다. 간절히 구하는 자에게 우리 하늘 아버지께서 성령을 주실 것입니다.

누가복음 12장

¹ 그 동안에 수천 명이나 되는 무리가 모여들어서, 서로 밟힐 지경에 이르렀다. 예수께서는 먼저 자기 제자들에게 말씀하셨다. "너희는 바리새파 사람의 누룩 곧 위선을 경계하여라. ² 가려 놓은 것이라고 해도 벗겨지지 않을 것이 없고, 숨겨 놓은 것이라 해도 알려지지 않을 것이 없다. ³ 그러므로 너희가 어두운 데서 말한 것들을 사람들이 밝은 데서 들을 것이고, 너희가 골방에서 귀에 대고 속삭인 그것을 사람들이 지붕 위에서 선포할 것이다." ⁴ "내 친구인 너희에게 내가 말한다. 육신은 죽여도 그 다음에는 그 이상 아무것도 할 수 없는 자들을 두려워하지 말아라. ⁵ 너희가 누구를 두려워해야 할지를 내가 보여 주겠다. 죽인 다음에 지옥에 던질 권세를 가지신 분을 두려워하여라. 그렇다. 내가 너희에게 말한다. 그분을 두려워하여라. ⁶ 참새 다섯 마리가 두 냥에 팔리지 않느냐? 그러나 그 가운데 하나라도, 하나님께서는 잊고 계시지 않는다. ⁷ 하나님께서는 너희 머리카락까지도 다 세고 계신다. 두려워하지 말아라. 너희는 많은 참새보다 더 귀하다." ⁸ "내가 너희에게 말한다. 누구든지 사람들 앞에서 나를 시인하면, 인자도 하나님의 천사들 앞에서 그 사람을 시인할 것이다. ⁹ 그러나 사람들 앞에서 나를 부인하는 사람은, 하나님의 천사들 앞에서 부인당할 것이다. ¹⁰ 누구든지 인자를 거슬러서 말하는 사람은 용서를 받을 것이지만, 성령을 거슬러서

모독하는 말을 한 사람은 용서를 받지 못할 것이다. **11** 너희가 회당과 통치자와 권력자 앞에 끌려갈 때에, '어떻게 대답하고, 무엇을 대답할까', 또 '무슨 말을 할까' 하고 염려하지 말아라. **12** 너희가 말해야 할 것을 바로 그 시각에 성령께서 가르쳐 주실 것이다." **13** 무리 가운데서 어떤 사람이 예수께 말하였다. "선생님, 내 형제에게 명해서, 유산을 나와 나누라고 해주십시오." **14** 예수께서 그에게 말씀하셨다. "이 사람아, 누가 나를 너희의 재판관이나 분배인으로 세웠느냐?" **15** 그리고 사람들에게 말씀하셨다. "너희는 조심하여, 온갖 탐욕을 멀리하여라. 재산이 차고 넘치더라도, 사람의 생명은 거기에 달려 있지 않다." **16** 그리고 그들에게 비유를 하나 말씀하셨다. "어떤 부자가 밭에서 많은 소출을 거두었다. **17** 그래서 그는 속으로 '내 소출을 쌓아둘 곳이 없으니, 어떻게 할까?' 하고 궁리하였다. **18** 그는 혼자 말하였다. '이렇게 해야겠다. 내 곳간을 헐고서 더 크게 짓고, 내 곡식과 물건들을 다 거기에다가 쌓아 두겠다. **19** 그리고 내 영혼에게 말하겠다. 영혼아, 여러 해 동안 쓸 많은 물건을 쌓아 두었으니, 너는 마음놓고, 먹고 마시고 즐겨라.' **20** 그러나 하나님께서 말씀하셨다. '어리석은 사람아, 오늘밤에 네 영혼을 네게서 도로 찾을 것이다. 그러면 네가 장만한 것들이 누구의 것이 되겠느냐?' **21** 자기를 위해서는 재물을 쌓아 두면서도, 하나님께 대하여는 부요하지 못한 사람은 이와 같다." **22** 예수께서 [자기의] 제자들에게 말씀하셨다. "그러므로 내가 너희에게 말한다. 목숨을 부지하려고 '무엇을 먹을까' 하고 걱정하지 말고, 몸을 보호하려고 '무엇을 입을까' 하고 걱정하지 말아라. **23** 목숨은 음식보다 더 소중하고, 몸은 옷보다 더 소중하다. **24** 까마귀를 생각해 보아라. 까마귀는 씨를 뿌리지도 않고, 거두지도 않고, 또 그들에게는 곳간이나 창고도 없다. 그러나 하나님께서 그들을 먹여주신다. 너희는 새보다 훨씬 더 귀하지 않으냐? **25** 너희 가운데서 누가 걱정한다고 해서, 제 수명을 한 순간인들 늘일 수 있느냐? **26** 너희가 지극히 작은 일도 못하면서, 어찌하여 다른 일들을 걱정하느냐? **27** 백합꽃이 어떻게 자라는지를 생각해 보아라. 수고도 하지 아니하고, 길 쌈도 하지 않는다. 그러나 내가 너희에게 말한다. 자기의 온갖 영화로 차려 입 은 솔로몬도 이 꽃 하나만큼 차려 입지 못하였다. **28** 믿음이 적은 사람들아, 오 늘 들에 있다가 내일 아궁이에 들어갈 풀도 하나님께서 그와 같이 입히시거든, 하물며 너희야 더 잘 입히지 않으시겠느냐? **29** 그러므로 너희는, 무엇을 먹을까 무엇을 마실까 하고 찾지 말고, 염려하지 말아라. **30** 이런 것은 다 이방 사람들 이 추구하는 것이다. 너희 아버지께서는, 이런 것이 너희에게 필요하다는 것을 아신다. **31** 그러므로 너희는 그의 나라를 구하여라. 그리하면 이런 것들을 너희 에게 더하여 주실 것이다. **32** 두려워하지 말아라. 적은 무리여, 너희 아버지께서 그의 나라를 너희에게 주시기를 기뻐하신다. **33** 너희 소유를 팔아서, 자선을 베 풀어라. 너희는 자기를 위하여 낡아지지 않는 주머니를 만들고, 하늘에다가 없 어지지 않는 재물을 쌓아 두어라. 거기에는 도둑이나 좀의 피해가 없다. **34** 너희 의 재물이 있는 곳에 너희의 마음도 있을 것이다." **35** "너희는 허리에 띠를 띠고 등불을 켜놓고 있어라. **36** 마치 주인이 혼인 잔치에서 돌아와서 문을 두드릴 때 에, 곧 열어 주려고 대기하고 있는 사람들과 같이 되어라. **37** 주인이 와서 종들 이 깨어 있는 것을 보면, 그 종들은 복이 있다. 내가 진정으로 너희에게 말한다. 그 주인이 허리를 동이고, 그들을 식탁에 앉히고, 곁에 와서 시중들 것이다. **38** 주인이 밤중에나 새벽에 오더라도, 종들이 깨어 있는 것을 보면, 그 종들은 복 이 있다. **39** 너희는 이것을 알아라. 집주인이 언제 도둑이 들지 알았더라면, 그 는 도둑이 그 집을 뚫고 들어오도록 내버려두지 않았을 것이다. **40** 그러므로 너 희도 준비하고 있어라. 생각하지도 않은 때에 인자가 올 것이기 때문이다." **41** 베드로가 말하였다. "주님, 이 비유를 우리에게 말씀하시는 것입니까? 또는 모 든 사람에게도 말씀하시는 것입니까?" **42** 주님께서 말씀하셨다. "누가 신실하 고 슬기로운 청지기겠느냐? 주인이 그에게 자기 종들을 맡기고, 제 때에 양식을 내주라고 시키면, 그는 어떻게 해야 하겠느냐? ⁴³ 주인이 돌아와서 볼 때에 그 종이 그렇게 하고 있으면, 그 종은 복이 있다. ⁴⁴ 내가 진정으로 너희에게 말한다. 주인은 자기의 모든 재산을 그에게 맡길 것이다. ⁴⁵ 그러나 그 종이 마음 속으로, 주인이 더디 오리라고 생각하여, 남녀 종들을 때리며, 먹고 마시고 취하여 있으면, ⁴⁶ 그가 예상하지 않은 날, 그가 알지 못하는 시각에, 그 주인이 와서, 그 종을 몹시 때리고, 신실하지 않은 자들이 받을 벌을 내릴 것이다. ⁴⁷ 주인의 뜻을 알고도, 준비하지도 않고, 그 뜻대로 행하지도 않은 종은 많이 맞을 것이다. ⁴⁸ 그러나 알지 못하고 매맞을 일을 한 종은, 적게 맞을 것이다. 많이 받은 사람에게는 많은 것을 요구하고, 많이 맡긴 사람에게는 많은 것을 요구한다." ⁴⁹ "나는 세상에다가 불을 지르러 왔다. 불이 이미 붙었으면, 내가 바랄 것이 무엇이 더 있겠느냐? ⁵⁰ 그러나 나는 받아야 할 세례가 있다. 그 일이 이루어질 때까지, 내가 얼마나 괴로움을 당하는지 모른다. ⁵¹ 너희는 내가 세상에 평화를 주러 온 줄로 생각하느냐? 내가 너희에게 말한다. 그렇지 않다. 도리어, 분열을 일으키러 왔다. ⁵² 이제부터 한 집안에서 다섯 식구가 서로 갈라져서, 셋이 둘에게 맞서고, 둘이 셋에게 맞설 것이다. ⁵³ 아버지가 아들에게 맞서고, 아들이 아버지에게 맞서고, 어머니가 딸에게 맞서고, 딸이 어머니에게 맞서고, 시어머니가 며느리에게 맞서고, 며느리가 시어머니에게 맞서서, 서로 갈라질 것이다." ⁵⁴ 예수께서 무리에게도 말씀하셨다. "너희는 구름이 서쪽에서 이는 것을 보면, 소나기가 오겠다고 서슴지 않고 말한다. 그런데 그대로 된다. ⁵⁵ 또 남풍이 불면, 날이 덥겠다고 너희는 말한다. 그런데 그대로 된다. ⁵⁶ 위선자들아, 너희는 땅과 하늘의 기상은 분간할 줄 알면서, 왜, 이 때는 분간하지 못하느냐?" ⁵⁷ "어찌하여 너희는 옳은 일을 스스로 판단하지 못하느냐? ⁵⁸ 너를 고소하는 사람과 함께 관원에게로 가게 되거든, 너는 도중에 그에게서 풀려나도록 힘써라. 그렇지 않으면, 그가 너를 재판관에게로 끌고 갈 것이고, 재판관은 형무소 관리에게 넘겨주고,

형무소 관리는 너를 옥에 처넣을 것이다. ⁵⁹ 내가 너희에게 말한다. 너희가 그 마지막 한 푼까지 다 갚기 전에는, 절대로 거기에서 나오지 못할 것이다."

웨슬리와 함께 읽기

1 **먼저 자기 제자들에게 말씀하셨다** - 그러나 나중에는(눅 12:54) 모든 사람에게(마 16:6).

3 마태복음 10장 27절.

4 **너희에게 말한다. 두려워하지 말라** - 사람들을 두려워하여 위선을 행하거나 내가 너희에게 널리 알리라고 명한 것들을 감추지 말라.

5 **지옥에 던질 권세를 가지신 분을 두려워하여라** - 그리스도께서는 자신의 특별한 친구들에게조차도 이런 가르침을 주신다. 그러므로 참된 신자들이라면 하나님께서 지옥에 내던질 수 있으신 분이라는 사실을 기억하고 두려워해야 한다.

6 **참새 다섯 마리가** - 그분을 두려워할 뿐만 아니라 그분을 신뢰하기도 해야 한다.

7 마태복음 10장 30절.

8 **내가 너희에게 말한다** - 만일 너희가 모든 위선을 피하고 내 복음을 공공연히 시인하면; 인자도 너희들을 시인할 것이다 - 천사들 앞에서 - 마지막 날에(막 8:38; 눅 9:26).

10 **누구든지** - 그분께서 "나를 부인했다 하더라도 진실로 회개하면 용

서받을 것이다"라고 말씀하셨듯이. 그러나 그 부인하는 것이 성령을 대적하여 신성모독을 할 정도까지 한 것이라면 용서를 받지 못할 것이고, 회개할 여지도 없게 될 것이다(마 12:31; 막 3:28).

11 **생각하지 말라** – 너희 자신을 어떻게 변호할 것인지의 문제나 방식에 대해 염려하지 말라. 혹은 너희 자신을 어떻게 표현할 것인지 염려하지 말라(마 10:19; 눅 21:12).

14 **누가 나를 재판관으로 세웠느냐** – 세상 문제를 다루는 재판관으로. 그분의 나라는 이 세상 나라가 아니다.

15 **그분께서 그들에게 말씀하셨다** – 아마도 두 형제에게 그리고 그들을 통해서 모든 사람에게. **사람의 생명** – 즉, 삶이 편안하고 행복한지의 문제가.

17 **어떻게 할까** – 부족함을 느끼는 바로 그런 언어이다! 그렇다면 하늘에 보물을 쌓아두라!

20 **너 어리석은 사람아** – 자기 영혼을 이 세상의 물질로 만족시킬 수 있다고 생각하기에, 천년만년 살 것이라고 기대하기에. 그렇다, 단 하루밖에 못 살지 않는가! 도로 찾을 것이다 – 하나님께서 보내신 죽음의 사자가 와서 너의 영혼을 찾을 것이다!

21 **하나님께 부유한** – 즉, 믿음과 사랑과 선한 행동을 통해서.

22 마태복음 6장 25절.

25 **누가 제 수명을 한순간인들 늘일 수 있느냐** – 어떤 물건에 한 자를 더하는 것은(원어의 문자적 의미는 이러하다) 거기에 가장 작은 분량을 더하는 것을 뜻하는 관용적인 표현인 것 같다.

28 **풀** – 헬라어 원어로는 온갖 종류의 풀과 꽃을 가리킨다.

29 **너희 의심하는 마음을 가진 자들이여, … 하지 말라** – 헬라어 원어의

의미는 어떤 것에 관해 마음 편하지 않게 망설이는 가운데 마음속에 출렁거리거나 흔들리는 어떠한 의심이나 생각들을 가리킨다.

32 **너희 아버지께서 그의 나라를 너희에게 주시기를 기뻐하신다** - 음식이나 의복은 두말할 것도 없이 그대가 그러한 유업을 가지고 있다면, 이 세상의 소유물에 대해 생각하지 말라.

33 **너희 가진 것을 팔아서** - 이것은 모든 군중에게 주신 명령은 아니다. 모든 그리스도인이 반드시 그대로 행해야 하는 엄연한 명령은 더더욱 아니다. 이것은 사도들에게 주신 명령도 아니다. 왜냐하면 그들은 이전에 모든 것을 버려두고 따라나섰기 때문에, 가진 것도 없기 때문이다. 그렇다면 이 명령은 그분의 다른 제자들에게(눅 12:22과 행 1:15에 언급된) 주신 명령이다. 이 명령은 세상의 모든 연줄로부터 자유로웠던 70명에게 특별히 주셨다(마 6:19).

35 **허리에 띠를 띠고** - 동방의 나라에서 입었던 긴 옷을 가리킨다. 사람들은 일하거나 여행할 때 이 옷을 허리에 둘러서 띠거나 걷어두었다. 등불에 관하여 말하자면, 하인들은 흔히 밤에 이루어지는 결혼식에 등불을 들고 다녔다.

37 **그가 와서 그들을 시중들 것이다** - 이 말은 그가 그들에게 자신의 사랑을 가장 겸손하고도 부드러운 방식으로 표현할 것이라는 의미이다.

38 유대인들은 종종 밤을 세 부분으로 나누었는데, 우리 주님께서도 여기에서 이것을 염두에 두신 것 같다.

41 **이 비유를 우리에게 말씀하시는 것입니까** - 사도들과 제자들에게. 혹은 **모든 사람에게** - 이 비유의 말씀이 우리에게만 해당하는 것인지, 아니면 모든 인류에게 해당하는 것인지.

42 **누가 신실하고 슬기로운 청지기겠느냐** - 우리 주님의 대답을 미루어

볼 때, 그분께서는 이 비유를 먼저 (전부는 아니더라도) 자기의 말씀을 가지고 섬기는 사역자들에게 하신 것이라는 사실이 분명히 암시되어 있다. 주인이 그에게 자기 종들을 맡기고 - 그분의 지혜와 신실하심에 따라.

43 그 종은 복이 있다 - 하나님께서는 친히 그를 지혜롭고 충실하며 복되다고 말씀하신다! 그러나 우리는 여전히 그가 그런 상태에서 떨어져 나가 영원히 멸망할 수도 있다는 것을 잊어서는 안 된다.

46 주인이 그에게 자기가 받을 대가를 줄 것이다 - 그가 충실하지 못함으로 인해 받을 영원한 대가. 그가 한때 충실하였다 하더라도 하나님께서는 친히 심판 주가 되신다!

47 그가 많이 알고 있었으므로 벌을 많이 받을 것이다.

49 불을 지르러 왔다 - 이 땅 모든 곳에 하늘의 사랑의 불을 퍼뜨리러 왔다.[31]

50 그러나 나는 받아야 할 세례가 있다 - 나는 내 나라를 세우기 전에 먼저 고난을 겪어야 한다. 내가 이 싸움을 해나가기를 얼마나 기다리고 있는지!

51 너희는 내가 세상에 평화를 주러 온 줄로 생각하느냐 - 내가 오면 곧바로 온 우주에 평화가 찾아오리라 생각하느냐? 그렇지 않다. 도리어 정반대이다(마 10:34).

52 그리스도의 영과 세상의 영 사이에는 화해할 수 없는 원수 관계가 이루어질 것이다.

53 아버지가 아들에게 맞서고 - 나를 거부하는 사람들은 자기와 가장 가까운 관계에 있는 사람 중에서 나를 영접하는 사람과 앙숙이 될 것이다. 바로 이런 날이 성경의 말씀이 성취되는 때이다. 이제 그리스도와 벨리알이 서로 마음이 통할 수 없는 것과 마찬가지다.

54 그리고 무리에게도 말씀하셨다 - 앞에 나온 구절에서 그분께서는 자신의 제자들에게만 말씀하셨다. **서편에서** - 유대에서 서풍은 바다 쪽에서 불어오는데, 이 바람은 보통 비를 가져온다. 남풍은 아라비아 사막에서 불어오는데, 찌는 더위를 일으킨다(마 16:2).

56 왜 이 때는 분간하지 못하느냐 - 메시아가 오시는 때, 특히 아주 많은 분명한 표징으로 눈에 띄게 오시는 때.

57 어찌하여 너희들은 내 가르침이 뛰어나다는 사실을 분간하지도, 알아주지도 못하느냐?

58 네가 갈 때 - 그래서 그분께서는 "낭비할 시간이 없다"라고 말씀하셨다. 왜냐하면 하나님의 복수를 집행하는 처형 집행인이 바로 앞에 와 있기 때문이다. 그리고 그가 너를 그들에게 넘겨줄 때 너는 영원토록 매인 상태가 될 것이다(마 5:25).

59 한 푼 - 1/4 스털링의 1/3 정도의 가격.

역자 해설

사람은 눈에 보이지 않는 것보다 당장 내 눈앞에 보이는 것을 더 신뢰하고 의지합니다. 눈에 보이지 않으면 그것이 실제로 있기나 한 것인지 확신할 수도 없기에 그것을 믿고 덜컥 모든 것을 내맡겼다가는 낭패라도 당할까 염려되기에 그런 것 같습니다. 그러나 히브리서 저자는 하나님을 신뢰하면서 보이지 않는 약속을 믿고 따라나섰던 수많은 믿음의 증인들을 소개합니다(히 11장). 그러나 우리는 삶 속에서 펼쳐지는 다양한 일들과 수많은 위협이나 걱정거리, 선택의 기로에 설 때마다 너무나 자주 당장 내 눈에 보이는 것, 좀 더 확실하게 느껴지는 높은 확률의 기대치를 우리 행동의 기준점으로 삼습니다. 누가복음 12장은 보이지 않는 하나님을 바라볼 수 있는 눈을 가질 것을 가르치고 있습니다.

예수님께서는 제자들에게 "육신은 죽여도 그다음에는 그 이상 아무것도 할 수 없는 자들을 두려워하지 말라"고 가르치십니다(4-7절). 그러나 우리는 종종 보이지 않는 하나님의 약속보다는 당장 내 눈에 보이는 것들, 즉 내 지식과 경험, 내 재물, 내 힘과 권력, 내가 쌓아둔 인맥 등을 더 의지합니다. 우리가 하나님을 의지하지 못하는 까닭은 하나님은 우리 눈에 보이지 않기 때문에, 내게 없는 분이나 마찬가지라고 생각하기 때문입니다. 그러나 예수님은 하나님께서 보잘것없는 참새조차도 다 돌보시는 분이시기에 우리를 잊지 않으신다는 것을 말씀하십니다(6-7절). 우리는 연약합니다. 그래서 권력자들 앞에서 꼼짝 못 하고 벌벌 떨기

쉽습니다. 그러나 예수님은 걱정하지 말라고 하십니다. 왜냐하면 성령께서 우리와 함께 하시기 때문입니다(8-12절).

한편 우리는 하나님이 우리 눈에 안 뵈기 때문에 위와는 반대로 안하무인식으로 함부로 살 때도 많습니다. 13절 이하에 나오는 어리석은 부자의 이야기를 통해 예수님은 이런 잘못을 지적하십니다. 이 이야기에 나오는 부자는 세상적인 관점에서 볼 때 훌륭한 사람입니다. 이 사람은 부자입니다. 남의 것을 빼앗거나 속여서 자신의 재산을 늘렸다는 부정적인 말은 없습니다. 그저 밭에서 소출을 많이 거두었을 뿐입니다. 이 사람은 남들이 놀고 잘 때 열심히 일했습니다. 그리고 소출도 많이 거두었습니다. 이 사람이 잘못한 것이 도대체 무엇이란 말입니까?

이 사람의 잘못은 '내'라는 말에 있습니다. 17절 이하에 반복해서 나오는 단어는 '내'라는 말입니다. '내 소출', '내 곳간', '내 곡식과 물건', '내 영혼'(17-19절). 이 부자의 머릿속에는 온통 '내'라는 말만 있습니다. 이 사람은 이 모든 것이 자기 것이라고, 자기가 해낸 일이라고 믿습니다. 그래서 자기가 번 것을 자기를 위해 자기 맘대로 쓰는 것이 당연하다고 생각했겠지요(19절). 그러나 그날 밤 하나님이 그에게 찾아와서 말씀하십니다. "오늘 밤에 네 영혼을 네게서 도로 찾을 것인데, 그러면 네가 장만한 것들이 누구의 것이 되겠느냐?"(20절) 그는 '여러 해 동안' 즐기리라 꿈꿨지만(19절), 그의 삶은 당장 '오늘 밤'에서 끝납니다. 그는 "내 것, 내 것" 외쳤지만, 하나님은 그를 놀리십니다 "'네' 영혼을 '너'에게서 찾으면 '네가' 장만한 것이 '누구'의 것이 될까?" 이 부자는 모든 것이 자기 것이라 생각했지, 그 근원에는 하나님이 계시다는 것은 보지 못했습니다. 그리고 하나님은 그날 밤에 바로 이 사실을 그에게 깨닫게 해주십니다. 하나님은 이 부자에게 "어리석은 사람아"(20절)라고 부르십니다. 이는 시편

14장 1절에서 온 말입니다. "어리석은 사람은 그 마음에 이르기를 하나님이 없다 하도다." 그 부자가 어리석은 이유는 온통 자기밖에 볼 줄 모르고 하나님은 안중에도 없었기 때문입니다.

우리가 염려하는 이유는 무엇일까요? 당장 이것이 없으면 내가 굶으니까, 당장 이 일이 틀어지면 내가 큰 손해를 보니까 그렇게 되지 않으려고 전전긍긍하면서 그것에 목을 맵니다. 그러나 주님께서 이르십니다. "염려하지 말아라… 오늘 들에 있다가 내일 아궁이에 들어갈 풀도 하나님께서 그와 같이 입히시거든, 하물며 너희야 더 잘 입히지 않으시겠느냐? … 너희 아버지께서는 너희에게 필요한 것을 아신다"(22-34절). 만일 우리가 눈에 보이지 않는 하나님을 볼 수 있는 눈을 갖지 않는다면, 우리는 곧 하나님을 저버리고 세상의 것들을 의지하며 전전긍긍하는 삶을 살게 될 것입니다. 행여 내 손에 그런 세상 것들을 조금이라도 쥐게 된다면 마치 내 인생은 여러 해 동안 염려 없이 먹고 마시고 즐길 수 있을 것이라는 착각에 빠져 하나님은 안중에도 없는 그런 오만한 삶을 살게 될 것입니다.

바람은 우리 눈에 보이지 않지만 바람이 없다고 말할 수 없고, 공기가 우리 눈에 안 보이니 이 세상에 공기는 없다고 말할 수 없듯이, 우리 눈에 보이는 것이 전부는 아닙니다. 만일 우리가 하나님의 살아계심을 신뢰하는 마음을 놓치지 않는다면, 우리를 날마다 돌보시는 그분의 손길을 의지할 수 있을 것이고, 우리에게 "내가 곧 다시 오마" 하신 그 약속을 신뢰하며 "늘 깨어 준비하고 있게 될" 것입니다(35-48절). 우리에게 주신 재림의 약속을 분명히 들었지만 아무런 준비도 없이, 재림이라는 것은 없다는 듯이 생각한다면 마치 데살로니가 교인들처럼(살전 4-5장; 살후 2-3장) 우리는 하나님의 뜻과는 상관없이 맘대로 살게 될 것입니다(47절).

우리는 눈에 뵈지 않는 하나님을 눈에 보이는 세상 것보다 더 확실하게 신뢰하는가? 봐야만 믿는 사람보다 보지 않고 믿는 자가 복되다 하신 주님의 말씀을 기억해야겠습니다(요 20:29).

누가복음 13장

¹ 바로 그 때에 몇몇 사람이 와서, 빌라도가 갈릴리 사람들을 학살해서 그 피를 그들이 바치려던 희생제물에 섞었다는 사실을 예수께 일러드렸다. ² 예수께서 그들에게 대답하셨다. "이 갈릴리 사람들이 이런 변을 당했다고 해서, 다른 모든 갈릴리 사람보다 더 큰 죄인이라고 생각하느냐? ³ 그렇지 않다. 내가 너희에게 말한다. 너희도 회개하지 않으면, 모두 그렇게 망할 것이다. ⁴ 또 실로암에 있는 탑이 무너져서 치여 죽은 열여덟 사람은 예루살렘에 사는 다른 모든 사람보다 더 많이 죄를 지은 사람이라고 생각하느냐? ⁵ 그렇지 않다. 내가 너희에게 말한다. 너희도 회개하지 않으면, 모두 그렇게 망할 것이다." ⁶ 예수께서는 이런 비유를 말씀하셨다. "어떤 사람이 자기 포도원에다가 무화과나무를 한 그루 심었는데, 그 나무에서 열매를 얻을까 하고 왔으나, 찾지 못하였다. ⁷ 그래서 그는 포도원지기에게 말하였다. '보아라, 내가 세 해나 이 무화과나무에서 열매를 얻을까 하고 왔으나, 열매를 본 적이 없다. 찍어 버려라. 무엇 때문에 땅만 버리게 하겠느냐?' ⁸ 그러자 포도원지기가 그에게 말하였다. '주인님, 올해만 그냥 두십시오. 그 동안에 내가 그 둘레를 파고 거름을 주겠습니다. ⁹ 그렇게 하면, 다음 철에 열매를 맺을지도 모릅니다. 그 때에 가서도 열매를 맺지 못하면, 찍어 버리십시오.'" ¹⁰ 예수께서 안식일에 회당에서 가르치고 계셨다. ¹¹ 그런데 거기

에 열여덟 해 동안이나 병마에 시달리고 있는 여자가 있었는데, 그는 허리가 굽어 있어서, 몸을 조금도 펼 수 없었다. ¹² 예수께서는 이 여자를 보시고, 가까이 불러서 말씀하시기를, "여자야, 너는 병에서 풀려났다" 하시고, ¹³ 그 여자에게 손을 얹으셨다. 그러자 그 여자는 곧 허리를 펴고, 하나님께 영광을 돌렸다. ¹⁴ 그런데 회당장은, 예수께서 안식일에 병을 고치신 것에 분개하여 무리에게 말하였다. "일을 해야 할 날이 엿새가 있으니, 엿새 가운데서 어느 날에든지 와서, 고침을 받으시오. 그러나 안식일에는 그렇게 하지 마시오." ¹⁵ 주님께서 그에게 대답하셨다. "너희 위선자들아, 너희는 저마다 안식일에도 소나 나귀를 외양간에서 풀어내어, 끌고 나가서 물을 먹이지 않느냐? ¹⁶ 그렇다면, 아브라함의 딸인 이 여자가 열여덟 해 동안이나 사탄에게 매여 있었으니, 안식일에라도 이 매임을 풀어 주어야 하지 않겠느냐?" ¹⁷ 예수께서 이 말씀을 하시니, 그를 반대하던 사람들은 모두 부끄러워하였고, 무리는 모두 예수께서 하신 모든 영광스러운 일을 두고 기뻐하였다. ¹⁸ 예수께서 말씀하셨다. "하나님 나라는 무엇과 같은가? 그것을 무엇에다가 비길까? ¹⁹ 그것은 겨자씨의 다음 경우와 같다. 어떤 사람이 겨자씨를 가져다가 자기 정원에 심었더니, 자라서 나무가 되어, 공중의 새들이 그 가지에 깃들였다." ²⁰ 예수께서 다시 말씀하셨다. "하나님 나라를 무엇에다가 비길까? ²¹ 그것은 누룩의 다음 경우와 같다. 어떤 여자가 누룩을 가져다가, 가루 서 말 속에 섞어 넣었더니, 마침내 온통 부풀어올랐다." ²² 예수께서 여러 성읍과 마을에 들르셔서, 가르치시면서 예루살렘으로 여행하셨다. ²³ 그런데 어떤 사람이 예수께 물었다. "주님, 구원받을 사람은 적습니까?" 예수께서 그들에게 대답하셨다. ²⁴ "너희는 좁은 문으로 들어가기를 힘써라. 내가 너희에게 말한다. 들어가려고 해도 들어가지 못하는 사람이 많을 것이다. ²⁵ 집주인이 일어나서, 문을 닫아 버리면, 너희가 밖에 서서 문을 두드리면서 '주인님, 문을 열어 주십시오' 하고 졸라도, 주인은 '너희가 어디에서 왔는지, 나는 모른다' 하고 대답할 것이다. ²⁶ 그 때에 너희가 말하기를 '우리는 주인님 앞에서 먹고 마셨으며, 주인님은 우리를 길거리에서 가르치셨습니다' 할 터이나, ²⁷ 주인이 너희에게 말하기를 '나는 너희가 어디에서 왔는지 모른다. 불의를 일삼는 자들아, 모두 내게서 물러가거라' 할 것이다. ²⁸ 아브라함과 이삭과 야곱과 모든 예언자는 하나님 나라 안에 있는데, 너희는 바깥으로 쫓겨난 것을 너희가 보게 될 때에, 거기서 슬피 울면서 이를 갈 것이다. ²⁹ 사람들이 동과 서에서, 또 남과 북에서 와서, 하나님 나라 잔치 자리에 앉을 것이다. ³⁰ 보아라, 꼴찌가 첫째가 될 사람이 있고, 첫째가 꼴찌가 될 사람이 있다." ³¹ 바로 그 때에 몇몇 바리새파 사람들이 다가와서 예수께 말하였다. "여기에서 떠나가십시오. 헤롯 왕이 당신을 죽이고자 합니다." ³² 예수께서 그들에게 말씀하셨다. "가서, 그 여우에게 전하기를 '보아라, 오늘과 내일은 내가 귀신을 내쫓고 병을 고칠 것이요, 사흘째 되는 날에는 내 일을 끝낸다' 하여라. ³³ 그러나 오늘도 내일도 그 다음 날도, 나는 내 길을 가야 하겠다. 예언자가 예루살렘이 아닌 다른 곳에서는 죽을 수 없기 때문이다. ³⁴ 예루살렘아, 예루살렘아, 예언자들을 죽이고, 네게 파송된 사람들을 돌로 치는구나! 암탉이 제 새끼를 날개 아래에 품듯이, 내가 몇 번이나 네 자녀를 모아 품으려 하였더냐! 그러나 너희는 그것을 원하지 않았다. ³⁵ 보아라, 너희의 집은 버림을 받을 것이다. 내가 너희에게 말한다. 너희가 말하기를 '주님의 이름으로 오시는 분은 복되시다' 할 그 때가 오기까지, 너희는 나를 다시는 보지 못할 것이다."

웨슬리와 함께 읽기

1 빌라도가 갈릴리 사람들을 학살해서 그 피를 그들이 바치려던 희생제 물에 섞었다 - 유다 가울로니트(Judas Gaulonites)의 추종자들 가운데 몇 사람을. 그들은 로마의 권위를 인정하기를 거부했다. 빌라도는 그들이 공적 절기에 성전에서 예배를 드리는 동안 그들을 포위하여 도륙했다.[32]

3 너희도 모두 그렇게 망할 것이다 - 너희 갈릴리 사람이나 예루살렘 사람이나 모두 같은 방식으로 망할 것이다. 헬라어 단어는 이렇게 암시하고 있다. 그래서 그들은 정말 그렇게 되었다. 이 갈릴리 사람들과 유대 나라의 주된 지역의 운명 사이에는 눈에 띄는 유사점이 있었다. 이들이 큰 명절 가운데 하나로 모여있을 때 이들의 꽃이 로마인들의 칼에 의해 예루살렘에서 베였다. 그들 중에 수천 명의 사람은 성전 안에서 죽임을 당했고, 말 그대로 그 무너진 자리에 파묻혔다.

6 어떤 사람이 무화과나무를 가지고 있었다 - 우리도 성부 하나님께서 포도원을 갖고 계셔서 이 사람에게 그것을 관리하게 하신다고 생각할 수 있다. 혹은 그 포도원을 갖고 계신 분이 그리스도이며, 그것을 관리하는 사람들은 사역자들이라고 생각할 수 있다(시 80:8 등).

7 삼 년 - 그리스도께서는 이 당시 자신의 사역의 3년째를 맞이하고 계

셨다. 그러나 이 구절은 그저 몇 년을 의미할 수도 있다. 즉, 어느 정도의 기간을 가리키기 위한 어느 정도의 숫자로 이해할 수 있다. **왜 땅만 버리게 하겠느냐** - 즉, 열매도 맺지 못하고, 열매를 맺는 다른 나무들의 자리나 대신 차지하고 있는.

11 그녀는 허리가 굽어 있어서, 몸을 조금도 펼 수 없었다 - 그녀를 사로잡은 악한 영은 이런 식으로 그녀를 괴롭혔다. 의심할 여지 없이 많은 자연적인 병이 이런 식으로 나타난다. 요즘 의사라고 하면 이것을 그저 신경적 증상이라고 단정 짓지 않겠는가?

15 너 위선자야 - 이 사람이 말하는 진짜 동기는 하나님의 영광을 위한 순수한(이 사람은 그런 척한다) 열정에서 나온 것이 아니라 시기심에서 비롯한 것이기 때문이다.

16 이 여인을… 하지 않겠느냐 - 소나 나귀보다 훨씬 더 소중한 어떤 인간이든지 마땅히 그렇게 해야 하지 않겠는가? **하물며 아브라함의 딸** - 아마도 육신으로나 영적으로 풀어줘야 하지 않겠는가?

18 마태복음 13장 31절; 마가복음 4장 30절.

20 마태복음 13장 33절.

21 섞어 넣었더니 - 그래서 잠시 아무것도 나타나지 않았다.

24 들어가려고 애써도 - 고심하여도, 고심하면서 애를 써도. 이 단어는 "아무도 그 안에 들어가지 못할 것이다. 아무리 찾아도 소용없을 것이다"라는 의미가 있다(마 7:13).

25 문이 닫힌 후에는 아무리 애를 써도 소용이 없다. 그러므로 믿음과 기도와 거룩함과 인내로써 이제 애를 써야 한다. **너희가 밖에 서서 문을 두드리기 시작한다** - 그전에 그들은 이렇게 되리라고는 전혀 생각도 못 했었다! 오, 그들은 비참하게 되는 것을 얼마나 늦게 깨닫는가! 얼마나

느리게, 얼마나 시간이 다 되어 그제야 그렇게 깨닫는가! **내가 너희를 알지 못한다** – 즉, 내가 너희의 방식을 인정하지 않는다.

27 마태복음 7장 23절.

28 마태복음 8장 11절.

29 **그들이 하나님 나라 잔치 자리에 앉을 것이다** – 은혜와 영광의 나라.

30 **그러나 꼴찌가** – 많은 이방인이 맨 마지막에 부르심을 받았다. 그러나 그들이 가장 크게 상을 받을 것이다. 그리고 많은 유대인은 먼저 부르심을 받았다. 그러나 그들은 아무런 상도 받지 못할 것이다(마 19:30).

31 **헤롯이 당신을 죽이고자 합니다** – 아마도 그들은 선한 동기에서 그분께 경고의 말씀을 전했을 것이다.

32 **그들에게 말씀하셨다. 가서 그 여우에게 전하여라** – 헤롯은 아주 계략을 잘 꾸미고 겁쟁이기에 이 표현은 아주 그럴듯하다. 우리 주님께서 답변하신 그 의미는 "비록 그가 뭐든지 하겠지만, 그런다 해도 나는 시간이 얼마 남지 않았기 때문에 나를 보내신 분의 일을 할 것이다. 그 때가 차면 나는 드려질 것이다. 그러나 여기에서가 아니라 그 피비린내 나는 도성에서 그렇게 될 것이다"라는 뜻이다. **보라, 내가 귀신을 내쫓고** – 이 얼마나 위엄 있는 말씀으로 그 원수들에게 말씀하시는가! 자신의 친구들에게는 얼마나 부드럽게 말씀하시는가! **셋째 날에는 내 일을 끝낸다** – 그분께서 갈릴리를 떠나신, 죽기 위해서 예루살렘으로 떠나신 셋째 날에. 그러나 우리는 그리스도를 우리의 모형으로 삼을 때와 특히 그분의 일을 감당할 때를 조심해서 잘 구분해야 한다. 그분께서 자신의 비범한 사역을 하실 때, 특히 우리가 귀를 기울일 필요가 없는 사악한 군주들이나 타락한 선생들에게 말씀하실 때 친히 그런 극단적인 언어를 사용해서 말씀하시는 것은 당연하다. 그들의 가르침에 귀를 기울

여봤자 우리는 실족하게 되어 있고 스스로 망하게 된다. 이런 심한 책
망을 받는 사람들의 말은 설득력도 없고, 우리가 그들의 가르침을 듣고
새사람이 되지도 않는다. 그저 그들의 말을 들으면 화만 날 뿐이다.

33 예언자가 예루살렘이 아닌 다른 곳에서는 죽을 수 없기 때문이다 –
이 말은 하나님의 메신저를 살해하는 방식에 대한 설명이다. 이런 잔인
함과 사악함은 예루살렘 이외의 다른 곳에서는 찾아볼 수 없다.

34 내가 몇 번이나 네 자녀를 모아 품으려 하였더냐 – 예수께서는 세례
를 받으신 이후로 이런 숭고한 목적을 위해서 예루살렘을 세 번 방문하
셨다(마 23:37).

35 너희 집은 버림을 받을 것이다 – 완전히 황폐하게 되고 파멸되어서
회복되지 못할 정도가 될 것이다. 내가 진실로 너희에게 말한다. 머지않
아서 너희는 때가 될 때까지 나를 보지 못할 것이다. 너희가 큰 재난을
당해서 비로소 깨달음을 얻게 될 때, 너희는 "주님의 이름으로 오시는
이여, 찬송하리로다"라고 비로소 말하게 될 것이다. 이 말은 그들이 예
수를 꼭 보게 되리라는 것을 의미하는 것은 아니다. 이것은 단지 그들
이 메시아를 간절히 바라게 되리라는 것을 의미한다. 또한 이것은 그들
이 극한 고통의 시간을 겪으면서 메시아와 같은 종류의 사람이라고 추
정되는 사람은 누구든지 섬기려고 한다는 것을 의미한다.

역자 해설

옛말에 인과응보라는 말이 있습니다. 어떤 나쁜 일을 하면 반드시 그 대가를 치르게 된다는 말입니다. 심은 대로 거둔다는 말씀이 이에 해당한다고 할 수 있겠습니다. 이런 인과응보적 관점이 틀린 것은 아니지만, 우리는 자칫 인과응보의 덫에 빠져서 어리석은 길로 갈 수도 있습니다. 예수님 당시 이스라엘 사람들은 이런 세계관 속에서 살았습니다. 하나님 말씀대로 착실하게 살면 복을 받고, 그렇지 않으면 벌을 받는다는 관점 말입니다. 이런 사고방식의 기본 틀을 마련해준 것이 신명기입니다(예를 들면 신 4:40; 6:1-3; 7:9-11). 그래서 신학에서는 이것을 신명기적 세계관이라고 부릅니다. 예수님 당시 유대인들은 부자를 훌륭한 신앙인으로 보았습니다. 왜냐하면 저 사람이 부자인 이유는 그가 하나님께로부터 복을 받았기 때문이며, 그가 복을 받은 이유는 그가 하나님의 계명에 따라 잘 살았기 때문이라는 논리입니다. 그래서 부자는 당연히 천국에 들어간다고 믿었습니다(마 19:23-25).

이렇다 보니 사람들은 자기가 종교적으로 열심을 보이거나 어떤 행동을 많이 하면 자기는 천국에 들어가는 데 아무런 문제가 없을 것이라고 생각하며 안심합니다. 그래서 이들은 "우리는 주인님 앞에서 먹고 마셨으며, 주인님은 우리를 길거리에서 가르치셨습니다. 그런데 우리를 모른다고 하신다구요?"(25-27절)라고 하면서 어이없어하게 될 것이라고 예수님은 비유를 들어 말씀하십니다. 자기는 종교적으로 최선을 다했는데, 예수님을 따라다니면서 많은 것을 배우기도 했는데, 정작 하늘나라 심판대 앞에서 예수님으로부터 외면을 당한다는 말입니다. 그러니 이들은 참으로 억울한 생각이 들 것입니다.

예수님의 비유에 나온 이 억울해하는 사람들. 이들은 왜 억울해할까요? 자기 딴에는 나름대로 열심히 주님을 섬기고 따랐다고 생각했고, 그래서 내심 천국에 자기 자리 하나는 확실하게 확보했다고 마음을 놓고 있었는데, 막상 심판대 앞에 가보니 그게 아니었던 겁니다. 그러니 억울하겠지요. 이들이 억울한 마음을 갖는 이유는 자신들이 평소에 하는 행동이 구원을 확보하는 행동이었다고 생각했기 때문입니다. 그런데 이런 이들을 향해 예수님께서는 갈릴리 학살의 희생자들과 실로암 탑 사고로 희생당한 이들을 들어서 말씀하십니다(1-5절). 이들은 갈릴리나 실로암의 희생자들이 겪은 불행한 사건은 인과응보, 즉 이들이 뭔가 죄를 지었기 때문에, 정의로우신 하나님으로부터 심판을 받아서 그렇게 된 것이라고 생각합니다. 그러나 예수님은 그렇지 않음을 말씀하십니다.

당시 유대인들, 특히 유대 지도자들은 자신의 종교적 과업에 상당히 자부심을 갖던 사람들인데, 예수님의 이런 가르침은 그들을 당혹하게 만듭니다. 이들은 자신들의 구원을 확신하고 있었지만, 예수님의 말씀 때문에 그들의 확신은 기초부터 흔들리게 됩니다. 예수님은 도끼질을 당할 위기에 처한 무화과나무의 비유를 말씀하십니다(6-9절). 이 나무가 찍혀 넘어갈 위기에 처한 이유는 열매가 달리지 않았기 때문입니다. 열매를 맺지 못하면 도끼로 찍어서 땔감으로나 써버립니다. 열매를 맺는다는 것은 좋은 행실의 결과를 가리키는 것이 분명합니다.

그렇다면 유대인들은 헷갈리기 시작합니다. 자신들은 나름대로 열매를 맺고 있다고 생각하고, 그렇게 하려고 뭔가 분주하게 노력도 합니다. 주님과 함께 먹고 마시며 주님과 가까이 지냈고, 늘 그분의 말씀에 귀를 기울였습니다. 그런데 도대체 무엇이 문제인가요? 이들은 어찌 보면 열매 맺는 나무인데, 왜 이들은 바깥 어두운 곳에 쫓겨나 슬피 울며 이를 갈게 된(27-28절) 걸까요? 왜 도끼에 찍혀 넘어갈 위기에 처한 걸까요?

문제는 이들이 생각하는 열매와 예수님께서 말씀하시는 열매의 뜻이 차이가 있다는 것입니다. 10-17절에 나오는 이 사건이 그것을 잘 보여줍니다. 예수님은 18년이라는 긴 세월 동안 고생하는 병자를 고쳐주셨는데, 회당장은 그 행동이 안식일을 어긴 행동이라고 분개합니다(14절). 예수님께서 말씀하시는 열매 맺는 행동은 환자의 고통을 이해하고 그것을 해결해주는 것입니다. 그러나 회당장이 생각하는 열매 맺는 행동은 안식일 규정을 얼마나 철저하게 지키는가라는 것입니다. 그러면서 이 회당장은 자기가 이렇게 철저하게 신앙인의 모습을 보였으니 당연히 천국에서 자리를 차지할 것이라고 철석같이 믿습니다. 그러나 이런 사람의 끝은 "나는 너를 도무지 모른다. 그러니 너는 바깥 어두운 곳으로 나가라"라는 심판을 받는 것입니다.

우리도 종종 종교적 열심을 믿음이 좋음이라는 것과 혼동할 때가 많습니다. 주일 예배 출석, 헌금, 새벽 기도, 성경 통독, 전도 등 다양한 신앙적으로 열심을 내면서 '나는 천국에 가겠구나'라고 당연히 생각합니다. 과연 그럴까요? 종교적 열심을 낸다고 그가 주님 앞에 참 믿음을 가진 신앙인이라는 확인을 받을까요? 말과 생각으로만 믿는다고 하는 것은 거짓 믿음이며, 살아 있는 믿음은 행동하는 믿음이지만, 그 행함이 어떤 행함인가라는 문제 또한 중요합니다.

누가복음 14장

¹ 어느 안식일에 예수께서 바리새파 사람의 지도자들 가운데 어떤 사람의 집에 음식을 잡수시러 들어가셨는데, 사람들이 예수를 지켜보고 있었다. ² 그런데 예수 앞에 수종병 환자가 한 사람이 있었다. ³ 예수께서 율법교사들과 바리새파 사람들에게 물으셨다. "안식일에 병을 고치는 것이 옳으냐? 옳지 않으냐?" ⁴ 그들은 잠잠하였다. 예수께서 그 병자를 손으로 잡아서 고쳐 주시고, 돌려보내신 다음에, ⁵ 그들에게 말씀하셨다. "너희 가운데서 누가 아들이나 소가 우물에 빠지면 안식일이라도 당장 끌어내지 않겠느냐?" ⁶ 그들은 이 말씀에 대답할 수 없었다. ⁷ 예수께서는, 초청을 받은 사람들이 윗자리를 골라잡는 것을 보시고, 그들에게 비유를 하나 말씀하셨다. ⁸ "네가 누구에게 혼인 잔치에 초대를 받거든, 높은 자리에 앉지 말아라. 혹시 손님 가운데서 너보다 더 귀한 사람이 초대를 받았을 경우에, ⁹ 너와 그를 초대한 사람이 와서, 너더러 '이 분에게 자리를 내드리시오' 하고 말할지 모른다. 그러면 너는 부끄러워하며 가장 낮은 자리로 내려앉게 될 것이다. ¹⁰ 네가 초대를 받거든, 가서 맨 끝자리에 앉아라. 그리하면 너를 청한 사람이 와서, 너더러 '친구여, 윗자리로 올라앉으시오' 하고 말할 것이다. 그 때에 너는 너와 함께 앉은 모든 사람 앞에서 영광을 받을 것이다. ¹¹ 누구든지 자기를 높이면 낮아질 것이요, 자기를 낮추면 높아질 것이다." ¹² 예수께

서는 자기를 초대한 사람에게도 말씀하셨다. "네가 점심이나 만찬을 베풀 때에, 네 친구나 네 형제나 네 친척이나 부유한 이웃 사람들을 부르지 말아라. 그렇게 하면 그들도 너를 도로 초대하여 네게 되갚아, 네 은공이 없어질 것이다. **13** 잔치를 베풀 때에는, 가난한 사람들과 지체에 장애가 있는 사람들과 다리 저는 사람들과 눈먼 사람들을 불러라. **14** 그리하면 네가 복될 것이다. 그들이 네게 갚을 수 없기 때문이다. 의인들이 부활할 때에, 하나님께서 네게 갚아 주실 것이다." **15** 함께 먹고 있던 사람 가운데 하나가 이 말씀을 듣고서 예수께 말하였다. "하나님의 나라에서 음식을 먹는 사람은 복이 있습니다." **16** 예수께서 그에게 말씀하셨다. "어떤 사람이 큰 잔치를 베풀고, 많은 사람을 초대하였다. **17** 잔치 시간이 되어, 그는 자기 종을 보내서 '준비가 다 되었으니, 오십시오' 하고 초대받은 사람들에게 말하게 하였다. **18** 그런데 그들은 모두 하나같이 핑계를 대기 시작하였다. 한 사람은 그에게 말하기를 '내가 밭을 샀는데, 가서 보아야 하겠소. 부디 양해해 주기 바라오' 하였다. **19** 다른 사람은 '내가 겨릿소 다섯 쌍을 샀는데, 그것들을 시험하러 가는 길이오. 부디 양해해 주기 바라오' 하고 말하였다. **20** 또 다른 사람은 '내가 장가를 들어서, 아내를 맞이하였소. 그러니 가지 못하겠소' 하고 말하였다. **21** 그 종이 돌아와서, 이것을 그대로 자기 주인에게 일렀다. 그러자 집주인이 노하여 종더러 말하기를 '어서 시내의 거리와 골목으로 나가서, 가난한 사람들과 지체에 장애가 있는 사람들과 눈먼 사람들과 다리 저는 사람들을 이리로 데려 오너라' 하였다. **22** 그렇게 한 뒤에 종이 말하였다. '주인님, 분부대로 하였습니다만, 아직도 자리가 남아 있습니다.' **23** 주인이 종에게 말하였다. '큰길과 산울타리로 나가서, 사람들을 억지로라도 데려다가, 내 집을 채워라. **24** 내가 너희에게 말한다. 초대를 받은 사람들 가운데서는, 아무도 나의 잔치를 맛보지 못할 것이다.'" **25** 많은 무리가 예수와 동행하였다. 예수께서 돌아서서 그들에게 말씀하셨다. **26** "누구든지 내게로 오는 사람은, 자기 아버지나 어머니나, 아내나 자식이나, 형제나 자매뿐만 아니라, 심지어 자기 목숨까지도 미워하지 않으면, 내 제자가 될 수 없다. ²⁷ 누구든지 자기 십자가를 지고 나를 따라오지 않으면, 내 제자가 될 수 없다. ²⁸ 너희 가운데서 누가 망대를 세우려고 하면, 그것을 완성할 만한 비용이 자기에게 있는지를, 먼저 앉아서 셈하여 보아야 하지 않겠느냐? ²⁹ 그렇게 하지 않아서, 기초만 놓은 채 완성하지 못하면, 보는 사람들이 그를 비웃을 것이며, ³⁰ '이 사람이 짓기를 시작만 하고, 끝내지는 못하였구나' 하고 말할 것이다. ³¹ 또 어떤 임금이 다른 임금과 싸우러 나가려면, 이만 명을 거느리고서 자기에게로 쳐들어오는 그를 자기가 만 명으로 당해 낼 수 있을지를, 먼저 앉아서 헤아려 보아야 하지 않겠느냐? ³² 당해 낼 수 없겠으면, 그가 아직 멀리 있을 동안에 사신을 보내서, 화친을 청할 것이다. ³³ 그러므로 이와 같이, 너희 가운데서 누구라도, 자기 소유를 다 버리지 않으면, 내 제자가 될 수 없다." ³⁴ "소금은 좋은 것이다. 그러나 소금이 짠 맛을 잃으면, 무엇으로 그것을 짜게 하겠느냐? ³⁵ 그것은 땅에도 거름에도 쓸 데가 없어서 밖에 내버린다. 들을 귀가 있는 사람은 들어라."

웨슬리와 함께 읽기

2 그 앞에 어떤 사람이 있었다 – 이 사람이 어떤 꿍꿍이를 가지고 온 것처럼 보이지는 않는다. 아마도 이 사람은 고침을 받기 위해서 왔든지, 아니면 그의 가족 가운데 한 사람이 온 것일 수도 있다.

3 그리고 예수께서 답변하셨다[33] – 예수께서 그들의 마음속에서 일어나는 생각들을 보시고 그것에 대해 답변하시면서.

7 비유를 말씀하셨다 – 이어지는 담화는 이렇게 표현되고 있다. 왜냐하면 어떤 부분들은 문자적으로 이해하면 안 되기 때문이다. 이 비유의 범위는 결혼 잔치만으로 국한되지 않고 모든 부분, 즉 자기를 높이면 낮아질 것이고, 자기를 낮추면 높아질 것이라는 부분까지 해당한다.

11 마태복음 23장 12절.

12 네 친구…를 부르지 말라 – 즉, 나는 당신이 친구들이나 이웃을 초청하지 말라고 금하는 것은 아니다. 우리 주님께서는 인간의 도리로 해야 하는 이런 임무는 그냥 그대로 하도록 놔두시고, 여기에서는 좀 더 높은 차원의 의무에 대해 가르치신다. 이 말씀은 우리의 대접이 굳이 필요없는 사람들을 대접하지 말고 그런 사람들에게 할 대접을 아껴두었다가 정말로 우리의 대접이 필요한 사람을 대접하라는 의미를 담고있

다. 네게 갚지 않도록 – 세상 사람들과 부자들은 두려워하지만 이렇게 되는 것에 대해서는 두려워하지 않는다.

15 식탁에 앉아있던 자들 가운에 하나가 이 말씀을 듣고 – 그 말씀에 감명을 받아서 이렇게 말하였다. 하나님의 나라에서 음식을 먹는 사람은 복이 있습니다 – 예수께서 조금 전에 말씀하신 것을 가리켜서. 이 말은 곧 의인의 부활 때에 자기 몫을 차지하게 되는 사람이라는 뜻이다.

16 그분께서 말씀하셨다 – 그 사람이 넌지시 말한 것을 계속 이어서. 어떤 사람이 큰 잔치를 베풀고 – 예수께서는 모든 사람이 다 이 행복을 느낄 수 있는 것은 아니라고 말씀하셨다. 많은 사람이 그 잔치에 참여할 수 있었지만, 그들은 그렇게 하려고 하지 않았다.

18 핑계를 대기 시작하였다 – 이 핑계를 대는 사람 중의 한 사람은 가봐야 한다고 자기 자신의 의지적인 선택으로 말한다. 다른 한 사람은 어쩔 수 없다는 척 불가피성을 말하면서 가봐야 한다고 말한다. 셋째 사람은 잔치에 갈 수 없다는 불가능을 말한다.[34] 이 사람들 모두는 누가복음 14장 26절에서 말하는 거룩한 미워함(holy hatred)이 부족한 사람들이다. 이 사람들은 자기들이 합법적으로 가지고 있다고 하는 것들 때문에 다 멸망할 것이다. 나는 가봐야만 한다 – 아주 시급하다고 하는 세상적인 일들은 하필이면 하나님께서 값없이 거저 구원을 주실 바로 그때 종종 일어난다.

21 그 종이 돌아와서 이것을 그대로 자기 주인에게 일렀다 – 이처럼 사역자들도 자기의 설교를 듣는 사람들의 순종과 불순종 행위를 기도 중에 낱낱이 주님 앞에 내놓아야만 한다.

23 억지로라도 데려다가 채워라 – 모든 사랑의 폭력을 사용해서, 하나님 말씀의 권능으로. 그리스도와 그분의 사도들은 종교적인 문제에서는

오로지 이러한 강요만을 사용했다.

24 "가라"는 말씀에 대하여는 누가복음 14장 23절을 보라.

26 누구든지 내게로 오는 사람은 자기 아버지를 미워하지 않으면 - 그리스도와 비교해 보았을 때.[35] 그렇다. 실제로 자기의 밭, 소, 아내 등 모든 것이 그분과의 경쟁 관계에 놓이게 될 때는 그분께서도 친히 그것들을 미워하셨듯이 우리도 그것들을 부인해야 한다(마 10:37).

28 너희 가운데서 누가 망대를 세우려고 하면 - 즉, 너희 가운데 누가 나를 따르려고 하면 먼저 이러한 것들을 진지하게 계산해보아야 한다.

31 다른 임금 - 이것이 이 세상의 임금을 가리키는 것은 아닐까? 분명히 이 세상 임금들은 자기 군사들을 많이 거느리고 있다. 그의 자녀들과 하인들이 얼마나 많은가![36]

33 그러므로 - 자신의 적군 상대하기를 두려워하여 전령을 보내어 화친하려고 하는 이 사람처럼 자기가 가진 모든 것을 포기하지 않는 사람은 누구나 - 이 세상의 모든 것에 대해 애착을 버리고 포기하려고 하지 않는 사람은 누구나. 이 세상의 것들을 누리되 오직 그 세상 것들이 자신을 하나님께로 인도하는 데 도움이 되는 만큼만 누리려고 하지 않는 사람은 누구나. 또한 이 세상의 것들을 누리되 그것들이 자신을 하나님께로 인도해주는 방식으로만 그리고 하나님 안에서 오직 하나님만을 위해서 누림으로써 이 세상의 것들을 포기하려고 하지 않는 사람은 누구나. 이런 식으로 이 세상의 것들을 미워하며 포기하는 행동을 하지 않는 사람은 누구나. 내 제자가 될 수 없다 - 이런 사람은 분명히 그 망루 건축을 그만둘 것이며, 믿음의 선한 싸움을 견뎌낼 수도 없을 것이다.

34 소금 - 모든 그리스도인을 가리킨다. 특히 모든 사역자를 가리킨다(마 5:13; 막 9:50).

역자 해설

사람들은 흔히 오는 정이 있어야 가는 정이 있다고 말합니다. 주거니 받거니 하는 것은 사람이 살아가면서 느낄 수 있는 삶의 맛이기도 하며, 이런 정이 오가는 문화는 참으로 좋은 것입니다. 그런데 오가는 정이라는 것에 셈이 끼어들기 시작하면 이 정은 더 이상 정이라고 할 수 없고 거래가 됩니다. 사랑은 어떤 조건도 달지 않고 상대방에게 베푸는 호의인데, 사람은 본성적으로 이기적인 존재라 남을 위해 무엇을 하면 자그마한 대가라도 기대하기 마련입니다. 예수님께서 산상수훈을 통해 오른손이 하는 일을 왼손이 모르도록 하라고 가르치셨고(마 6:3), 사람들로부터의 칭찬을 기대하지 말고 은밀한 중에 보시는 하늘 아버지의 보상을 기대하라고 하셨습니다(마 6:4). 그러나 하나님은 당장 우리 눈에 안 보이지만 사람들은 보이기 때문에 우리는 종종 보이지 않는 하나님을 신뢰하기보다는 당장 눈앞에 보이는 사람들의 박수와 칭찬을 선호합니다.

그래서 사랑을 한다고 하지만, 순수한 사랑을 하는 것이 얼마나 어려운지 모릅니다. 오죽하면 사도 바울께서도 내 몸을 불사르게 내어줄지라도 그것이 사랑이 아닐 수 있음을 간파했습니다(고전 13:3). 남을 위해 목숨을 내어주는 것보다 더 큰 사랑은 없지만(요 15:13), 그것이 사랑의 행위가 아닐 수 있다는 겁니다. 남을 위해 목숨까지 내어주었는데 어떻게 이것이 사랑이 아닐 수 있다는 말입니까? 그러나 바울의 말처럼 사랑이 아닐 수 있습니다. 그런 행동을 하면서 우리 맘속에 조금이라도, 한순간이라도 공명심이나 자랑하는 마음이 생긴다면, 예수님께서 말씀하신 것처럼 우리는 이미 상을 받은 것입니다(마 6:2).

주거니 받거니 계산하는 행동은 사실 예수님 당시 그리스 로마의 문화였습니다. 내가 누구에게 좋은 것을 하면 상대방은 반드시 그것을 갚아야 합니다. 돈 많은 사람은 가난한 사람에게 자선을 베풀고, 그 호의를 입은 사람은 많은 사람 앞에서 그 사람의 선행을 널리 알려서 그의 체면을 세워주고 명예를 얻도록 해줘야 합니다. 그래서 가난한 사람들은 아예 매일 이 집 저 집 부잣집을 돌아다니면서 문 앞에 진을 치고 앉아 음식도 얻어먹고 필요한 것을 얻기도 했습니다. 그리고 여기저기 다니면서 자기에게 떡을 던져준 사람의 덕을 칭송했습니다. 부자든 가난한 사람이든 서로 주거니 받거니 하며 자신의 몫을 다 챙겼습니다. 이것이 2천 년 전 당시 신약성서의 세계였습니다.

그러나 예수님께서는 그것을 금지하십니다. 행여 남을 대접하게 되거든 갚을 능력이 없는 사람에게 호의를 베풀라고 하십니다(7-14절). 예수님은 지금 가난한 사람에게 호의를 베풀고 그들에게 호의는 기대하지 말되 명예나 칭찬은 기대하라는 식의 가르침을 주시는 것이 아닙니다. 상대방이 부자이든 가난한 사람이든 상관없이 그들에게 호의를 베풀었으면 그것으로 끝내라는 가르침입니다. 이런 가르침은 당시 모든 사람이 당연하게 생각하고 행동하던 주고받는 관습에 정면으로 도전하는 것이었습니다. 예수님의 이런 가르침은 당시 사람들에게 그다지 환영받지 못한 가르침이었습니다.

사람이라는 존재는 당장 내 눈앞에 어떤 이득이 떨어질 때나 당장은 아니더라도 언젠가 먼 훗날 내가 쌓은 공덕이 내게 돌아올 것을 기대할 만할 때 남에게 선행합니다. 당장은 순수한 마음으로, 어떤 것을 기대하지 않고 했다고 할지라도 어느 정도 시간이 지나면 마음속에서 은근히 어떤 보상에 대한 기대감이 스멀스멀 올라오는 것이 일반적입니다. 그러나 예수님은 그런 세상의 세계관을 거부하라고 가르치십니다. 왜냐하면 그것은 궁극적으로 볼 때 보이지 않는 하나님을 신뢰하기보다는 당장 내 눈에 보이는 맘몬을 더 의지하는 것이기 때문입니다. 그래서 예수님은 하나님 나라의 새로운 법칙을 소개하면서 그 나라의 삶의 방식으로 들어오라고 초대하십니다.

하지만 사람들은 그 초대를 거부하려고 합니다(16-24절). 그래서 별의별 핑계를 다 대면서 그 나라로 들어가려 하지 않습니다. 잔치 일정은 이미 오래전에 잡혔고, 초대장도 이미 오래전에 돌렸습니다. 종들은 당시 관습대로 잔치 시간이 임박해서 손님을 모시러 갑니다. 그러나 그들은 납득할 수 없는 핑계를 대면서 초대를 거절합니다. 그들에게는 오래전에 예약된 잔치보다 밭 구경 가는 것과 새로 산 소를 한번 시험해보는 것이 더 가치 있는 일입니다. 이미 오래전에 잔치 일정은 잡혔고, 그 초대장에 이미 가겠다는 응답을 했습니다. 그러나 그 잔치에 가겠다는 약속은 그다지 중요하게 생각하지 않았기에 그 잔치 일정을 무시하고 자기 결혼식 날짜를 잡았습니다. 그리고 심부름꾼이 이제 잠시 후에 잔치가 시작된다고 말하려고 찾아오자 그제야 자기가 결혼하게 되어 못 간다고 핑계를 댑니다. 애초부터 잔치에 갈 맘이 없었던 것이지요.

주님께서 부르신 그 길은 사람들이 보기에 어리석은 길입니다(고전 1:23). 그 길은 그들이 보기에 무가치하고 너무나 하찮아서 하겠다고 그냥 대충 말로는 얼버무리고 실제로는 까마득하게 잊어버려도 아무런 상관이 없는 그런 길입니다. 자신이 가진 계산기를 두드려볼 때 그 길은 투자

가치가 없어서 뒤돌아서 다른 선택을 하러 가는 사람이 너무 많은 그런 길입니다(25-33절). 그러나 그 험한 길, 좁은 문이 우리를 생명으로 인도해주는 길입니다(마 7:13-14).

누가복음 15장

¹ 세리들과 죄인들이 모두 예수의 말씀을 들으려고 그에게 가까이 몰려들었다. ² 바리새파 사람들과 율법학자들은 투덜거리며 말하였다. "이 사람이 죄인들을 맞아들이고, 그들과 함께 음식을 먹는구나." ³ 그래서 예수께서는 그들에게 이 비유를 말씀하셨다. ⁴ "너희 가운데서 어떤 사람이 양 백 마리를 가지고 있는데, 그 가운데서 한 마리를 잃으면, 아흔아홉 마리를 들에 두고, 그 잃은 양을 찾을 때까지 찾아 다니지 않겠느냐? ⁵ 찾으면, 기뻐하며 자기 어깨에 메고 ⁶ 집으로 돌아와서, 벗과 이웃 사람을 불러모으고, '나와 함께 기뻐해 주십시오. 잃었던 내 양을 찾았습니다' 하고 말할 것이다. ⁷ 내가 너희에게 말한다. 이와 같이 하늘에서는, 회개할 필요가 없는 의인 아흔아홉보다, 회개하는 죄인 한 사람을 두고 더 기뻐할 것이다." ⁸ "어떤 여자에게 드라크마 열 닢이 있는데, 그가 그 가운데서 하나를 잃으면, 등불을 켜고, 온 집안을 쓸며, 그것을 찾을 때까지 샅샅이 뒤지지 않겠느냐? ⁹ 그래서 찾으면, 벗과 이웃 사람을 불러모으고 말하기를 '나와 함께 기뻐해 주십시오. 잃었던 드라크마를 찾았습니다' 할 것이다. ¹⁰ 내가 너희에게 말한다. 이와 같이 회개하는 죄인 한 사람을 두고, 하나님의 천사들이 기뻐할 것이다." ¹¹ 예수께서 말씀하셨다. "어떤 사람에게 아들이 둘 있는데 12 작은 아들이 아버지에게 말하기를 '아버지, 재산 가운데서 내게 돌아올 몫을 내

게 주십시오' 하였다. 그래서 아버지는 살림을 두 아들에게 나누어 주었다. **13** 며칠 뒤에 작은 아들은 제 것을 다 챙겨서 먼 지방으로 가서, 거기서 방탕하게 살면서, 그 재산을 낭비하였다. **14** 그가 모든 것을 탕진했을 때에, 그 지방에 크게 흉년이 들어서, 그는 아주 궁핍하게 되었다. **15** 그래서 그는 그 지방의 주민 가운데 한 사람을 찾아가서, 몸을 의탁하였다. 그 사람은 그를 들로 보내서 돼지를 치게 하였다. **16** 그는 돼지가 먹는 쥐엄 열매라도 좀 먹고 배를 채우고 싶은 심정이었으나, 그에게 먹을 것을 주는 사람이 없었다. **17** 그제서야 그는 제정신이 들어서, 이렇게 말하였다. '내 아버지의 그 많은 품꾼들에게는 먹을 것이 남아도는데, 나는 여기서 굶어 죽는구나. **18** 내가 일어나 아버지에게 돌아가서, 이렇게 말씀드려야 하겠다. 아버지, 내가 하늘과 아버지 앞에 죄를 지었습니다. **19** 나는 더 이상 아버지의 아들이라고 불릴 자격이 없으니, 나를 품꾼의 하나로 삼아 주십시오.' **20** 그는 일어나서, 아버지에게로 갔다. 그가 아직도 먼 거리에 있는데, 그의 아버지가 그를 보고 측은히 여겨서, 달려가 그의 목을 껴안고, 입을 맞추었다. 21 아들이 아버지에게 말하였다. '아버지, 내가 하늘과 아버지 앞에 죄를 지었습니다. 이제부터 나는 아버지의 아들이라고 불릴 자격이 없습니다.' **22** 그러나 아버지는 종들에게 말하였다. '어서, 가장 좋은 옷을 꺼내서, 그에게 입히고, 손에 반지를 끼우고, 발에 신을 신겨라. **23** 그리고 살진 송아지를 끌어내다가 잡아라. 우리가 먹고 즐기자. **24** 나의 이 아들은 죽었다가 살아났고, 내가 잃었다가 되찾았다.' 그래서 그들은 잔치를 벌였다. **25** 그런데 큰 아들이 밭에 있다가 돌아오는데, 집에 가까이 이르렀을 때에, 음악 소리와 춤추면서 노는 소리를 듣고, **26** 종 하나를 불러서, 무슨 일인지를 물어 보았다. **27** 종이 그에게 말하였다. '아우님이 집에 돌아왔습니다. 건강한 몸으로 돌아온 것을 반겨서, 주인 어른께서 살진 송아지를 잡으셨습니다.' **28** 큰 아들은 화가 나서, 집으로 들어가려고 하지 않았다. 아버지가 나와서 그를 달랬다. **29** 그러나 그는 아버지에게 대답하였다. '나는 이렇게 여러 해를 두고 아버지를 섬기고 있고, 아버지의 명령을 한 번도 어긴 일이 없는데, 나에게는 친구들과 함께 즐기라고, 염소 새끼 한 마리도 주신 일이 없습니다. 30 그런데 창녀들과 어울려서 아버지의 재산을 다 삼켜 버린 이 아들이 오니까, 그를 위해서는 살진 송아지를 잡으셨습니다.' 31 아버지가 그에게 말하였다. '얘야, 너는 늘 나와 함께 있으니 내가 가진 모든 것은 다 네 것이다. 32 그런데 너의 이 아우는 죽었다가 살아났고, 내가 잃었다가 되찾았으니, 즐기며 기뻐하는 것이 마땅하다.'"

웨슬리와 함께 읽기

1 모든 세리들 - 즉, 그 자리에 있던 모든 사람. 우리 주님께서는 갈릴리의 이방인 지역에 있는 어느 마을에 계신 것처럼 보인다. 이후로 그분께서는 예루살렘을 향해 가신다(눅 17:11).

3 그가 말씀하셨다 - 같은 의미가 있는 세 개의 비유를. 양, 금화 그리고 잃어버린 아들, 이 모두는 하나님께서 죄인들을 영접하시는 방식에 대해 선포하고 있다(이것은 바리새인들이나 율법학자들의 방식과는 정반대이다).

4 아흔아홉 마리를 들에 두고 - 그것들이 풀을 뜯던 곳에. 우리 영국인들도 그러하듯이, 유대인들은 경작하지 않은 땅을 가리켜서 광야나 사막이라고 불렀다. **찾아다니지** - 잃어버린 영혼을 되찾기 위해서 하나님은 노동자처럼 애쓰신다. 그렇다면 우리도 이 모습을 통해 죄 가운데 빠진 영혼을 그대로 내버려 두는 행동이 그리스도인답지 못한 비인간적인 행동이라는 사실을 배울 수 있지 않겠는가!(마 18:12).

7 기뻐할 것이다 - 장엄하고 축제와 같이 들뜬 **하늘에서의 기쁨** - 첫째로 복되신 우리 주님께서 친히 그리고 천사들과 의인들의 영혼이 (어쩌면 하나님께서 친히 그들에게 알려주시거나 혹은 그들을 섬기는 천사들이 소식을 알려주어서) 기뻐할 것이다. **죄인 한 사람** - 상스럽고 악당이라고 온통 소문이 자자하게 퍼

진 악명 높지만 이제 **회개한 죄인** – 즉, 마음과 삶에 완전한 변화를 받은. **의인 아흔아홉보다** – 그들에 비해서 조금 더 의롭고 겉으로 보기에 흠이 없어 보이는 사람들. 그러한 회개가 필요 없는 사람들 – 그들은 자기들이 저지르지 않은 죄에 대해서는 회개할 필요도 없고, 회개할 수도 없다. 요약해서 말하자면 허랑방탕한 삶을 살던 아들이, 완전히 잃어버린 줄 알았던 아들이 이제 자기가 무엇을 해야 하는지 깨닫고 온전히 정신을 차리고 돌아왔을 때 아버지가 기뻐하듯이, 하늘에 있는 천사들도 이렇게 포기했던 죄인들이 회개하고 돌아올 때 크게 기뻐한다. 어떤 물건을 손에 쥐고 있을 때는 그 물건에서 큰 만족을 누리지 못하지만, 그 물건을 잃어버려서 영영 못찾을 줄로만 알았다가 다시 찾았을 때는 비로소 그 물건의 소중한 가치를 느끼고 그 물건에서 큰 만족을 누리는 것처럼, 하늘에서도 영영 잃어버렸다고 포기했던 죄인이 회개하고 돌아왔을 때 큰 기쁨이 있다. 하나님께서도 친히 그들을 속히 용서하시고 영접하셔서 그 기쁨을 누리려고 하신다.

12 내게 돌아올 몫을 내게 주십시오 – 이 모든 죄의 뿌리를 보라! 우리 자신을 하나님과는 아무런 상관도 없이 마음대로 하려고 하는 욕망을 보라!

13 먼 지방으로 가서 – 하나님으로부터 멀리 떠나서. 그의 머릿속 어디에도 하나님은 없다. **그 재산을 낭비하였다** – 자기가 받았던 모든 은혜를.[37]

14 그는 아주 궁핍하게 되었다 – 그가 누리던 세상의 모든 쾌락은 떨어져 나가고, 결국 그는 자신에게 정말로 좋은 것이 부족하다는 사실을 깨닫기 시작했다.

15 그래서 그는 그 지방의 주민 가운데 한 사람을 찾아가서, 몸을 의탁하

였다 – 마귀나 그의 자녀들 가운데 하나, 즉 하나님과는 거리가 먼 나라의 백성에게. **그는 그를 보내서 돼지를 치게 하였다** – 그는 죄악의 가장 천한 고역스러운 일을 하도록 고용되었다.

16 **그는 돼지가 먹는 쥐엄 열매라도 좀 먹고 배를 채우고 싶은 심정이었으나** – 그는 이 세상이 주는 위로에 기꺼이(fain) 만족하려고 하였다. 헛되고(vain), 쓸모없는 헛수고일 뿐인데!

17 **그는 제정신이 들어서** – 그때까지 그는 제정신이 아니었다. 이 세상에 살 동안 하나님이 없이 살아가는 사람들은 바로 제정신이 아닌 사람들이다.

18 **내가 일어나 아버지께로 돌아가서** – 진정한 회개의 첫걸음이 무엇인지 이 얼마나 정확하게 보여주는 구절인가! **하늘을 거슬러** – 즉, 하나님을 거슬러.

20 **그는 일어나서 아버지에게로 갔다** – 그가 결심하는(resolved) 순간 문제를 해결하기(resolution) 시작하는 것이다. 그가 아직도 먼 거리에 있는데, **그의 아버지가 그를 보고** – 굶주리고 헐벗은 채로 돌아오는 아들을.

22 **그러나 아버지는 말하였다** – 그 아들이 말하려고 생각해 두었던 말을 마저 끝마치기도 전에 말을 가로채면서. 하나님께서는 우리가 진실한 마음으로 회개할 때 이 아버지처럼 그 자리에서 속히 용서하심으로써 자신의 사랑을 보여주신다.

23 **즐기자**(merry) – 이 구절뿐만 아니라 이런 표현이 나오는 신약과 구약 성경에서 이 단어는 결코 경망스러운 것을 가리키는 것이 아니라 도리어 견고하고 진지하며, 경건하고 마음에서 우러나오는 기쁨(joy)을 가리킨다. 지금으로부터 약 200년 전에 우리의 성경이 번역되었을 때 이 단어도 바로 그런 의미의 단어였다.[38]

25 큰아들은 누가복음 15장 2절에서 언급된 바리새인과 율법학자들을 가리키는 것으로 보인다.

27 **당신의 아버지께서 살진 송아지를 잡으셨습니다** – 아마도 이 사람은 노랫소리나 춤추는 모습과 더 밀접한 관계가 있는 것으로서 옷이나 반지보다는 이것을 생각했던 것 같다.

28 **그는 화가 나서 들어가려고 하지 않았다** – 우리도 이처럼 얼마나 화를 잘 내는가!

29 **보십시오, 나는 여러 해를 두고 당신을 섬겼습니다** – 그래서 그는 누가복음 15장 7절에서 언급된 사례 중의 하나였다. 그러므로 우리는 이 비유가 앞에서 언급되었던 그 말씀을 얼마나 잘 확인해주고 있는지 알 수 있다. 그러나 **나에게는 친구들과 함께 즐기라고, 염소 새끼 한 마리도 주신 일이 없습니다** – 아마도 하나님은 회개의 슬픔을 느끼지 못하는 사람들에게는 큰 기쁨을 주지 않으시는 것 같다.

31 **너는 늘 나와 함께 있으니 내가 가진 모든 것은 다 네 것이다** – 사람들은 종종 하나님께서 정말 못된 죄인을 너그럽게 용서해주시면 그것이 못 마땅해서 투덜거리는데, 이 구절의 말씀은 이런 투덜거림이 왜 잘못된 것인지 보여주는 매우 설득력있는 반론이 된다. 아버지가 작은아들을 받아들였다고 해서 큰아들이 유산을 못 물려받는 것은 아니다. 마찬가지로 하나님께서 악명 높은 죄인들을 영접해주신다고 해서 그분을 항상 섬겨왔던 사람들에게 어떤 손해가 생기는 것은 아니다. 하나님을 항상 섬겨오던 사람들이 전체적으로 보았을 때 내적 외적으로 거룩함의 진보를 이루었다고 한다면, 하나님께서는 설령 그 죄인들을 영접하신다고 하더라도 이 거룩한 진보를 이룬 사람들이 받을 영예만큼은 그들을 높여주시지는 않을 것이다.[39]

32 너의 이 아우는 죽었다가 살아났고 - 주의 깊지 못한 독자들은 영감으로 기록된 말씀들 안에 들어있는 이와 같은 수천 개의 섬세한 손길들을 느끼지 못하고 놓친다. 누가복음 15장 30절에서 큰아들은 무례하고도 점잖지 못하게 "이 당신의 아들"이라고 말한다. 그러나 아버지는 부드럽게 대답하면서 그 아들을 훈계한다. 그리고 부드럽게 다음과 같이 말한다. **너의 이 아우** - 이 표현은 가장 선한 사람이라 할지라도 가장 사악한 죄인조차 여전히 자신의 형제로 여겨야 한다는 것을 말해주는 놀라운 가르침이다. 또한 이 구절은 그 죄인들이 돌아오려는 어떤 모습을 보일 때 그가 이러한 관계에 있는 사람이라는 사실을 특별히 기억해야 한다는 것을 말해준다. 우리 주님께서는 이 비유를 통해서 유대인들이 이방인들을 받아들이는 것(그 당시에는 이 문제에 대해 사람들은 진지하게 고민조차 하지 않았었다)에 대해서 투덜거릴 이유가 하나도 없다는 것을 말씀해주실 뿐만 아니라, 만약에 바리새인들이 정말로 자기들이 생각하는 것처럼 스스로 선한 사람이라고 한다면 그들은 진심으로 회개하는 사람들을 친절하게 대해주는 것에 대해서 불평할 어떤 이유도 없다는 것을 보여주고 계신다. 이런 식으로 그분께서는 심지어 그들 자신의 법칙에 의해서도 자신들이 정죄를 받도록 하시며, 이에 대해서 그들은 어떤 할 말도 없게 된다. 우리는 이 비유를 통해서 죄인들이 본질에서 어떠한 상태에 있으며 어떠한 행동을 보이는지 그 생생한 모습을 볼 수 있다. 이렇게 그들은 위대하신 우리 모두의 아버지 사랑을 덧입고도 배은망덕하게도 그분으로부터 멀리 달아난다(눅 15:12). 그들은 하나님께서 주시는 모든 은혜를 다 낭비하기까지 감각적인 쾌락을 열심히 찾아다닌다(눅 15:13). 그들이 이렇게 하는 동안 그들의 마음속에는 하나님에 대한 어떠한 진지한 생각도 찾아볼 수 없다. 심지어 고난이 자신들에게 닥쳐

오더라도(눅 15:14) 그분의 섭리에 따라 주어지는 하나님의 은혜가 그들이 그분께로 돌아오고자 하는 생각이 들도록 설득하기 전에는 결코 변하려고 하지 않는다(눅 15:15-16). 그들은 헐벗고, 궁핍하고, 엉망진창인 자신들의 모습을 보았을 때 비로소 다시금 이성적으로 생각하기 시작한다(눅 15:17). 그제야 비로소 그들은 자신들이 내동댕이쳤던 축복을 기억하고, 자신들이 초래했던 비참한 모습을 되돌아본다. 그리고 그제야 그들은 자기 아버지께로 돌아올 결심을 하고, 그 결심을 실행으로 옮긴다(눅 15:18-19). 그들이 하나님으로부터 발견하게 되는 은혜로운 영접하심, 그 상처받은 선하심을 놀라움과 기쁨으로 바라보라! 그런 탕자가 자기 아버지께로 돌아왔을 때, 그분은 멀리서 그를 보신다(눅 15:20). 그 아버지는 그를 불쌍히 여겨서 그를 맞이하고 포옹한다. 그리고 탕자가 감사의 인사를 올릴 때 그가 돌아온 것을 기뻐하여서 그의 말을 끊는다(눅 15:21). 아버지는 그에게 내적인 거룩함과 외적인 거룩함으로써 구속자의 의라는 옷을 입히신다. 아버지는 자기의 모든 성결하게 하는 은혜를 이용하여 그를 치장해주신다. 그리고 그는 다시 자녀로 삼으시는 사랑의 표식으로써 그를 영화롭게 해주신다(눅 15:22). 그분은 이 모든 것을 말로 다 할 수 없는 기쁨으로, 잃어버렸던 아들을 이제 다시 찾은 것에 대한 기쁨으로 하신다(눅 15:23-24). 어떤 큰아들이라도 이렇게 부어주시는 그분의 사랑에 대해서 투덜거리지 못하게 하라. 도리어 탕자가 다시 가족으로 돌아온 것을 환영하게 하라. 또한 그렇게 받아들여진 자들이 더는 방황하지 않도록 하라. 도리어 그들이 오랜 세월 동안 하늘 아버지를 섬겼던 자들의 엄격한 경건을 따라 하게 하라. 그리고 그분의 계명을 더는 어기지 않도록 하라.

역자 해설

　누가복음 15장은 비유 중의 비유, 최고의 비유로 유명한 '돌아온 탕자'의 비유가 있는 장입니다. 이 비유는 많은 사람으로부터 오랜 세월 사랑받아왔습니다. 이 비유를 떠올리면 마음에 큰 위로를 받고 언제 어디서나 하나님의 품으로 안기고 싶은 마음이 생깁니다. 이 15장은 세 개의 시리즈 비유가 자리 잡고 있는데, 1) '길잃은 양 한 마리 비유'(4-7절), 2) '동전을 찾는 여인의 비유'(8-10절) 그리고 3) '돌아온 탕자의 비유'(11-32절)입니다. 세 개 비유의 도입은 바리새인들의 수군거림에서 시작합니다. 예수님께서 죄인들과 어울리는 모습을 보고 그것이 영 못마땅했던 바리새인과 율법학자들이 흉을 봅니다(1-2절). 그래서 예수님께서 위 세 개의 비유를 말씀하십니다.

　그렇다면 이 세 개의 비유는 심기가 불편한 유대 지도자들에게 들으라고 하신 비유겠지요. 1)~3) 비유는 문학적으로 볼 때 점층법을 사용합니다. 양 1/100마리, 동전 1/10개, 1/2 아들. 1%, 10%, 50%로 점점 강도가 세지고 집중됩니다. 둘째로 이 세 개의 비유에 공통된 단어가 있습니다. 그것은 "잃었다"(4, 8, 24/32절), "찾았다"(5, 9, 24/32절) 그리고 "기뻐하다"(5-7, 9-10, 32절)입니다. 즉, "잃어버렸고, 그래서 열심히 찾았고, 찾고 나니 참 기쁘다"는 것입니다. 셋째로 이 세 비유가 공통된 점이 또 있는데, '기쁨의 공유'입니다. 양을 찾고 나니 너무 기뻐서 친구와 동네 사람들을 불러 모아 기쁨을 나눕니다(6절). 여인도 동전을 찾고 난 후 친구와 동네 사람들을 불러 모아 기쁨을 나눕니다(9절). 아버지도 둘째 아들을 찾고 난 후 잔치를 베풉니다(27절).

그런데 이 세 비유 중 마지막 비유는 앞의 두 비유와 차이점이 하나 있습니다. 1), 2)번 비유는 모두 "이와 같이 [하늘에서는 회개할 필요가 없는 의인 아흔아홉보다] 회개하는 죄인 한 사람을 두고 [하나님의 천사들이] 기뻐할 것이다"(7, 10절)라는 비슷한 말로 비유를 마무리합니다. 그런데 3)번 비유는 약간 다릅니다. 3)번 비유는 크게 두 개의 이야기로 구성됩니다. 첫째는 둘째 아들이 집을 나갔다가 패가망신하고 뉘우치고 돌아와서 아버지 품에 안기고, 아버지는 기뻐하며 잔치를 베푸는 이야기입니다(11-24절). 이 부분은 앞의 두 비유의 구조와 비슷합니다. 그런데 탕자의 비유는 뒤에 이야기 하나를 덧붙입니다. 바로 아버지가 집으로 가자고 첫째를 달래는 이야기입니다(25-32절).

즉, 탕자의 비유에는 집을 나간 탕자가 하나가 아니라 둘입니다. 둘째 아들이 집을 나간 집 밖의 탕자라면, 첫째는 집을 안 나갔지만 아버지 품을 떠난 집 안의 탕자입니다. 둘째가 유산을 미리 달라고 했을 때 그 유산을 받은 것은 두 아들 모두입니다(12절). 유대인들은 아버지가 돌아가시기 전에 유산을 미리 받을 수는 있었습니다(물론 이런 아버지는 어리석은 아버지라고 합니다). 그러나 미리 받은 유산은 아버지가 돌아가시기 전에는 절대로 처분할 수 없었습니다. 그런데 둘째는 그 재산을 처분합니다(13절). 지금 둘째의 행동은 버젓이 살아 있는 아버지를 죽은 사람 취급하는 것입니다. 이렇게 둘째는 아버지와의 관계를 끊었습니다. 그리고 나중에 면목이 서지 않자 스스로 아들이 아닌 종으로 자신의 신분을 설정합니다(19, 21절).

첫째도 마찬가지입니다. 다만 가출을 안 했을 뿐이지, 첫째도 아버지와의 관계를 부자 관계로 보지 않습니다. 29절에서 "여러 해를 두고 아버지를 섬긴다"라는 표현이 나오는데, 여기에서 '섬긴다'라는 번역은 사실 원어의 의미를 잘 살리지 못합니다. 이 단어의 원어는 '둘레오', 즉 종노릇 한다는 뜻입니다. 첫째는 아버지와의 관계를 부자 관계가 아닌 주종관계로 설정하고 수년간 스스로 종살이를 했습니다. 두 아들 모두 아버지와의 관계를 끊었습니다.

그러나 아버지는 그 관계를 회복하려 합니다. 그래서 둘째에게 '가장 좋은/이전에 입던' 옷(22절)을 입히고 반지를 끼우고 신을 신깁니다. '가장 좋은 옷'이라는 말의 그리스어 원어는 두 개의 의미를 동시에 가집니다. 가장 좋은 옷이라는 뜻도 되지만, 둘째가 집을 나가기 이전, 즉 아들의 신분이었을 때 입었던 옷도 됩니다. 아들의 자격을 회복하는 겁니다. 종은 맨발이지만, 상속자는 신을 신습니다. 인장 반지는 상속자의 자격을 상징합니다. 여기에서 아버지는 아들의 상속자 자격을 회복시킵니다. 그리고 이웃을 불러 잔치를 열고 이를 만천하에 공표합니다.

아버지의 사랑은 첫째를 향합니다. 토라져서 집에 들어오지 않는 불순종하는 아들은(28절) 돌로 때려죽이는 것이 법입니다(신 21:18-21). 그런데 이 아버지는 자존심도 없는지 그런 아들을 달랩니다. 첫째의 무례함에 아버지는 "얘야"(테크논)라고 부르는데(31절) 이는 매우 사랑스럽고 다정한 표현입니다. 이렇게 불순종하고 스스로 아버지를 떠나 잃어버린 바 된 자식들을 아버지는 기다리고 또 기다립니다. 이 비유의 주인공은 두 아들이 아니라, 이야기 처음부터 끝까지 나오는 아버지입니다. 그래서 이 비유는 '탕자의 비유'라기보다는 '끊임없이 사랑하시는 아버지의 비유'라는 것이 더 맞는 표현입니다.

이 비유는 앞의 두 비유와 달리 끝이 열려있습니다. "즐거워하고 기뻐하는 것이 마땅하지 않겠느냐?"(32절) 이렇게 질문하며 이야기는 끝납니다. 이것은 구약의 요나서와 매우 비슷합니다. 니느웨는 심판의 위기에서 회개하고 돌아옵니다. 그러나 요나는 하나님이 니느웨를 받아주시는 것을 못마땅해합니다. 어쩌면 니느웨는 둘째 아들, 요나는 첫째 아들과 매우 비슷합니다. 게다가 요나서 마지막도(욘 4:10-11) 이 비유의 마지막과 매우 비슷한 방식으로 끝납니다(눅 15:32). 그래서 구약에 요나서가 있다면, 신약에는 탕자의 비유가 있다고 할 수 있습니다.

15장에 나오는 세 개의 비유는 애타게 찾으시는 하나님 그리고 찾았을 때 기뻐하시는 하나님을 그립니다. 우리가 하나님을 떠나 잘못된 길로 나아가 어둠 속에서 울며 헤매고 있을 때 이 비유처럼 우리의 무릎을 다시 일으켜 세우고, 우리의 발걸음을 다시 아버지께로 향하게 하는 비유가 또 있을까요?[40]

누가복음 16장

¹ 예수께서 제자들에게도 말씀하셨다. "어떤 부자가 있었는데, 그는 청지기 하나를 두었다. 그는 이 청지기가 자기 재산을 낭비한다고 하는 소문을 듣고서, ² 그를 불러 놓고 말하였다. '자네를 두고 말하는 것이 들리는데, 어찌 된 일인가? 자네가 맡아보던 청지기 일을 정리하게. 이제부터 자네는 그 일을 볼 수 없네.' ³ 그러자 그 청지기는 속으로 말하였다. '주인이 내게서 청지기 직분을 빼앗으려 하니, 어떻게 하면 좋을까? 땅을 파자니 힘이 없고, 빌어먹자니 낯이 부끄럽구나. ⁴ 옳지, 내가 무엇을 해야 할지 알겠다. 내가 청지기의 자리에서 떨려날 때에, 사람들이 나를 자기네 집으로 맞아들이도록 조치해 놓아야지.' ⁵ 그래서 그는 자기 주인에게 빚진 사람들을 하나씩 불러다가, 첫째 사람에게 '당신이 내 주인에게 진 빚이 얼마요?' 하고 물었다. ⁶ 그 사람이 '기름 백 말이오' 하고 대답하니, 청지기는 그에게 '자, 이것이 당신의 빚문서요. 어서 앉아서, 쉰 말이라고 적으시오' 하고 말하였다. ⁷ 그리고 다른 사람에게 묻기를 '당신의 빚은 얼마요?' 하였다. 그 사람이 '밀 백 섬이오' 하고 대답하니, 청지기가 그에게 말하기를 '자, 이것이 당신의 빚문서요. 받아서, 여든 섬이라고 적으시오' 하였다. ⁸ 주인은 그 불의한 청지기를 칭찬하였다. 그가 슬기롭게 대처하였기 때문이다. 이 세상의 자녀들이 자기네끼리 거래하는 데는 빛의 자녀들보다 더 슬기롭다. ⁹ 그러므로

내가 너희에게 말한다. 불의한 재물로 친구를 사귀어라. 그래서 그 재물이 없어질 때에, 그들이 너희를 영원한 처소로 맞아들이게 하여라. **10** 지극히 작은 일에 충실한 사람은 큰 일에도 충실하고, 지극히 작은 일에 불의한 사람은 큰 일에도 불의하다. **11** 너희가 불의한 재물에 충실하지 못하였으면, 누가 너희에게 참된 것을 맡기겠느냐? **12** 또 너희가 남의 것에 충실하지 못하였으면, 누가 너희에게 너희의 몫인들 내주겠느냐? **13** 한 종이 두 주인을 섬기지 못한다. 그가 한 쪽을 미워하고 다른 쪽을 사랑하거나, 한 쪽을 떠받들고 다른 쪽을 업신여길 것이다. 너희는 하나님과 재물을 함께 섬길 수 없다." **14** 돈을 좋아하는 바리새파 사람들이 이 모든 말씀을 듣고 나서, 예수를 비웃었다. **15** 그래서 예수께서 그들에게 말씀하셨다. "너희는 사람들 앞에서 스스로 의롭다고 하는 자들이다. 그러나 하나님께서는 너희의 마음을 아신다. 사람들이 높이 평가하는 그러한 것은 하나님이 보시기에 혐오스러운 것이다. **16** 율법과 예언자는 요한의 때까지다. 그 뒤로부터는 하나님 나라가 기쁜 소식으로 전파되고 있으며, 모두 거기에 억지로 밀고 들어간다. **17** 율법에서 한 획이 빠지는 것보다, 하늘과 땅이 없어지는 것이 더 쉽다. **18** 자기 아내를 버리고 다른 여자에게 장가드는 사람은 간음하는 것이며, 남편에게서 버림받은 여자에게 장가드는 사람도 간음하는 것이다." **19** "어떤 부자가 있었는데, 그는 자색 옷과 고운 베옷을 입고, 날마다 즐겁고 호화롭게 살았다. **20** 그런데 그 집 대문 앞에는 나사로라 하는 거지 하나가 헌데 투성이 몸으로 누워서, **21** 그 부자의 상에서 떨어지는 부스러기로 배를 채우려고 하였다. 개들까지도 와서, 그의 헌데를 핥았다. **22** 그러다가, 그 거지는 죽어서 천사들에게 이끌려 가서 아브라함의 품에 안기었고, 그 부자도 죽어서 묻히었다. **23** 부자가 지옥에서 고통을 당하다가 눈을 들어서 보니, 멀리 아브라함이 보이고, 그의 품에 나사로가 있었다. **24** 그래서 그가 소리를 질러 말하기를 '아브라함 조상님, 나를 불쌍히 여겨 주십시오. 나사로를 보내서, 그 손가락 끝에 물을 찍어서 내 혀를 시원하게 하도록 하여 주십시오. 나는 이 불 속에서 몹시 고통을 당하고 있습니다' 하였다. ²⁵ 그러나 아브라함이 말하였다. '애야, 되돌아보아라. 네가 살아 있을 동안에 너는 온갖 호사를 다 누렸지만, 나사로는 온갖 괴로움을 다 겪었다. 그래서 그는 지금 여기서 위로를 받고, 너는 고통을 받는다. ²⁶ 그뿐만 아니라, 우리와 너희 사이에는 큰 구렁텅이가 가로 놓여 있어서, 여기에서 너희에게로 건너가고자 해도 갈 수 없고, 거기에서 우리에게로 건너올 수도 없다.' ²⁷ 부자가 말하였다. '조상님, 소원입니다. 그를 내 아버지 집으로 보내 주십시오. ²⁸ 나는 형제가 다섯이나 있습니다. 제발 나사로가 가서 그들에게 경고하여, 그들만은 고통 받는 이 곳에 오지 않게 하여 주십시오.' ²⁹ 그러나 아브라함이 말하였다. '그들에게는 모세와 예언자들이 있으니, 그들의 말을 들어야 한다.' ³⁰ 부자는 대답하였다. '아닙니다. 아브라함 조상님, 죽은 사람들 가운데서 누가 살아나서 그들에게로 가야만, 그들이 회개할 것입니다.' ³¹ 아브라함이 그에게 대답하였다. '그들이 모세와 예언자들의 말을 듣지 않는다면, 죽은 사람들 가운데서 누가 살아난다고 해도, 그들은 믿지 않을 것이다.'"

웨슬리와 함께 읽기

1 **그분께서 다시 자기 제자들에게 말씀하셨다** - 지금까지 말씀하셨던 율법학자들이나 바리새인들에게 뿐만 아니라, 젊거나 나이 든 형제들 모두에게. 이제 예수의 제자가 된 돌아온 탕자들에게. **어떤 부자가 청지기 하나를 두었다** - 그리스도께서는 여기에서 하나님의 은혜를 입은 모든 사람, 특히 용서받은 죄인들에게 자신들에게 주어진 것에 대해 지혜롭게 처신할 것을 가르치신다.

3 **빌어먹자니 낯이 부끄럽구나** - 그러나 사기 치는 것은 부끄러워하지 않는구나! 도리어 이런 것을 자랑스럽게 생각하는구나! "사람들은 영예라고 말하지만, 천사들은 그것을 교만이라고 말한다."

4 **알겠다** - 즉, 무엇을 해야 할지 결정했다.

8 **주인은 그 불의한 청지기를 칭찬하였다** - 말하자면 그 청지기가 적절한 때에 미리 주의를 기울였기 때문에. 그래서 이런 하인의 부정직함이 혐오스러운 것이기는 하다. 하지만 이생의 이익에 관해 그가 가진 선견지명, 관심 그리고 계략은 다른 종류의 더욱 중요한 일과 관련해서는 우리가 본받을만한 가치가 있는 모습이다.[41] **이 세상의 자녀들** - 이 세상의 것 이외에는 어떤 것에도 관심을 두지 않는 자들. **더 슬기롭다** -

절대로 그렇지 않다. 왜냐하면 그들 모두는 지독한 바보들이기 때문이다. 그러나 그들은 자기 자신들에 대해서는 더욱 꾸준한 모습을 보인다. 그들은 자기들의 법칙에는 누구보다도 신실하다. 그들은 자신들의 목적을 그 누구보다도 꾸준하게 추구한다. 그들은 **자기들의 세대에서는 더욱 똑똑하다** – 즉, 자기들의 방식에서는 **빛의 자녀들보다 더 똑똑하다** – 하나님의 자녀들, 즉 하나님의 빛이 마음속에 비추는 자보다.

9 그러므로 내가 너희에게 말한다 – 비록 달란트가 적다고 하더라도 하나님께서 일을 맡기신 선한 청지기가 돼라. 맘몬은 부나 돈을 뜻한다. 이것은 불의의 맘몬이라고 불리는데, 재물이라는 것은 일반적으로 그런 식으로 획득되거나 사용되기 때문이다. 모든 할 수 있는 선한 일을 함으로써, 특히 하나님의 자녀들에게 선한 일을 함으로써 재물로 친구를 만들어라. 그러면 여러분이 실패할 때, 여러분의 육신과 여러분의 마음이 넘어질 때, 이 세상의 장막이 사라질 때 어떤 사람들은 이런 것을 받기도 전에 죽어서 떠나버리기도 했지만, 여러분을 영원한 집으로 맞아들일 것이다.

10 여러분이 가진 것이 많든 적든 상관없이, 여러분이 신실하고도 지혜로운 청지기인지 잘 살펴보라. 가장 보잘것없는 이 세상의 물질에 충실한 사람은 더욱 고귀한 성질의 것들에도 충실하다. 만일 그가 가장 보잘것없는 은사에 충실하지 못하다면, 그 사람은 영적인 일에 대해서도 충실하지 못하다.

11 누가 너희에게 참된 것을 맡기겠느냐 – 어떻게 하나님께서 너희에게 참되고도 유일한, 영적이고 영원한 재물을 맡기겠는가?

12 남의 것에 충실하지 못하였으면 – 이 세상에서 사라질 그 어떤 것도 당신의 것이 아니다. 여러분은 소유자가 아니라 그저 그것들을 관리하

는 청지기일 따름이다. 만물의 소유주는 하나님이시다. 그분께서는 잠깐 그것들을 여러분의 손에 맡기신다. 그렇다고 해도 여전히 그것들은 그분의 소유이다. 부유한 자들이여, 이것을 이해하고 잘 생각하라! 만약에 여러분의 청지기가 여러분의 땅(사람들은 이렇게 지칭한다) 중에서 일부를 여러분이 지시한 것 이상으로 혹은 다른 방향으로 그것을 사용한다면, 그 사람은 악당이다. 그 사람은 양심도 명예도 없는 사람이다. 혹시 여러분은 여러분 자신이 아니라 신실하신 하나님 안에 있는 땅의 어떤 일부분이라도 그분께서 지정하신 것 이외에 달리 사용한 적은 없는가? 너희의 몫 – 하늘을 가리키며, 여러분이 이 하늘을 가질 때에 그것은 영원히 그대의 것이 될 것이다.

13 만일 여러분이 하나님과 세상 사이에서 계산하면서 망설이고 있다면, 만일 여러분이 그분 한 분만을 섬기고 있지 않다면, 여러분은 하나님께 대하여 충실할 수 없다(마 6:24).

15 예수께서 그들에게 말씀하셨다. 너희는 사람들 앞에서 스스로 의롭다고 하는 자들이다 – 이 구절 전체의 의미는 너 자신을 의롭다고 하는 그 교만이 탐욕을 먹고 자라며 복음을 훼손하고(눅 16:14), 율법을 파괴한다(눅 16:18)는 것이다. 이 모든 것은 끔찍한 예로 설명되고 있다. 너희는 너희 자신을 사람들 앞에서 의롭다고 한다 – 너희는 자기가 의롭다고 생각하고, 다른 사람들이 그렇게 생각하도록 설득한다.

16 율법과 선지자는 요한의 때까지 힘을 떨쳤다. 그때 이후로 복음이 나타났다. 그리고 겸손하고 올곧은 사람은 말로 다할 수 없는 간절함으로 그 복음을 받았다(마 11:13).

17 복음은 절대로 율법을 파괴하지 않는다(마 5:18).

18 그러나 너희는 한다. 특히 이러한 악명 높은 경우에서는(마 5:31; 19:7).

19 **어떤 부자가 있었는데** - 이 사람은 바리새인일 가능성이 크다. 그리고 사람들 앞에서 자기 자신을 의롭다고 하는 사람일 수도 있다. 아주 정직하고 흠모할 만한 신사일 수도 있다. 그 사람의 이름을 여기에서 언급하는 것은 적절하지 않다. **자색 옷과 고운 베옷을 입고** - 이러한 말을 듣고(그런 옷을 판매한 사람에게서 뿐만이 아니라 그를 아는 대부분 사람으로부터) 이 사람은 틀림없이 자부심이 생겨서 장사도 판을 키우고 자신의 값어치에 따라서 행동했을 것이다. **날마다 호화롭게 잔치를 열었다** - 그 결과로 여전히 자만심이 더 많이 생겼다. 왜냐하면 그렇게 훌륭한 식탁을 열어줄 정도로 자비롭고 너그러운 사람이라는 소리를 들었을 것이기 때문이다.

20 **나자로**(헬라어로 발음하면 이렇다) 혹은 엘르아잘이라고 하는 어떤 거지 하나가 있었다. 이 사람의 이름으로 미루어 볼 때, 비록 그가 이런 꼴이 되긴 했지만 원래 천한 집안 출신은 아니었다. 우리 주님께서 그 당시에 아마도 잘 알려졌을 그의 이름을 숨기실 이유가 없었다. 히브리의 전통에 따르면 그는 예루살렘에 살았다고 한다. 그렇다. **또한 개들이 와서 그의 상처를 핥았다** - 이런 모습을 기록한 이유는 그의 상처가 가려지거나 싸매진 것이 아니라 그냥 드러난 상태로 있었다는 것을 보여주기 위한 것 같다.

22 **그 거지는** - 배고픔과 고통에 지치고 모든 것에 결핍된 결과로 죽게 된 그 거지는. 천사들에게 이끌려(놀라운 장면의 전환이다!) **아브라함의 품에 안기었고** - 유대인들은 천국을 이렇게 표현했다. 이곳은 선한 사람들의 영혼이 죽은 후에 부활할 때까지 머무는 장소이다. **부자도 죽어서 묻히었다** - 비록 우리는 그가 어떤 상태로 죽어서 누워있는지 찾아볼 수는 없지만, 아마도 화려한 모습이었을 것이다. 이것은 어리석고도 생각이

없는 허례허식이다. 불쌍하고 부패한 시체에 대한 충격적인 이와 같은 모욕은 오늘날 우리의 계몽 시대에도 여전히 남아 있다!

23 **그가 아브라함을 멀리서 보고** - 멀리 있는데도 그는 그를 알아보았다. 아브라함의 자녀들은 천국에 모두 모였을 때 서로 알아보지 않겠는가!

24 **아브라함 조상님, 나를 불쌍히 여겨 주십시오** - 부인할 수 없는 사실은 죽은 성인에게 기도하는 것에 대한 성경의 한 사례가 여기에 나온다는 것이다. 그러나 기도하는 사람이 누구인가? 그리고 그가 한 기도가 무슨 소용이 있었던가? 이점을 잘 생각한 사람이라면 누가 이 사람 흉내를 내서 그렇게 하고 싶어 하겠는가?[42]

25 **그러나 아브라함이 말하였다, 아들아** - 육신의 관계로 볼 때는 아들이라 부를 수 있다. 아브라함은 멸망할 영혼까지도 함부로 욕하지 않는다는 사실을, 그러나 살아있는 사람들은 서로를 헐뜯고 있다는 사실을 잘 생각해 볼 필요가 있지 않겠는가? **너는 살아있을 때 온갖 호사를 다 누렸다** - 너는 이 세상의 것들을 너 자신에게 좋은 것으로, 너의 행복으로 삼고 받아들였다. 그런데도 그가 왜 이런 고통을 지금 당하고 있는지 아직도 모르는 사람이 있을까? 이 저주받을 우상숭배는 더는 없다 하더라도 그가 지옥 가장 밑바닥으로 가라앉도록 만드는 데는 부족함이 없다.

26 **그뿐만 아니라, 우리와 너희 사이에는 큰 구렁텅이가 가로 놓여 있어서** - 독자들이여! 그대들은 어느 쪽으로 가려는가?

28 **그들이 이곳으로 오지 않게** - 그는 그들이 받을 치욕이 행여 자기 자신의 고통을 더하게 하지는 않을까 제대로 간파하여서 그것을 두려워하고 있다.[43]

31 **그들은 말을 듣지 않을 것이다** - 진심으로 회개하지 않을 것이다. 왜

나하면 회개는 전적인 마음의 변화를 의미하기 때문이다. 그러나 수천
명의 망령이 되살아나 나타난다고 하여도 달라질 것은 없다. 오직 하나
님만이 자신의 말씀을 이루실 수 있다.

역자 해설

누가복음 16장에는 두 개의 비유가 나옵니다. 첫째가 소위 '불의한 청지기의 비유'이고, 다른 하나는 '부자와 거지 나사로 비유'입니다. 이 두 개의 비유는 서로 긴밀히 연결된 비유라서 서로 같은 맥락에서 읽어야 합니다. 첫째 비유는 예수님의 비유 중에서 가장 어렵기로 유명한 비유이며, 지금도 논란이 많이 되는 이야기입니다. 불의한 청지기의 비유가 어려운 이유는 이 청지기가 악당처럼 보이고, 실제로 하는 행동도 악당 노릇을 하는데, 그가 칭찬을 받기도 하고, 예수님도 이 사람 편을 드시는 것처럼 보이기 때문입니다.

먼저 비유의 범위를 알아볼 필요가 있습니다. 1절에서 시작한 이 비유가 8a절에서 끝나는지 7절에서 끝나는지 논란이 됩니다. 8절에서 퀴리오스(kyrios)는 그 불의한 청지기를 칭찬했는데, 이 퀴리오스(kyrios)가 주인 혹은 주님으로 번역되는 단어이기 때문입니다. 즉, 이야기의 부자 주인이 칭찬했는지, 예수님이 칭찬하셨는지 모릅니다. 그러나 이야기의 흐름을 보면 그리고 이 단어가 비유에서 사용된 흔적을 보면 예수님이 아닌 이야기의 주인이 칭찬한 것이 맞습니다. 그래도 여전히 문제는 해결되지 않습니다. 예수님은 9절에서 불의한 재물로 친구를 사귀라고 가르치시기 때문입니다. 불의한 재물로 친구를 사귀는 행동은 비유에서 청지기가 했던 행동입니다. 그렇다면 예수님은 불의한 청지기의 행동을 옳게 보시는 것이지요.

우리의 딜레마가 여기에 있습니다. 비유에서 청지기는 악당입니다. 주인의 재물을 빼돌렸고(1절), 자격도 없으면서(2절) 남의 돈을 갖고 맘대로 선심을 쓰는 배임 횡령 행위를 하기 때문입니다(5-7절). 그런데 주인은 처음에는 청지기를 쫓아내더니, 그가 더 못된 짓을 하니 도리어 그가 슬기롭다고 칭찬합니다(8절). 그래서 교부 시대부터 사람들은 이 비유가 비록 돈은 좋은 것은 아니지만 그것을 지혜롭게 쓰면 좋다는 식으로 해석했습니다. "불의한 재물로 친구를 사귀라"라고 말씀하신 것을 이렇게 받아들인 것이지요. 즉, 청지기는 악당이지만 그가 칭찬받은 것은 불의한 재물을 가지고 가난한 소작농들을 구제했기 때문에 그의 지혜를 본받아야 한다는 것으로 이 비유를 해석했습니다.

그러나 그런 해석은 부적절합니다. 이런 해석은 마치 성경을 읽을 수만 있다면 초를 훔치는 것은 나쁘지 않다는 식입니다. 목적이 선하면 방법이 악해도 상관없고, 결과만 좋으면 어떤 수단 방법도 상관없다는 걸까요? 그렇지 않습니다. 이것은 누가복음의 예수님 가르침과 어긋나는 해석입니다. 이 비유 해석의 열쇠는 집(4절), 처소(9절)에 있습니다. 청지기는 남의 재물로 보험을 들어놓습니다(4절). 그렇게 돈으로 수를 쓰면 노후 걱정은 필요 없다고 생각합니다. 재물을 의지하는 사람입니다. 빚을 진 사람들은 가난하고 불쌍한 사람이 아닙니다. 그들이 진 빚의 규모는 오늘날 우리 시세로 치면 최소 몇억에서 십억이 넘는 큰 빚입니다. 즉, 그들은 하루 벌어 하루 먹는 빈민이 아니라 사업가들입니다.

이들은 청지기의 급한 처지를 알고 그 틈을 이용해서 자기의 빚을 크게 털어냅니다. 청지기가 빚쟁이들에게 하는 뜬금없는 행동은 뭔가 의심을 사기에 충분합니다. 어쩌면 애초에 이 빚쟁이들이 청지기를 뒷조사해서 주인에게 일러바쳤을지도 모릅니다(1절). 그들은 청지기가 쫓겨나서 자격이 없다는 것도 알고 있었을 수 있습니다. 어쨌든 그들은 지금 청지기의 행동은 비정상적이고 불법적인 행동임을 충분히 눈치챌 수 있습니다. 그런데도 그들은 모른 척하고 탕감 제안을 받아들입니다.

당시 그리스 로마 문화에서는 명예와 수치라는 문화가 있었습니다. 부자는 자기보다 어려운 처지에 있는 사람에게 경제적 혜택을 주고, 혜택을 입은 사람은 반드시 그 부자에게 감사하면서 명예를 높여줘야 합니다. 8절에서 주인은 청지기가 슬기롭게 행동했다고 칭찬합니다. 주인이 청지기의 행동을 어떻게 알았을까요? 아마 탕감을 받은 자들이 와서 감사하다는 둥 어쩌면 그리 자비로우시냐는 둥 온갖 칭찬을 늘어놨을 것입니다. 아마 주인은 그 말을 듣고 당황했겠지요. 그렇다고 "나는 그렇게 한 일이 없네. 청지기 녀석이 나 몰래 그렇게 탕감을 해준 것이고, 그건 불법이니 없던 일로 하고 도로 그 돈을 물어내게!"라고 할 수도 없습니다. 그것은 부자 주인이 스스로 체면을 깎는 일이니까요. 결국 주인은 "자네들 사업이 힘들다는 걸 알고 내가 좀 손을 썼다네. 힘내서 잘 살도록 하게!"라고 하며 마치 사려 깊은 자기가 일부러 한 일인 척하며 생색을 냈겠지요. 그렇게 보면 빚쟁이들도 지혜롭습니다. 부자를 이도 저도 못 하게 궁지로 몰아넣고 경제적 이익을 크게 취했으니 말입니다.

그렇다고 부자가 손해 본 것도 아닙니다. 빚을 그리 크게 내줄 수 있고, 자기 재산을 관리할 회계사를 따로 고용할 정도면 그는 갑부입니다. 그에게 있어서 탕감해준 돈은 그리 큰돈이 아닙니다. 그 돈이 아까워서 그 일을 없던 일로 취소하고 자기 명예를 그 돈과 맞바꾸는 것은 어리석은 일이며, 당시 문화에서는 해서는 안 되는 일입니다. 결국 부자는 돈을 내주고 자기의 명예를 샀고, 빚쟁이들은 부자 앞에서 아부를 떨고 그 대신 경제적 이득을 얻었습니다. 그런데 청지기는 어떤가요? 그는 남의 돈으로 생색내고 자기 직장을 지켰습니다(8절로 미루어볼 때). 소위 손 안 대고 코 푼 셈입니다. 그러니 가장 지혜롭지요.

이것이 '이 세상의 자녀들이 자기네끼리 거래하는 법'(8절)입니다. 이렇게 재물로 속고 속이며 자기 이득을 취하는, 그렇게 하면 모든 것이 다 원하는 대로 이뤄질 것이라 믿으며 사는 것이 이 세상 자녀들이 사는 법입니다. 이런 일에는 빛의 자녀들이 그들의 발뒤꿈치도 못 따라갑니다. 그러니 예수님이 너희들도 저들처럼 살라고 권면하시는 건가요? 아닙니다! 9절에서 예수님은 저들처럼 살면 '영원한 처소'로 들어가게 된다고 하십니다. '처소'라는 단어는 '스케네', 즉 천막입니다. 4절에서 청지기는 그렇게 술수를 부리면 '집', 즉 '오이코스'로 들어가리라 생각합니다. '오이코스'는 우리가 보통 거주하는 튼튼한 집이지만, '스케네'는 캠핑에 가서 하룻밤 자고 다음날 거둬 떠나는 '텐트'입니다. 그런데 예수님은 '영원한' 텐트라고 하십니다. 집은 영원할 수 있어도 영원한 텐트는 없습니다. 즉, 예수님은 이들의 행동을 비꼬시는 겁니다. "너희들이 그렇게 불의한 재물로 친구도 사고 거래를 하면 집을 얻을 수 있다고 생각하지? 천만에! 그래봤자 영원한 텐트를 얻을 거야!"

이 비유를 들은 "돈을 좋아하는" 바리새인들이 예수님을 비웃습니다(14절). 왜 비웃었을까요? 이들이 돈을 좋아하는 사람이라고 했으니, 이 말은 그들이 경제적인 손익 관계에 매우 민감하고 그 손익 계산이 빨랐던 사람이라는 것을 보여줍니다. 즉, 경제적 손실 계산에 빠른 그들이 보기에 부자, 청지기, 빚쟁이들의 거래 방식이 슬기로운 것이고, 예수님의 가르침은 어리석다는 것입니다. 예수님은 재물로 거래하는 비유 속 인물들의 삶의 방식은 실패할 것이라고 말씀하시는데, 돈을 좋아하는 바리새인들이 보기에는 그 인물들이 잘한 것입니다. 이 비유의 메시지는 바로 13절에 있습니다. 하나님을 의지해야지, 부자나 청지기나 빚쟁이들처럼 맘몬을 의지해서는 안 된다는 것입니다. 즉, 이 비유는 "우리도 청지기처럼 지혜롭게 돈을 잘 써야 한다"라는 가르침이 아니라, "이들처럼 돈이면 모든 것이 다 해결되리라 생각하면 안 된다"는 것입니다.

이어 나오는 부자와 거지 나사로의 비유도 마찬가지입니다. 부자는 돈으로 자기 맘대로 살던 사람입니다. 그러니 자기 집 앞 거지도 눈에 뵈지도 않습니다. 앞서 12장에 나왔던 어리석은 부자처럼 하나님은 아랑곳하지 않습니다. 왜냐하면 돈이 있으니까요. 그렇게 맘대로 살던 사람이니 죽어서도 자기가 말 한마디 하면 나사로가 자기 말대로 심부름도 할 것이라 생각하지요(24, 27-28절). 이 사람은 죽어서도 자기 잘못이 무엇인지 모릅니다. 그는 죽은 후에도 돈으로 자기 맘대로 할 수 있다고 믿는 사람입니다.

예수님은 그런 삶의 태도를 고치라고 하십니다. 앞서 14장에서 우리는 잔치에 손님을 초대할 때 훗날에 돌려받을 계산을 하지 말라는 주님의 가르침을 살펴보았습니다(14:12-14). 손님 초대에서 계산하는 것은 부자, 청지기, 빚쟁이들이 거래하는 방식입니다. 순수한 마음으로 섬기는 것이 아니라 나중 일을 생각하고 미리 보험 들고 거래하는 것이며, 이것이야말로 하나님이 아닌 맘몬을 섬기는 행동입니다. 이 비유들을 통해 주님은 우리에게 분명히 말씀하십니다. "부자, 청지기, 빚쟁이들처럼 자기 지혜, 세상적 술수를 따라 주거니 받거니 거래하는 삶을 살지 말아라. 이것은 맘몬이면 모든 문제가 해결된다고 맘몬을 의지하는 맘몬 숭배자의 태도이다. 너희는 하나님만을 의지해야 한다. 하나님과 맘몬을 동시에 섬길 수 없다!"

누가복음 17장

¹ 예수께서 제자들에게 말씀하셨다. "걸려 넘어지게 하는 일들이 생기지 않을 수는 없지만, 그러한 일들을 일으키는 사람은 화가 있다. ² 이 작은 사람들 가운데 하나를 걸려 넘어지게 하는 것보다, 차라리 자기 목에 큰 맷돌을 매달고 바다에 빠지는 것이 나을 것이다. ³ 너희는 스스로 조심하여라. 믿음의 형제가 죄를 짓거든 꾸짖고, 회개하거든 용서하여 주어라. ⁴ 그가 네게 하루에 일곱 번 죄를 짓고, 일곱 번 네게 돌아와서 '회개하오' 하면, 너는 용서해 주어야 한다." ⁵ 사도들이 주님께 말하였다. "우리에게 믿음을 더하여 주십시오." ⁶ 주님께서 말씀하셨다. "너희에게 겨자씨 한 알만한 믿음이라도 있으면, 이 뽕나무더러 '뽑혀서, 바다에 심기어라' 하면, 그대로 될 것이다." ⁷ "너희 가운데서 누구에게 밭을 갈거나, 양을 치는 종이 있다고 하자. 그 종이 들에서 돌아올 때에 '어서 와서, 식탁에 앉아라' 하고 그에게 말할 사람이 어디에 있겠느냐? ⁸ 오히려 그에게 말하기를 '너는 내가 먹을 것을 준비하여라. 내가 먹고 마시는동안에, 너는 허리를 동이고 시중을 들어라. 그런 다음에야, 먹고 마셔라' 하지 않겠느냐? ⁹ 그 종이 명령한 대로 하였다고 해서, 주인이 그에게 고마워하겠느냐? ¹⁰ 이와 같이, 너희도 명령을 받은 대로 다 하고 나서 '우리는 쓸모 없는 종입니다. 우리는 마땅히 해야 할 일을 하였을 뿐입니다' 하여라." ¹¹ 예수께서 예루살렘으로 가시는

길에, 사마리아와 갈릴리 사이로 지나가시게 되었다. ¹² 예수께서 어떤 마을에 들어가시다가 나병환자 열 사람을 만나셨다. 그들은 멀찍이 멈추어 서서, ¹³ 소리를 높여 말하였다. "예수 선생님, 우리를 불쌍히 여겨 주십시오." ¹⁴ 예수께서는 보시고 그들에게 말씀하셨다. "가서, 제사장들에게 너희 몸을 보여라." 그런데 그들이 가는 동안에 몸이 깨끗해졌다. ¹⁵ 그런데 그들 가운데 한 사람은 자기의 병이 나은 것을 보고, 큰 소리로 하나님께 영광을 돌리면서 되돌아와서, ¹⁶ 예수의 발 앞에 엎드려 감사를 드렸다. 그런데 그는 사마리아 사람이었다. ¹⁷ 그래서 예수께서 말씀하셨다. "열 사람이 깨끗해지지 않았느냐? 그런데 아홉 사람은 어디에 있느냐? ¹⁸ 하나님께 영광을 돌리러 되돌아온 사람은, 이 이방 사람 한 명밖에 없느냐?" ¹⁹ 그런 다음에 그에게 말씀하셨다. "일어나서 가거라. 네 믿음이 너를 구원하였다." ²⁰ 바리새파 사람들이 하나님의 나라가 언제 오느냐고 물으니, 예수께서 그들에게 대답을 하셨다. "하나님의 나라는 눈으로 볼 수 있는 모습으로 오지 않는다. ²¹ 또 '보아라, 여기에 있다' 또는 '저기에 있다' 하고 말할 수도 없다. 보아라, 하나님의 나라는 너희 가운데에 있다." ²² 그리고 제자들에게 말씀하셨다. "너희가 인자의 날들 가운데서 단 하루라도 보고 싶어 할 때가 오겠으나, 보지 못할 것이다. ²³ 사람들이 너희더러 말하기를 '보아라, 저기에 계신다', [또는] '보아라, 여기에 계신다' 할 것이다. 그러나 너희는 따라 나서지도 말고, 찾아다니지도 말아라. ²⁴ 마치 번개가 하늘 이 끝에서 번쩍하여 하늘 저 끝까지 비치는 것처럼, 인자도 자기의 날에 그러할 것이다. ²⁵ 그러나 그는 먼저 많은 고난을 겪어야 하고, 이 세대에게 버림을 받아야 한다. ²⁶ 노아의 시대에 일이 벌어진 것과 같이, 인자의 날에도 그러할 것이다. ²⁷ 노아가 방주에 들어가는 날까지, 사람들은 먹고 마시고 장가가고 시집가고 하였는데, 마침내 홍수가 나서, 그들을 모두 멸망시켰다. ²⁸ 롯 시대에도 그와 같은 일이 벌어졌다. 사람들이 먹고 마시고 사고 팔고 나무를 심고 집을 짓고 하였는데, ²⁹ 롯이 소돔에서 떠나던 날에, 하늘에서 불과 유황이 쏟아져 내려서, 그들을 모두 멸망시켰다. **30** 인자가 나타나는 날에도 그러할 것이다. **31** 그 날에 지붕 위에 있는 사람은, 자기 물건들이 집 안에 있더라도, 그것들을 꺼내려고 내려가지 말아라. 또한 들에 있는 사람도 집으로 돌아가지 말아라. **32** 롯의 아내를 기억하여라. **33** 누구든지 자기 목숨을 보존하려고 애쓰는 사람은 잃을 것이요, 목숨을 잃는 사람은 보존할 것이다. **34** 내가 너희에게 말한다. 그 날 밤에 두 사람이 한 잠자리에 누워 있을 터이나, 한 사람은 데려가고, 다른 한 사람은 버려 둘 것이다. **35** 또 두 여자가 함께 맷돌질을 하고 있을 터이나, 한 사람은 데려가고, 다른 한 사람은 버려 둘 것이다." (36절 없음) **37** 제자들이 예수께 말하였다. "주님, 어디에서 그런 일이 일어나겠습니까?" 예수께서 그들에게 말씀하셨다. "주검이 있는 곳에는 또한 독수리들이 모여들 것이다."

웨슬리와 함께 읽기

1 걸려 넘어지게 하는 일들이 생기지 않을 수는 없지만 - 이런 일들은 실제로 일어났고, 주로 바리새인들이 그렇게 했다. 그들은 자신들이 의로운 자라고 생각하여 다른 사람들을 무시한다(마 18:6; 막 9:42).

2 작은 사람들 - 연약한 신자들.

3 너희는 스스로 조심하여라 - 다른 사람들을 실족시키지 않도록 또한 다른 사람들에 의해 실족 당하지 않도록 조심하여라(마 18:15).

4 그가 네게 하루에 일곱 번 죄를 짓고, 일곱 번 네게 돌아와서 '회개하오' 하면 - 즉, 만일 그가 진실로 잘못을 뉘우치고 있다는 충분한 증거를 제시한다면, 설령 그가 자주 죄를 저지른다고 하더라도 마치 그 사람이 당신에게 잘못한 적이 없었던 것처럼 그를 받아주어야 한다. 그러나 이러한 용서는 진심으로 뉘우치는 사람에게만 해당한다. 더 낮은 차원에서 우리는 죄를 뉘우치든 뉘우치지 않든 상관없이 그들 모두를 용서해야만 한다. 이렇게 해서 우리는 그들에게 선한 뜻을 보여주어야 하며 그들에게 우리가 할 수 있는 최대한의 선을 행해야 한다. 이러한 용서는 그저 일곱 번이 아니라 일흔 번의 일곱 번이라도 해야 한다.

5 주님, 우리의 믿음을 더하여 주십시오 - 그래서 우리가 용서할 수 있

도록 그리고 다른 사람들을 실족하게 하거나 다른 사람으로 인해 실족하지 않도록(마 17:20).

6 **너희에게 겨자씨 한 알만한 믿음이라도 있으면** - 만일 그대가 아주 작더라도 진실한 믿음을 가지고 있다면, 어떠한 명령도 어려움 없이 순종할 수 있을 것이다. **네가 이 뽕나무에게 말한다면** - 이것은 일종의 속담과 같은 표현이다.

7 **너희 가운데서 누구** - 이 말씀은 그대가 주님의 말씀에 우선 순종부터 하고, 그다음에 승리의 기쁨을 누려야 한다는 것을 의미하지 않겠는가? 그렇다 해도 여러분은 여전히 자신이 무익한 자라는 사실을 절실하게 느끼고 있어야 한다.

9 **그가 그 종에게 고마워하겠느냐** - 그 주인이 하인에게 신세를 졌다고 생각하겠느냐?

10 **너희도 명령을 받은 대로 다 하고 나서 '우리는 쓸모없는 종입니다'라고 말하라** - 왜냐하면 인간은 하나님께 어떠한 이익을 남겨드릴 수 있는 존재가 아니기 때문이다. 자기 자신을 무익한 종이라고 생각하는 사람은 복이 있다. 그러나 하나님으로부터 무익한 종이라는 말을 듣는 사람은 불쌍하다. 비록 우리가 그분께는 무익한 자들이지만, 그분에 대한 우리의 섬김은 우리에게는 결코 무익한 것이 아니다. 왜냐하면 그분께서는 우리가 한 선한 행실을 자신의 은혜로서 귀하게 보시기를 기뻐하시기 때문이다. 하나님께서 하신 약속 덕분에 우리는 우리의 선한 행실로 인해 영원한 상급을 받게 된다.

20 **하나님의 나라는 눈으로 볼 수 있는 모습으로 오지 않는다** - 모든 사람이 다 볼 수 있는 그런 외적인 화려함으로.

21 **'보아라, 여기에 있다' 또는 '저기에 있다' 하고 말할 수도 없다** - 나의

나라가 도래한다는 것을 선포하라고 내가 보낸 사람은 이런 말을 하지 않는다. 왜냐하면 **보라, 하나님의 나라는 너희 안에 혹은 너희 가운데 있기 때문이다** – 하나님의 나라를 먼 훗날의 장소나 시간에서 찾지 말라. 그 나라는 지금 너희들 한가운데 있다. 그 나라는 왔으며, 모든 참된 신자의 영혼 속에 현존하고 있다. 이것은 영적인 나라이며, 내적인 원리이다. 그 나라가 어디에 있든지, 그것은 마음속에 있다.

22 너희가 인자의 날들 가운데서 단 하루라도 보고 싶어 할 때가 오겠으나 – 어떤 자비의 날. 혹은 지금 여기에서 하고 있듯이 나와 함께 대화를 나눌 수 있게 되는 그날.

23 그들은 보라, 그리스도가 여기에 계신다, 혹은 저기에 계신다고 말할 것이다 – 그분의 현존하심을 이곳이나 저곳이라는 어떤 특정한 장소로 국한해서(마 24:23).

24 인자도 그러할 것이다 – 그렇게 순식간에, 두루두루 나타나실 것이다. **자기의 날에** – 마지막 날.

26 인자의 날에 – 이날이 그의 날이라는 것을 두드러지게 나타내 보이는 때에 곧바로 이어서 나온다(마 24:37).

31 그날에 – (이날은 마지막 날을 잘 보여주는 유형이다) 예루살렘이 원수들에 의해 포위되는 것을 보게 될 때.

32 롯의 아내를 기억하라 – 그리고 최대한 속력을 내서, 뒤도 돌아보지 말고 달아나라(눅 9:24; 요 12:25).

33 이 구절과 다음 구절이 말하는 의미는 이러하다. 비록 위험이 매우 크기는 하지만, 그래도 네 목숨을 아끼거나 네 양심을 거스르려고 하지 말라. 만일 당신이 그리한다면, 그것을 잃게 될 것이다. 그러나 만일 네가 나를 위해서 그것을 잃게 된다면, 그대는 영원한 생명으로 보상받게

될 것이다. 하지만 목숨을 보전하는 가장 그럴듯한 방법은 언제든지 그 목숨을 기꺼이 포기할 준비를 하는 것이다. 그렇게 하면 어떤 특별한 하나님의 섭리가 그대를 늘 돌볼 것이며, 그것으로 인해 그대는 다른 사람과 구별된 사람이 될 것이다.

37 마태복음 24장 28절.

역자 해설

매 주일, 예배 시간에 우리는 사도신경으로 우리의 신앙을 고백합니다. 3세기경 로마의 히폴리투스가 남긴 사도전승에는 세례를 받는 과정에 대해 설명하는 부분이 나옵니다(21절). 이 기록에 따르면 세례를 받는 사람이 물에 들어가 서면 문답을 하는데, 이때 성부, 성자, 성령에 관한 사도신경의 내용으로 세 번 문답하고 매번 안수하면서 물속에 침수했다가 나옵니다. 그래서 우리가 주일마다 사도신경으로 신앙을 고백한다는 것은 우리가 세례를 받아 하나님의 백성이 된 사람이라는 것을 다시 기억하는 세례 재다짐(baptismal reaffirmation)을 하는 것입니다. 이 세례 신앙고백 두 번째 문답인 성자에 대한 부분에서 우리는 "장사한 지 사흘 만에 죽은 자 가운데서 다시 살아나신" 부활 예수뿐만 아니라 "산 자와 죽은 자를 심판하러 오실" 재림 예수 그리스도를 고백합니다.

세상의 달력은 1월에서 시작하지만, 교회력은 성탄 4주 전인 대강절에서 새해가 시작되는데요. 대강절은 2천 년 전에 베들레헴에서 성육신하여 이 땅에 오신 초림 사건뿐만 아니라 이제 곧 다시 오실 주님의 재림을 기다리는 시간입니다. 이처럼 우리의 신앙은 다시 오실 주님의 재림을 기대하는 재림 신앙에 초점이 맞춰져 있습니다. 교회의 시간은 과거와 현재 그리고 미래로 이루어집니다. 여기서 과거란 2천 년 전에 이 땅에 성육신하셔서 십자가와 부활로 우리에게 구원을 주신 주님을 기억하는 것이고, 현재란 초림과 재림 사이의 중간기를 살아가는 오늘날 이 땅의 '싸우는 교회'(ecclesia militans)가 주님의 가르침 대로 이 땅에 하나님 나라를 이루어가며 분투하는 것이며, 미래란 우리의 삶이 과거나 현재에 머물지 않고 앞으로 다가올 재림과 온전히 완성될 우리의 구원과 하나님 나라의 완성을 바라며 사는 우리의 기대와 소망을 말합니다.

이처럼 교회는 비록 이 땅에 살아가고 있지만 항상 주님의 다시 오심을 고대하며 천국의 삶을 미리 앞당겨 살아가는 종말론적 존재입니다. 그러나 오늘날 교회는 과거나 현재에 너무 매달려 있습니다. 은혜를 강조하는 보수적인 교회는 과거 십자가 희생과 부활을, 진보적인 교회는 그리스도의 가르침 대로 실천하며 살아가는 행함을 강조합니다. 이 두 가지 모두 매우 중요한 신앙의 핵심임에는 틀림이 없습니다. 그러나 오늘날 얼마나 많은 교회가 "산 자와 죽은 자를 심판하러 다시 오실" 주님의 재림을 고대하고 있는지, 얼마나 많은 목회자가 이 메시지를 설교하고 있는지 의문입니다. 과거의 은혜도 중요하고 현재의 행함도 중요하지만, 교회는 늘 종말론적 소망을 꿈꾸며 살아가는 존재임을 잊어서는 안 됩니다.

예수님께서 제자들에게 하신 마지막 때에 관한 경고의 말씀을 들으십시오(20-37절). 노아의 시대처럼 사람들은 '재림이나 심판 같은 것이 있기나 하겠어?'라고 무시하면서 먹고 마시고 결혼하고, 마치 지금 이런 상태로 세상은 천년만년 갈 것처럼 행동합니다. 롯의 시대도 그러했습니다. 그러나 예수님은 마지막 날에도 사람들이 이렇게 생각하고 행동할 것이라고 경고하시면서, 주님의 오심은 번개가 치듯이 눈 깜짝할 사이에 느닷없이 찾아올 것이라 말씀하십니다. 두 사람이 나란히 자리에 누웠는데, 한 사람은 올림을 받고 다른 한 사람은 남겨질 것입니다. 두 사람이 서로 마주 보고 앉아 맷돌질하는데, 버젓이 눈앞에서 한 사람은 들림 받고 한 사람은 남겨질 것입니다.

　주님의 재림은 노아나 롯의 시대처럼 전혀 기대하지 못했던 시간에, 마치 번갯불 치듯이 우리가 미처 대비하거나 돌이키거나 준비할 시간도 없이 순식간에 임할 것입니다(26-32절). 그때가 되면 준비된 사람과 준비되지 못한 사람은 분명하게 서로 다른 결과를 맞이하게 될 것입니다. 교회는 이 땅을 자기 고향으로 여기고 사는 존재가 아닙니다. 마치 이 땅에서 영원히 살 것처럼 이 땅만 쳐다보고 산다면 마치 재림을 믿지 않았던 데살로니가 교회 일부 교인들처럼 어리석음에 빠지게 될 것입니다. 우리가 잊지 말아야 할 것은 교회는 과거를 바탕으로 현재에 두 발을 딛고 살아가지만, 늘 눈은 미래를 향해 있어야 한다는 것입니다. 그저 형식적으로 암송하고 넘어가는 사도신경이 아니라, 우리가 고백하는 그 안에 담긴 내용을 다시 곱씹어봐야겠습니다.

누가복음 18장

¹ 예수께서 제자들에게, 늘 기도하고 낙심하지 말아야 한다는 뜻으로 비유를 하나 말씀하셨다. ² "어느 고을에, 하나님도 두려워하지 않고, 사람도 존중하지 않는, 한 재판관이 있었다. ³ 그 고을에 과부가 한 사람 있었는데, 그는 그 재판관에게 줄곧 찾아가서, '내 적대자에게서 내 권리를 찾아 주십시오' 하고 졸랐다. ⁴ 그 재판관은 한동안 들어주려고 하지 않다가, 얼마 뒤에 이렇게 혼자 말하였다. '내가 정말 하나님도 두려워하지 않고, 사람도 존중하지 않지만, ⁵ 이 과부가 나를 이렇게 귀찮게 하니, 그의 권리를 찾아 주어야 하겠다. 그렇게 하지 않으면, 그가 자꾸만 찾아와서 나를 못 견디게 할 것이다.'" ⁶ 주님께서 말씀하셨다. "너희는 이 불의한 재판관이 하는 말을 귀담아 들어라. ⁷ 하나님께서 자기에게 밤낮으로 부르짖는, 택하신 백성의 권리를 찾아주시지 않으시고, 모른 체하고 오래 그들을 내버려 두시겠느냐? ⁸ 내가 너희에게 말한다. 하나님께서는 얼른 그들의 권리를 찾아 주실 것이다. 그러나 인자가 올 때에, 세상에서 믿음을 찾아 볼 수 있겠느냐?" ⁹ 스스로 의롭다고 확신하고 남을 멸시하는 몇몇 사람에게 예수께서는 이 비유를 말씀하셨다. ¹⁰ "두 사람이 기도하러 성전에 올라갔다. 한 사람은 바리새파 사람이고, 다른 한 사람은 세리였다. ¹¹ 바리새파 사람은 서서, 혼자 말로 이렇게 기도하였다. '하나님, 감사합니다. 나는, 남의 것을 빼

앗는 자나, 불의한 자나, 간음하는 자와 같은 다른 사람들과 같지 않으며, 더구나 이 세리와는 같지 않습니다. ¹² 나는 이레에 두 번씩 금식하고, 내 모든 소득의 십일조를 바칩니다.' ¹³ 그런데 세리는 멀찍이 서서, 하늘을 우러러볼 엄두도 못 내고, 가슴을 치며 '아, 하나님, 이 죄인에게 자비를 베풀어 주십시오' 하고 말하였다. ¹⁴ 내가 너희에게 말한다. 의롭다는 인정을 받고서 자기 집으로 내려간 사람은, 저 바리새파 사람이 아니라 이 세리다. 누구든지 자기를 높이는 사람은 낮아지고, 자기를 낮추는 사람은 높아질 것이다." ¹⁵ 사람들이 아기들까지 예수께로 데려와서, 쓰다듬어 주시기를 바랐다. 제자들이 보고서, 그들을 꾸짖었다. ¹⁶ 그러자 예수께서 아기들을 가까이에 부르시고, 말씀하셨다. "어린이들이 내게로 오는 것을 허락하고, 막지 말아라. 하나님의 나라는 이런 사람의 것이다. ¹⁷ 내가 진정으로 너희에게 말한다. 누구든지 어린이와 같이 하나님의 나라를 받아들이지 않는 사람은 거기에 들어가지 못할 것이다." ¹⁸ 어떤 지도자가 예수께 물었다. "선하신 선생님, 내가 무엇을 해야 영생을 얻겠습니까?" ¹⁹ 예수께서 그에게 말씀하셨다. "어찌하여 너는 나를 선하다고 하느냐? 하나님 한 분밖에는 선한 분이 없다. ²⁰ 너는 계명을 알고 있을 것이다. '간음하지 말아라, 살인하지 말아라, 도둑질하지 말아라, 거짓으로 증언하지 말아라, 네 부모를 공경하여라' 하지 않았느냐?" ²¹ 그가 말하였다. "나는 이런 모든 것은 어려서부터 다 지켰습니다." ²² 예수께서 이 말을 들으시고 그에게 말씀하셨다. "네게는 아직도 한 가지 부족한 것이 있다. 네가 가진 것을 다 팔아서, 가난한 사람들에게 나누어 주어라. 그리하면 네가 하늘에서 보화를 차지하게 될 것이다. 그리고 와서 나를 따라라." ²³ 이 말씀을 듣고서, 그는 몹시 근심하였다. 그가 큰 부자이기 때문이었다. ²⁴ 예수께서는 그가 [근심에 사로잡힌 것을] 보시고 말씀하셨다. "재물을 가진 사람이 하나님 나라에 들어가기는 참으로 어렵다. ²⁵ 부자가 하나님의 나라에 들어가는 것보다 낙타가 바늘귀로 들어가는 것이 더 쉽다." ²⁶ 이 말씀을 들은 사람들이 말하였다. "그렇다면, 누가 구원을 얻을 수 있겠습니까?" ^{27} 예수께서 말씀하셨다. "사람은 할 수 없는 일이라도, 하나님은 하실 수 있다." ^{28} 베드로가 말하였다. "보십시오, 우리는 우리에게 속한 것들을 버리고서, 선생님을 따라 왔습니다." ^{29} 예수께서 그들에게 말씀하셨다. "내가 진정으로 너희에게 말한다. 하나님의 나라를 위하여 집이나 아내나 형제나 부모나 자식을 버린 사람은, ^{30} 이 세상에서 여러 갑절로 받을 것이고, 또한 오는 세상에서 영원한 생명을 받을 것이다." ^{31} 예수께서 열두 제자를 곁에 불러 놓으시고, 그들에게 말씀하셨다. "보아라, 우리는 예루살렘으로 올라가고 있다. 인자를 두고 예언자들이 기록한 모든 일이 이루어질 것이다. ^{32} 인자가 이방 사람들에게 넘어가고, 조롱을 받고, 모욕을 당하고, 침뱉음을 당할 것이다. ^{33} 그들은 채찍질한 뒤에, 그를 죽일 것이다. 그러나 그는 사흘째 되는 날에 살아날 것이다." ^{34} 그런데 제자들은 이 말씀을 조금도 깨닫지 못하였다. 이 말씀은 그들에게 그 뜻이 감추어져 있어서, 그들은 말씀하신 것을 알지 못하였다. ^{35} 예수께서 여리고에 가까이 이르셨을 때에, 일어난 일이다. 어떤 눈먼 사람이 길가에 앉아서 구걸을 하고 있다가, ^{36} 무리가 지나가는 소리를 듣고서, 무슨 일이 일어났느냐고 물어 보았다. ^{37} 사람들이 나사렛 예수가 지나가신다고, 그에게 일러주었다. ^{38} 그러자 그는 소리를 질렀다. "다윗의 자손 예수님, 나를 불쌍히 여겨 주십시오." ^{39} 앞에서서 가던 사람들이 조용히 하라고 그를 꾸짖었으나, 그는 더욱더 크게 외쳤다. "다윗의 자손님, 나를 불쌍히 여겨 주십시오." ^{40} 예수께서 걸음을 멈추시고, 그를 데려오라고 분부하셨다. 그가 가까이 오니, 예수께서 그에게 물으셨다. ^{41} "내가 네게 무엇을 해주기를 바라느냐?" 그가 대답하였다. "주님, 내가 볼 수 있게 해주십시오." ^{42} 예수께서 그에게 말씀하셨다. "눈을 떠라. 네 믿음이 너를 구원하였다." ^{43} 그러자 그는 곧 보게 되었고, 하나님께 영광을 돌리면서 예수를 따라갔다. 사람들은 모두 이것을 보고서, 하나님을 찬양하였다.

웨슬리와 함께 읽기

1 **예수께서 그들에게 비유를 말씀하셨다** – 이 비유와 이어서 나오는 다음 비유는 기도와 관련한 두 개의 치명적인 극단에 대한 경고를 해주고 있다. 첫째 비유는 진이 빠질 정도로 하는 것에 대해 경고를 하고 있으며, 두 번째 비유는 자기 확신에 대한 경고를 해주고 있다.

7 **하나님께서… 하지 않으시겠느냐** – 가장 정의로우신 재판장께서는 자신이 택하신 자들을 변호해주신다 – 그분은 모든 적대자로부터 그리스도인들을 지켜주신다. 그리고 특히 모든 환난으로부터 그들을 건져주시고 그들을 대신하여 유대인들에게 복수해주신다. **모른 체하고 오래 그들을 내버려 두시겠느냐** – 비록 그분은 지금 당장 사악한 자들의 악행을 끝장내시거나 의인의 고난을 종식하시지는 않으신다고 하더라도.

8 **그러나 인자가 올 때, 세상에서 믿음을 찾아볼 수 있겠느냐** – 비록 그분께서 오래 참아주시고 정의를 이루어주시겠지만, 그분께서 눈에 보이게 나타나셔서 이 세대나 이후 세대에서 원수들을 대적하신다고 하더라도, 과연 이 땅에서 참된 신자를 얼마나 찾아볼 수 있겠는가!

9 **예수께서 이 비유를 말씀하셨다** – 위선자들에게 하신 것이 아니다. 여기에서 언급된 바리새인은 위선자가 아니라, 간음을 한 사람에 지나지

않는다. 그러나 그는 자기 자신을 의로운 사람이라고 정말로 믿고 있다. 그래서 그는 다름 아닌 하나님께서 들으시는 그 기도에서 자기가 그런 사람이라고 하나님께 말씀드리고 있다.

12 나는 일주일에 두 번 금식하고 - 엄격한 바리새인들은 실제로 그렇게 했다. 매 월요일과 목요일에 그들은 금식했다. **내 모든 소득의 십일조를 바칩니다** - 그들 가운데 많은 사람이 자기 소득의 십일조를 바쳤고, 또 다른 십 분의 일은 구제비로 냈다. 이 기도의 내용을 요약하자면, 나는 남에게 해를 끼치지도 않고 모든 은총의 수단을 사용하며 내가 할 수 있는 모든 선한 일을 한다는 것이다.

13 그런데 세리는 멀찍이 서서 - 지성소에서 멀찍이 떨어져서. **감히 하늘을 우러러볼 엄두도 못 내고** - 부끄러운 마음이 들어서. 이러한 감정은 두려움에서 생긴 것이라기보다는 진솔한 마음에서 우러난 감정이다.

14 자기 집으로 내려간 - 성전이 서 있는 언덕으로부터 아래로 내려갔다는 의미이다. **의롭다는 인정을 받고서 자기 집으로 내려간 사람은** - 이 세리가 바리새파 사람과 비교하면 더 의롭다는 인정을 받았다는 말이 아니라, 이 세리는 의롭다고 인정을 받았지만, 그 바리새인은 의롭다는 인정을 받지 못했다는 의미이다.

15 마태복음 19장 13절; 마가복음 10장 13절.

16 그들을 부르시고 - 아이들을 데려온 사람들을 부르시고.[44] **하나님의 나라는 이런 사람의 것이다** - 이것이 메시아 왕국의 주요 내용이다. 이런 자들에게 속한 것이 바로 그 나라이다.

18 마태복음 19장 16절; 마가복음 10장 17절.

20 출애굽기 20장 12절 이하.

22 네게 한 가지 부족한 것이 있다 - 그에게 부족한 것은 바로 맘몬보다

하나님을 더 사랑하는 것이다. 우리 구세주께서는 그의 마음을 잘 알고 계셨다. 그래서 그에게 자신을 가늠해 볼 수 있는 시험을 그에게 지금 내주셨다. 세상에 대한 그 사람의 사랑을 바로잡기 위해서 그리스도께서는 그에게 가진 것을 모두 팔라고 명령하셨다(이렇게 하지 않고서는 세상을 사랑하는 그 사람의 마음은 치유할 수 없다). 그러나 그분께서는 우리에게도 그렇게 하라고 명령하시지는 않으신다.[45] 대신에 우리가 가진 모든 것을 하나님의 영광을 위해 사용하라고 명하신다.

31 마태복음 20장 17절; 마가복음 10장 32절.

34 **그들은 말씀하신 것을 알지 못하였다** – 문자 그대로 번역하면, 그들은 이해하지 않을 수 없었다. 그러나 그들은 메시아라는 존재에 대해서 이전부터 품고 있었던 자신들의 생각에 비추어 볼 때, 지금 예수께서 하신 말씀이 전혀 서로 맞아떨어지지 않았기 때문에 예수께서 자신의 수난에 대해서 비유적으로 말씀하신 것에 대해 완전히 감을 잡지 못하고 있다. 여전히 이 세상의 왕국이 그들의 생각을 사로잡고 있다.

35 마태복음 20장 29절; 마가복음 10장 46절.

역자 해설

　사람은 조금이라도 자기가 어떤 힘이나 권력을 갖고 있다고 생각하면 그것으로 남을 돕고 섬기기보다는 자신을 드러내고 힘을 과시하고자 합니다. 이 교만함의 욕망은 태초에 아담과 하와의 마음에 도사렸다가 그들을 유혹하여 결국 인류에 죄를 가져온 불행을 빚은 것이기도 합니다. 누가복음 18장은 그런 헛된 욕망을 경계합니다. 18장은 과부와 재판관의 이야기로 시작합니다(1-8절). 이 비유의 시작은 "기도하고 낙심하지 말라"는 언급으로 시작해서(1절) 하나님께서 구하는 자들의 원하는 것을 들어주신다는 것(8절)으로 마무리합니다. 그래서 우리는 종종 이 비유를 우리가 기도할 때 그것을 받아낼 때까지 과부처럼 끈질기게 해야 한다는 교훈으로 이해합니다.

　그러나 이 비유를 바라보는 관점을 조금만 돌려보면 달리 읽힙니다. 비유 속 재판관은 악당입니다. 그는 하나님이든 사람이든 신경도 안 쓸 정도로 안하무인입니다(4절). 과부는 억울하지만 그것을 풀 힘은 없는 사회적으로 가장 약한 존재입니다. 그녀가 할 수 있는 일이라고는 그저 끈질기게 졸라대는 것밖에 없습니다. 결국 이 재판관은 그녀의 한을 풀어주는데, 불쌍히 여기는 마음이나 정의 구현을 바라는 의로운 동기에서가 아니라 귀찮아서 그렇게 한 것입니다. 이 재판관에게 동정심, 정의, 하나님을 향한 경외는 없고, 그저 자기 맘과 몸이 편하면 된다는 것만 있습니다. 재판관은 불쌍한 사람을 도와줄 힘과 권력은 갖고 있으나 그는 그것을 자기의 몸을 편하게 하는 데만 씁니다.

예수님은 이 재판관과 하나님을 대조시킵니다. 이 재판관은 이기심에서라도 남의 간구를 들어주는데, 하물며 하나님이 간구하는 기도를 속히 들어주시지 않겠느냐고 하십니다(7-8절). 이 비유는 과부의 끈질긴 간구에 재판관이 소원을 들어준 것처럼 우리도 그렇게 끈질기게 구하면 하나님도 우리의 소원을 들어주실 것이라는 것을 가르치지 않습니다. 즉, 이 비유에서 예수님은 재판관과 하나님을 나란히 빗대어 서로 비슷한 점을 보여주는 것이 아니라 상반되도록 대조를 시킵니다. 재판관은 저렇게 하지만 하나님은 그렇지 않으시다는 것입니다. 그래서 예수님은 우리가 남을 대할 때 어떤 마음과 태도로 임해야 하는지 하나님을 모범적인 사례로, 재판관을 나쁜 모델로 서로 대조하여 도전을 주십니다.

9-14절에 나오는 비유도 이런 점에서 일맥상통합니다. 바리새인과 세리의 모습은 서로 대조적입니다. 바리새인은 스스로 의롭고 흠이 없다고 믿기에 남을 깎아내리면서 자신을 높입니다(11절). '토색하는 자', '불의한 자', '간음하는 자' 그리고 무엇보다도 '이 세리'는 바리새인의 잘남을 돋보이게 하는 불쏘시개 역할로 전락합니다. 그러나 세리는 바리새인과 정반대의 모습을 보입니다. 바리새인은 남보다 나은 것이 조금이라도 있으면 어찌해서든 그것으로 자신을 위대하게 포장하고, 때로는 그것을 돋보이게 하려고 남을 깎아내리는 일도 서슴지 않습니다.

18절 이하에 나오는 지도자들은 이 비유 속에 나오는 바리새인과 비슷합니다. 그는 무리 앞에서 자기가 얼마나 훌륭한 사람인지 자랑하고 싶어 합니다(21절). 실제로 그의 말과 행동을 듣고 보던 제자들도 미혹에 넘어갑니다. 그들은 "저 부자가 천국에 못 간다면 누가 갈 수 있는가"라고 하면서 부자를 높이 치켜세우지만, 한편으로는 "우리는 모든 것을 버리고 선생님을 따랐습니다"(28절)라고 말함으로써 도리어 자기들을 그 부자보다도 더 훌륭한 존재로 치켜세웁니다. 사람들은 자기보다 조금 못난 것처럼 보이는 사람을 함부로 대합니다. 그래서 시각 장애인이 예수님을 큰 소리로 부르며 그분께 나아오려는 모습을 보자 그를 "꾸짖으며" 제지합니다(39절). 앞을 보는 것이 그리 위세를 떨 만한 것도 아닌데, 앞을 못 보는 사람 앞에서는 갑자기 그것이 무슨 대단한 권력이라도 되는 듯이 그 불쌍한 사람을 함부로 대합니다.

그러나 예수님은 재판관과 대조적인 하나님의 모습을 통해, 보잘것 없고 무시당하는 어린아이를 통해(15-17절) 그리고 무엇보다도 고난 당할 자신의 모습을 통해(31-34절) 우리가 어떤 삶의 태도를 보여야 하는지 가르쳐주십니다.

누가복음 19장

¹ 예수께서 여리고에 들어가 지나가고 계셨다. ² 삭개오라고 하는 사람이 거기에 있었다. 그는 세관장이고, 부자였다. ³ 삭개오는 예수가 어떤 사람인지를 보려고 애썼으나, 무리에게 가려서, 예수를 볼 수 없었다. 그가 키가 작기 때문이었다. ⁴ 그래서 그는 예수를 보려고 앞서 달려가서, 뽕나무에 올라갔다. 예수께서 거기를 지나가실 것이기 때문이었다. ⁵ 예수께서 그 곳에 이르러서 쳐다보시고, 그에게 말씀하셨다. "삭개오야, 어서 내려오너라. 오늘은 내가 네 집에서 묵어야 하겠다." ⁶ 그러자 삭개오는 얼른 내려와서, 기뻐하면서 예수를 모셔 들였다. ⁷ 그런데 사람들이 이것을 보고서, 모두 수군거리며 말하였다. "그가 죄인의 집에 묵으려고 들어갔다." ⁸ 삭개오가 일어서서 주님께 말하였다. "주님, 보십시오. 내 소유의 절반을 가난한 사람들에게 주겠습니다. 또 내가 누구에게서 강제로 빼앗은 것이 있으면, 네 배로 하여 갚아 주겠습니다." ⁹ 예수께서 그에게 말씀하셨다. "오늘 구원이 이 집에 이르렀다. 이 사람도 아브라함의 자손이다. ¹⁰ 인자는 잃은 것을 찾아 구원하러 왔다." ¹¹ 그들이 이 말씀을 듣고 있을 때에, 예수께서 덧붙여서, 비유를 하나 말씀하셨다. 이 비유를 드신 것은, 예수께서 예루살렘에 가까이 이르신 데다가, 사람들이 하나님의 나라가 당장에 나타날 줄로 생각하고 있었기 때문이다. ¹² 그래서 예수께서 말씀하셨다. "귀족 출신

의 어떤 사람이 왕위를 받아 가지고 돌아오려고, 먼 나라로 길을 떠날 때에, [13] 자기 종 열 사람을 불러다가 열 므나를 주고서는 '내가 올 때까지 이것으로 장사를 하여라' 하고 말하였다. [14] 그런데 그의 시민들은 그를 미워하므로, 그 나라로 사절을 뒤따라 보내서 '우리는 이 사람이 우리의 왕이 되는 것을 원하지 않습니다' 하고 말하게 하였다. [15] 그러나 그 귀족은 왕위를 받아 가지고 돌아와서, 은화를 맡긴 종들을 불러오게 하여, 각각 얼마나 벌었는지를 알아보고자 하였다. [16] 첫째 종이 와서 말하였다. '주인님, 나는 주인의 한 므나로 열 므나를 벌었습니다.' [17] 주인이 그에게 말하였다. '착한 종아, 잘했다. 네가 아주 작은 일에 신실하였으니, 열 고을을 다스리는 권세를 차지하여라.' [18] 둘째 종이 와서 말하였다. '주인님, 나는 주인의 한 므나로 다섯 므나를 벌었습니다.' [19] 주인이 이 종에게도 말하였다. '너도 다섯 고을을 다스리는 권세를 차지하여라.' [20] 또 다른 한 종이 와서 말하였다. '주인님, 보십시오. 주인의 한 므나가 여기에 있습니다. 나는 이것을 수건에 싸서, 보관해 두었습니다. [21] 주인님은 야무진 분이라서, 맡기지 않은 것을 찾아가시고, 심지 않은 것을 거두시므로, 나는 주인님을 무서워하여 이렇게 하였습니다.' [22] 주인이 그에게 말하였다. '악한 종아, 나는 네 입에서 나온 말로 너를 심판하겠다. 너는, 내가 야무진 사람이라서, 맡기지 않은 것을 찾아가고, 심지 않은 것을 거두어 가는 줄 알고 있었지? [23] 그러면 어찌하여 내 은화를 은행에 예금하지 않았느냐? 그랬더라면, 내가 돌아와서, 그 이자와 함께 그것을 찾았을 것이다.' [24] 그리고 그는 곁에 서 있는 사람들에게 말하였다. '이 사람에게서 한 므나를 빼앗아서, 열 므나를 가진 사람에게 주어라.' [25] 그들이 주인에게 말하기를 '주인님, 그는 열 므나를 가지고 있습니다' 하였다. [26] '내가 너희에게 말한다. 가진 사람은 더 받게 될 것이요, 가지지 못한 사람은 그가 가진 것까지 빼앗길 것이다. [27] 그리고 내가 자기들의 왕이 되는 것을 원하지 않은 나의 이 원수들을 이리로 끌어다가, 내 앞에서 죽여라.'" [28] 예수께서 이 말씀을 마치시고, 앞장서서 걸으시며 예루살렘으로 올라가고 계셨다. ²⁹ 예수께서 올리브 산이라 불리는 산에 있는 벳바게와 베다니에 가까이 오셨을 때에, 제자 두 사람을 보내시며 ³⁰ 말씀하셨다. "맞은쪽 마을로 가거라. 거기에 들어가서 보면, 아직 아무도 타 본 적이 없는 새끼 나귀 한 마리가 매여 있을 것이다. 그것을 풀어서 끌고 오너라. ³¹ 혹시 누가 너희에게 왜 푸느냐고 묻거든, '주님께서 그것을 필요로 하십니다' 하고 말하여라." ³² 보내심을 받은 사람이 가서 보니, 예수께서 그들에게 말씀하신 그대로였다. ³³ 그들이 새끼 나귀를 푸는데, 그 주인들이 그들에게 말하였다. "그 새끼 나귀는 왜 푸는 거요?" ³⁴ 그들이 대답하였다. "주님께서 그것을 필요로 하십니다." ³⁵ 그리고 그들이 그 새끼 나귀를 예수께로 끌고 와서, 자기들의 옷을 나귀 등에 걸쳐 얹고서, 예수를 올라타시게 하였다. ³⁶ 예수께서 나아가시는데, 제자들이 자기들의 옷을 길에 깔았다. ³⁷ 예수께서 어느덧 올리브 산의 내리막길에 이르셨을 때에, 제자의 온 무리가 기뻐하며, 자기들이 본 모든 기적을 두고 큰 소리로 하나님을 찬양하면서 말하였다. ³⁸ "복되시다, 주님의 이름으로 오시는 임금님! 하늘에는 평화, 지극히 높은 곳에는 영광!" ³⁹ 그런데 무리 가운데 섞여 있는 바리새파 사람 몇이 예수께 말하였다. "선생님, 선생님의 제자들을 꾸짖으십시오." ⁴⁰ 그러나 예수께서 대답하셨다. "내가 너희에게 말한다. 이 사람들이 잠잠하면, 돌들이 소리지를 것이다." ⁴¹ 예수께서 예루살렘 가까이에 오셔서, 그 도성을 보시고 우시었다. ⁴² 그리고 이렇게 말씀하셨다. "오늘 너도 평화에 이르게 하는 일을 알았더라면, 좋을 터인데! 그러나 지금 너는 그 일을 보지 못하는구나. ⁴³ 그 날들이 너에게 닥치리니, 너의 원수들이 토성을 쌓고, 너를 에워싸고, 너를 사면에서 죄어들어서, ⁴⁴ 너와 네 안에 있는 네 자녀들을 짓밟고, 네 안에 돌 한 개도 다른 돌 위에 얹혀 있지 못하게 할 것이다. 이것은 하나님께서 너를 찾아오신 때를, 네가 알지 못했기 때문이다." ⁴⁵ 예수께서 성전에 들어가셔서, 장사하는 사람들을 내쫓으시며, ⁴⁶ 그들에게 말씀하셨다. "성경에 기록하기를 '내 집은 기도하는 집이 될 것이다' 하였다. 그런데 너희는 그것을 '강도들의 소굴'로 만들어 버렸다." ⁴⁷ 예수께서 날마다 성전에서 가르치셨다. 대제사장들과 율법학자들과 백성의 우두머리들이 예수를 없애버리려고 꾀하고 있었으나, ⁴⁸ 어찌해야 할지 방도를 알지 못하였다. 백성이 모두 그의 말씀을 열심히 듣고 있었기 때문이다.

웨슬리와 함께 읽기

1 **그분께서 여리고에 들어가 지나가고 계셨다** – 이로 미루어볼 때, 아마도 삭개오는 이 마을 끝부분에 살고 있었을 것이다. 나무는 그 마을 안에 있었다.

2 **그는 부자였다** – 이 말씀은 앞에 나왔던 18장 24-27절, 특히 27절을 염두에 두고 한 말씀 같다. 삭개오는 하나님의 능력이라면 심지어 부자라도 하늘나라에 들어갈 수 있다는 것을 증명해준다. **세관장** – 우리식으로 말하자면 세관 위원장이다. 이것은 매우 명예로운 자리였고, 많은 돈을 벌 수 있는 자리이기도 했다.

4 **앞서 달려가서** – 열정적으로. **그는 올라갔다** – 자기 체면에도 불구하고. 열망은 명예와 수치보다 더 강하다.

5 **예수께서 삭개오에게 어서 내려오라고 말씀하셨다** – 삭개오는 이분이 말씀하실 때에 자기 이름도 알고 계시고, 자기 마음도 알아주시는 것을 보고 여러 가지 이상한 감정으로 뒤섞이게 되었다!

7 **그들이 모두 수군거리며 말하였다** – 근처에 있던 모든 사람. 비록 그들 중 대부분은 화가 났다기보다는 예상 밖의 일에 놀랐던 것이다.

8 **삭개오가 일어서서** – 그가 이런 동작을 한 것은 일부러 한 것이다.

주님, 보십시오. **내가 주겠습니다** - 지금 당장 그렇게 하기로 결심했습니다.

9 이 사람도 아브라함의 자손이다 - 유대인으로 난 자 그리고 구원의 손길을 먼저 받은 자.

10 마태복음 18장 11절.

11 그들은 하나님의 나라를 생각했다 - 영광스러운 이 땅의 나라가 곧 나타날 것이라고.

12 왕위를 받아서 돌아오려고 먼 나라로 길을 떠났다 - 그리스도께서 그의 전능하신 권능, 하늘과 땅의 모든 권세를 받기 위해서 하늘로 가셨다(마 25:14; 막 13:34).

13 내가 올 때까지 장사하여라 - 나라를 방문하려고, 예루살렘을 파괴하려고, 세상을 심판하려고 올 때까지. 혹은 좀 더 구체적인 의미로서 네게서 영혼을 찾으려고 올 때까지.

14 그런데 그의 시민들은 - 예루살렘 시민과 같은 사람들은 그분을 미워했다. **그래서 사절을 뒤따라 보냈다** - 이 말은 그가 왕의 권한을 받지 못하도록 저항하기 위해서 상위 법정에 사절을 보냈다는 것을 암시한다. 이런 식으로 유대인들은 단호하게 하나님 앞에서 그리스도가 자신들을 다스려서는 안 된다고 항거하였다. **이 사람** - 그들은 그분을 이런 식으로 경멸하여 말했다.

15 그가 돌아왔을 때 - 영광 가운데.

23 이자와 함께 - 하나님이나 사람의 법 어디에도 저촉되지 않는 것으로 보인다. 그러나 이것이 고리대금업, 즉 남을 억압하거나 착취할 정도로 이자를 받아내는 것을 허용하는 것은 아니다.

25 그들이 말하기를 - 시기심이 아닌 공경하는 마음으로.

26 마태복음 25장 29절; 누가복음 8장 18절.

28 앞장서서 걸으시며 – 무리 중에서 제일 앞에 서서 기꺼이 고난을 받으시겠다는 것을 보이시면서.

29 그분께서는 벳바게와 베다니가 서로 접하는 경계 지점, 감람산 자락에 가까이 이르셨다(마 21:1; 막 11:1).

37 온 무리가 하나님을 찬양하였다 – 하나님께서 주시는 감격 덕분에 그때만 한 번 일시적으로 이렇게 했던 것 같다. 물론 그들은 자기들이 하는 말을 이해하지 못했다.

38 하늘에는 평화 – 하나님께서 인간들과 화해하시는 것.

39 당신의 제자들을 꾸짖으십시오 – 당신에게 이처럼 점잖지 못하게 경의를 표현하고 있으므로.

40 즉, 하나님께서는 전혀 예상 밖의 수단을 써서 자기를 찬양하도록 하실 것이다. 하나님의 권능은 아무것도 없이 돌아오지 않을 것이다.[46]

42 오늘 너도 평화에 이르게 하는 일을 알았더라면, 좋을 터인데 – 그런데 너는 그토록 많은 날 동안 무시하고 지냈구나. 오늘 – 하나님께서 아직도 너에게 당신의 축복을 주려고 하시는 그날.

43 이 모든 일은 로마 장군 티투스에 의해 그대로 이루어졌다.

44 네 안에 있는 자녀들 – 당시에 유월절에는 모든 유대인이 함께 모였다. 네 안에 돌 한 개도 다른 돌 위에 얹혀 있지 못하게 할 것이다 – 그곳이 옛날에 얼마나 강하고 웅장한 곳이었는지 보여주기 위해서 단지 세 개의 망루만 얼마 동안 세워 두었다. 그러나 이것들마저 나중에 완전히 무너뜨렸다.[47]

45 마태복음 21장 12절; 마가복음 11장 11절.

46 이사야 56장 7절.

역자 해설

예루살렘을 향한 여정 중에 이제 여리고에 오신 예수님은 십자가의 자리에 한층 더 가까이 다가오셨습니다. 사람들은 그 길이 위험하다고 말렸지만, 예수님은 오늘도 내일도 꿋꿋하게 예루살렘을 향해 당찬 걸음을 내디디셨습니다(13:31-33). 여리고에 입성하신 예수님은 수많은 인파로부터 환영을 받습니다. 사람이 너무 많아 어떤 사람은 예수님의 얼굴조차 쉽게 구경할 수 없었습니다. 그간 예수님께서 하신 놀라운 일들은 사람들을 그렇게 불러 모으기에 충분했습니다. 그리고 이 무리 가운데 삭개오도 있습니다.

그는 부자였습니다. 이스라엘에서 부자로 산다는 것은 하나님께 인정받아 복을 받은 사람으로서 존경받을 만했습니다. 그러나 그는 동시에 세리장이었습니다. 당시 세리는 사람들에게 멸시와 미움을 받는 사람이었습니다. 백성들의 눈에 이들은 로마 제국의 앞잡이로서 자기 동족에게 돈을 뜯어내는 악당으로밖에 인식되지 않았습니다. 그러니 삭개오가 죄인이라고 손가락질당하는 것은 어쩌면 당연한 일이었습니다(7절). 예수님이 삭개오를 왜 영접하셨는지 누가는 밝히고 있지 않습니다. 그를 친구로 맞아들이신 것은 아무 조건도 없는 일방적 은혜였습니다.

그러나 그분의 은혜는 삭개오의 행동 변화를 가져왔습니다. 예수님이 자신을 친구로 인정해주신 이후 그는 자신의 재산을 내려놓습니다. 그리고 그런 모습을 보신 예수님은 그에게 구원이 임했음을 선언하십니다. 예수님은 구원이 '오늘' 임했다고 말씀하시는데(9절), 이것은 현재에 임한 종말론적 사건을 말합니다. 예수님을 영접하고 받은 은혜에 삶의 실천으로 은혜받은 사람으로서의 신분을 직접 증명해냈을 때 구원이 임했습니다. 그리고 그것은 앞으로 이루어질 아득하고 막연한 먼 훗날의 약속이 아니라, 지금 당장 이 자리에서 일어난 사건입니다.

이 종말론적 사건은 이어지는 예수님의 열 므나 비유에서도 엿볼 수 있습니다. 예수님은 열 명의 종에게 각각 므나 열 개씩 나눠주고 왕위를 받으러 떠납니다. 이 비유는 마지막 때라는 틀 안에 두 가지 주제를 동시에 담고 있는데, 하나는 종들이 맡은 므나를 얼마나 남겼는가의 문제이고, 다른 하나는 왕위를 받는 것을 거부하는 시민들의 이야기입니다. 므나는 열 명에게 나눠주었지만(13절), 결산은 세 명만 언급됩니다(16, 18, 20절). 그러나 몇 명이 받았느냐가 중요한 것이 아니라 남긴 자와 남기지 못한 자, 이 둘의 대조에 있습니다. 한 므나는 이백 데나리온이고, 한 데나리온은 노동자의 하루 임금입니다. 그러니 이들이 받은 장사 밑천이 적은 돈은 아니었습니다.

아무것도 남기지 않은 종과 열 배로 남긴 종에게 각각 주어지는 보상은 너무 대조적입니다. 마지막 때에 각각 할 일을 부여받은 이들은 주인이 떠나고 다시 돌아오기 전, 이 중간의 시간에 최선을 다해 이윤을 남겨야 했지만, 한 사람은 그렇지 못했습니다. 지금은 마지막 때이기에 좋은 결과를 내놓을 준비가 되어 있어야 했는데, 자신이 그 마지막 때를 잘 보냈다는 것을 보여주어야 했는데, 한 종은 그렇지 못했습니다.

게다가 이 비유는 다른 이야기까지 섞어서 전합니다. 이는 주인이 왕위를 받아오는 것을 거부하는 시민들의 이야기입니다. 하나도 이윤을 남기지 못한 종은 종말의 때를 그렇게 허비했지만, 이 시민들은 그 종말의 때를 도리어 악하게 사용합니다. 그들은 주인이 왕이 되지 못하도록 사절까지 보내어 훼방을 놓습니다(14절). 악한 종이 되었든(22절), 악한 시민이 되었든(14절), 이들 모두는 이 마지막 종말의 때를 잘못 보낸 사람들입니다. 그들이 받을 심판은 자기가 받았던 것을 빼앗기는 것이고(26절), 원수로 정죄받아 처형을 당하는 것입니다(27절).

지금은 종말의 때입니다. 사실 예수님께서 이 땅에 오셨던 그때 이미 종말은 시작되었습니다. 예수님께서 이 종말에 오신 것은 이 땅에 평화를 주시기 위함이었습니다. 첫 크리스마스 밤 들판에서 천군 천사들이 찬미한 것도 "하늘에는 영광, 땅에는 기뻐하는 이들에게 평화"(2:14)였습니다. 그리고 예루살렘에 나귀를 타고 입성하시는 예수님을 향해 무리가 찬미합니다. "복되시다, 주의 이름으로 오시는 임금님! 하늘에는 평화, 가장 높은 곳에는 영광!"(38절)

이제 임한 종말의 때에 어떤 이는 구원을 선물로 받고(9절), 더 많은 상급을 받습니다(24절). 그러나 어떤 이는 이때를 거부하여 훼방을 놓기도 하고(14절), 종말론적 왕으로 오시는 예수님을 환호하는 사람들을 잠잠하라고 꾸짖으면서 이 종말의 때를 거부합니다(39절). 그러나 그들이 아무리 거부하더라도 결국 주인은 왕위를 받아오고(15절), 그들이 아무리 사람들의 입을 틀어막아도 돌들이 대신 환호합니다(40절). 이 마지막 때, 하나님의 나라는 임했습니다. 지금은 은혜를 받을 때요, 구원의 날입니다(고후 6:2).

누가복음 20장

¹ 예수께서 어느 날 성전에서 백성을 가르치시며, 기쁜 소식을 전하고 계실 때에, 대제사장들과 율법학자들이 장로들과 함께 예수께 와서 ² 말하였다. "당신은 무슨 권한으로 이런 일을 합니까? 누가 이런 권한을 당신에게 주었습니까? 어디 우리에게 말해 보십시오." ³ 예수께서 그들에게 대답하셨다. "나도 너희에게 한 가지 물어 보겠으니, 나에게 대답해 보아라. ⁴ 요한의 세례가 하늘에서 난 것이냐? 사람에게서 난 것이냐?" ⁵ 그들은 자기들끼리 의논하면서 말하였다. "'하늘에서 났다'고 말하면, '어찌하여 그를 믿지 않았느냐'고 할 것이요, ⁶ '사람에게서 났다'고 말하면, 온 백성이 요한을 예언자로 믿고 있으니, 그들이 우리를 돌로 칠 것이다." ⁷ 그래서 그들은 요한의 세례가 어디에서 났는지를 모른다고 대답하였다. ⁸ 예수께서 그들에게 말씀하셨다. "나도 무슨 권한으로 이런 일을 하는지를 너희에게 말하지 않겠다." ⁹ 예수께서 백성에게 이 비유를 말씀하셨다. "어떤 사람이 포도원을 만들어서, 농부들에게 세로 주고, 오랫동안 멀리 떠나 있었다. ¹⁰ 포도를 거둘 때가 되어서, 포도원 주인은 포도원 소출 가운데서 얼마를 소작료로 받아 오게 하려고, 종 하나를 농부들에게 보냈다. 그런데 농부들은 그 종을 때리고, 빈손으로 돌려보냈다. ¹¹ 주인은 다른 종을 보냈다. 그랬더니 그들은 그 종도 때리고, 모욕하고, 빈손으로 돌려보냈다. ¹² 그래서 주인

이 다시 세 번째 종을 보냈더니, 그들은 이 종에게도 상처를 입혀서 내쫓았다. ¹³ 그래서 포도원 주인은 말하였다. '어떻게 할까? 내 사랑하는 아들을 보내야겠다. 설마 그들이 내 아들이야 존중하겠지!' ¹⁴ 그러나 농부들은 그를 보고서, 서로 의논하며 말하였다. '이 사람은 상속자다. 그를 죽여 버리자. 그래서 유산이 우리 차지가 되게 하자.' ¹⁵ 그리하여 그들은 주인의 아들을 포도원 바깥으로 내쫓아서 죽였다. 그러니 포도원 주인이 그들을 어떻게 하겠느냐? ¹⁶ 주인은 와서 그들을 죽이고, 포도원을 다른 사람들에게 줄 것이다." 사람들이 이 말씀을 듣고서 말하였다. "그런 일이 없기를 바랍니다." ¹⁷ 그 때에 예수께서 그들을 똑바로 바라보시고 말씀하셨다. "그러면, '집 짓는 사람들이 버린 돌이 집 모퉁이의 머릿돌이 되었다' 하고 기록된 말은 무슨 뜻이냐? ¹⁸ 누구든지 그 돌 위에 떨어지면, 그는 부스러질 것이요, 그 돌이 어느 사람 위에 떨어지면 그를 가루로 만들 것이다." ¹⁹ 율법학자들과 대제사장들은 예수가 자기네들을 겨냥하여 이 비유를 말씀하신 줄 알았다. 그래서 그들은 바로 그 때에 예수께 손을 대어 잡으려고 하였으나, 백성을 두려워하였다. ²⁰ 그리하여 그들은 기회를 엿보다가, 정탐꾼들을 보내서, 이들이 거짓으로 의로운 사람들인 체 행세하면서 예수께로 접근하게 하여, 그의 말씀을 책잡게 하였다. 그렇게 해서, 그들은 예수를 총독의 치리권과 사법권에 넘겨주려고 하였다. ²¹ 그들은 예수께 이렇게 물었다. "선생님, 우리는 선생님이, 바르게 말씀하시고, 가르치시고, 또 사람을 겉모양으로 가리지 않으시고, 하나님의 길을 참되게 가르치고 계시는 줄 압니다. ²² 우리가 황제에게 세금을 바치는 것이 옳습니까, 옳지 않습니까?" ²³ 예수께서는 그들의 속셈을 알아채시고서 그들에게 말씀하셨다. ²⁴ "데나리온 한 닢을 나에게 보여다오. 이 돈에 누구의 얼굴상과 글자가 새겨져 있느냐?" 그들이 대답하였다. "황제의 것입니다." ²⁵ 예수께서 그들에게 말씀하셨다. "그러면 황제의 것은 황제에게 돌려주고, 하나님의 것은 하나님께 돌려드려라." ²⁶ 그들은 백성 앞에서 예수의 말씀을 책잡지 못하고, 그의 답변에 놀라서 입을 다물었다. ²⁷ 부활이 없다고 주장하는 사두개파 사람 가운데 몇 사람이 다가와서, 예수께 물었다. ²⁸ "선생님, 모세가 우리에게 써 주기를 '어떤 사람의 형이 자식이 없이 아내를 남겨 두고 죽으면, 그 동생이 그 형수를 맞아들여서 뒤를 이을 아들을 자기 형에게 세워주어야 한다' 하였습니다. ²⁹ 그런데 일곱 형제가 있었습니다. 맏이가 아내를 얻어서 살다가 자식이 없이 죽었습니다. ³⁰ 그래서 둘째가 그 여자를 맞아들였고, ³¹ 그 다음에 셋째가 그 여자를 맞아들였습니다. 일곱 형제가 다 그렇게 하였는데, 모두 자식을 남기지 못하고 죽었습니다. ³² 나중에 그 여자도 죽었습니다. ³³ 그러니 부활 때에 그 여자는 그들 가운데서 누구의 아내가 되겠습니까? 일곱이 다 그 여자를 아내로 맞아들였으니 말입니다." ³⁴ 예수께서 그들에게 말씀하셨다. "이 세상 사람들은 장가도 가고, 시집도 가지만, ³⁵ 저 세상과 죽은 사람들 가운데서 살아나는 부활에 참여할 자격을 얻은 사람은 장가도 가지 않고 시집도 가지 않는다. ³⁶ 그들은 천사와 같아서, 더 이상 죽지도 않는다. 그들은 부활의 자녀들이므로, 하나님의 자녀들이다. ³⁷ 죽은 사람들이 살아난다는 사실은 모세도 가시나무 떨기 이야기가 나오는 대목에서 보여 주었는데, 거기서 그는 주님을 '아브라함의 하나님, 이삭의 하나님, 야곱의 하나님'이라고 부르고 있다. ³⁸ 하나님은 죽은 사람들의 하나님이 아니라, 살아 있는 사람들의 하나님이시다. 모든 사람은 하나님과의 관계 속에서 살고 있다." ³⁹ 이 말씀을 듣고서, 율법학자 가운데 몇 사람이 말하였다. "선생님, 옳은 말씀입니다." ⁴⁰ 그들은 감히 예수께 더 이상 질문을 하지 못하였다. ⁴¹ 예수께서 그들에게 말씀하셨다. "어떻게 사람들이 그리스도를 다윗의 자손이라고 하느냐? ⁴² 다윗이 친히 시편에서 말하기를 '주님께서 내 주께 말씀하셨다. ⁴³ 「내가 네 원수들을 네 발 아래에 굴복시킬 때까지, 너는 내 오른쪽에 앉아 있어라」 하였다. ⁴⁴ 다윗이 그리스도를 주라고 불렀는데, 어떻게 그가 다윗의 자손이 되겠느냐?" ⁴⁵ 모든 백성이 듣고 있는 가운데, 예수께서는 자기 제자들에게 말씀하셨다. ⁴⁶ "율법학자들을 조심하여라. 그들은 예복을 입고 다니기를 원하고, 장터에서 인사 받는 것과 회당에서 높은 자리와 잔치에서 윗자리를 좋아한다. ⁴⁷ 그들은 과부들의 가산을 삼키고, 남에게 보이려고 길게 기도한다. 그들은 더 엄한 심판을 받을 것이다."

웨슬리와 함께 읽기

1 마태복음 21장 23절; 마가복음 11장 27절.

9 **오랫동안** – 이스라엘 사람들이 가나안 땅에 들어온 후로 그리스도의 탄생 때까지는 오랜 시간이 흘렀다(마 21:33; 막 12:1).

16 **그가 그들을 죽일 것이다** – 아마도 예수께서는 서기관들과 대제사장들 그리고 장로들을 가리켜 하신 말씀일 것이다. 그분께서는 이 사악한 자들을 비참하게 멸망시키실 것이다(마 21:41). 그러나 그들은 이런 일들이 자기 자신들에게 이루어지는 것은 도저히 견딜 수 없었다. 그들이 하는 말은 당신이 하는 비유, 즉 상속자를 거부하고 죽인다고 하는 것은 아마도 우리를 두고 하는 말 같은데, 하나님께서 그렇게 하지 못하도록 하시기를 바란다는 의미도 담고 있다. 그러나 너희들은 너희를 두고 한 예언대로 행동하게 될 것이다.

17 **그들을 보시고** – 그들이 주목하도록(시 118:22).

18 마태복음 21장 45절.

20 **의로운 사람들** – 온순한 양심을 가진 사람들. **그의 말씀을 책잡게** – 마치 자기들이 바라는 대로 예수께서 대답하셨다는 듯이(마 22:16; 막 12:12).

21 **당신께서 말씀하시고** – 개인적으로 그리고 가르치시고 – 사람들 앞

에서.

24 데나리온 한 닢을 보여라 – 로마 동전 한 닢으로서, 지금 논란이 된 세금을 바칠 때 주로 냈던 돈이다.

26 그들은 백성 앞에서 예수의 말씀을 책잡지 못하고 – 그러나 그들은 백성들이 없는 자리인 산헤드린 앞에서 그렇게 했다(눅 22:67 등).

27 마태복음 22장 23절; 마가복음 12장 18절.

28 신명기 25장 5절.

34 이 세상 사람들은 – 이 땅에 사는 사람들은 **장가도 가고 시집도 가지만** – 이런 것은 모두 도덕법에 따라야 한다. 그래서 인류는 계속 바로잡혀 가야 할 필요가 있는 것이다.

35 저세상을 취하는 자들은 – 죽은 자가 부활하기 전에 들어가는 세상.

36 그들은 하나님의 자녀들이다 – 더욱 분명하게 말하면, 그들이 부활해서 다시 일어날 때 그러하다.

37 죽은 자가 살아난다는 것은 다른 선지자들뿐만 아니라 모세가 부르심을 받을 때 모세도 보여주었다 – 즉, 하나님께서 나는 아브라함의 하나님이라고 자기 자신에 대해 하신 말씀을 그가 되뇌었을 때. 하나님은 완전히 죽어버린 사람들의 하나님이라고 말하는 것은 적절하지 않다(출 3:6).

38 하나님은 죽은 자들의 하나님이 아니다 혹은 죽은 자들의 하나님은 없다 – 즉, 하나님이라고 하는 호칭은 하나님 자신과 죽은 자들 사이에 있을 수 없는 그런 관계를 암시한다. 사두개인들은 영혼이 사라진다고 생각했다. 그래서 그들은 그분을 예배할 수도 없었고, 그분으로부터 선한 것을 받을 수도 없었다. **모든 사람은 그분과 관계하여 살고 있다** – 그분을 자기들의 하나님으로 모신 자는 누구나 그분에 대하여 살고, 그분

을 기뻐한다. 이 문장은 앞에 나왔던 것에 대한 논쟁이 아니다. 이 말은 앞으로 증명되어야 할 전제이다. 그리고 그 결과는 분명히 공정하게 나타난다. 모든 신실한 자들은 아브라함의 자녀들이기 때문에, 그런 자들에게 그분께서는 하나님이 되어주신다고 약속하셨기 때문에, 그분의 씨가 그들을 상속자로 삼아 그 안에 있으므로 이 말씀은 그들이 미래에 아브라함처럼 살아있을 것이며 행복을 계속 누리게 될 것이라는 사실을 암시한다. 또한 육체는 인간에게 있어서 중요한 부분이기 때문에 이 말씀은 그분의 부활뿐만 아니라 그들의 부활도 암시한다. 이런 식으로 그분께서는 사두개인들의 교리에 담긴 모든 음흉한 계략을 뒤엎으신다.

40 사두개인들은 감히 그렇게 하지 못하였다. 그러나 다음에서 율법학자 중에 한 사람이 그렇게 했다.

41 마태복음 22장 41절; 마가복음 12장 35절.

42 시편 110편 1절.

46 마태복음 23장 5절.

47 마태복음 23장 14절.

누가복음 21장

¹ 예수께서 눈을 들어 부자들이 헌금궤에 헌금 넣는 것을 보시고, ² 또 어떤 가난한 과부가 거기에 렙돈 두 닢을 넣는 것을 보셨다. ³ 그래서 예수께서는 말씀하셨다. "내가 진정으로 너희에게 말한다. 이 가난한 과부가 누구보다도 더 많이 넣었다. ⁴ 저 사람들은 다 넉넉한 가운데서 자기들의 헌금을 넣었지만, 이 과부는 구차한 가운데서 가지고 있는 생활비 전부를 털어 넣었다." ⁵ 몇몇 사람들이 성전을 가리켜서, 아름다운 돌과 봉헌물로 꾸며 놓았다고 말들을 하니, 예수께서 말씀하셨다. ⁶ "너희가 보고 있는 이것들이, 돌 한 개도 돌 위에 남지 않고 다 무너질 날이 올 것이다." ⁷ 제자들이 예수께 물었다. "선생님, 그러면 이런 일들이 언제 있겠습니까? 또 이런 일이 일어나려고 할 때에는, 무슨 징조가 있겠습니까?" ⁸ 예수께서 대답하셨다. "너희는 속지 않도록 조심하여라. 많은 사람이 내 이름으로 와서 말하기를 '내가 그리스도다' 하거나, '때가 가까이 왔다' 할 것이다. 그러나 그들을 따라가지 말아라. ⁹ 전쟁과 난리의 소문을 듣더라도 두려워하지 말아라. 이런 일이 반드시 먼저 일어나야 한다. 그러나 종말이 곧 오는 것은 아니다." ¹⁰ 그 때에 예수께서 그들에게 말씀하셨다. "민족이 일어나 민족을 치고, 나라가 일어나 나라를 칠 것이다. ¹¹ 큰 지진이 나고, 곳곳에 기근과 역병이 생기고, 하늘로부터 무서운 일과 큰 징조가 나타날 것이다. ¹² 그러나 이

모든 일이 일어나기에 앞서, 사람들이 너희에게 손을 대어 박해하고, 너희를 회당과 감옥에 넘겨줄 것이다. 너희는 내 이름 때문에 왕들과 총독들 앞에 끌려갈 것이다. **13** 그러나 이것이, 너희에게는 증언할 기회가 될 것이다. **14** 그러므로 너희는 변호할 말을 미리부터 생각하지 않도록 명심하여라. **15** 나는 너희의 모든 적대자들이 맞서거나 반박할 수 없는 구변과 지혜를 너희에게 주겠다. **16** 너희의 부모와 형제와 친척과 친구들까지도 너희를 넘겨줄 것이요, 너희 가운데서 더러는 죽일 것이다. **17** 너희는 내 이름 때문에, 모든 사람에게 미움을 받을 것이다. **18** 그러나 너희는 머리카락 하나도 잃지 않을 것이다. **19** 너희는 참고 견디는 가운데 너희의 목숨을 얻어라. **20** "예루살렘이 군대에게 포위 당하는 것을 보거든, 그 도성의 파멸이 가까이 온 줄 알아라. **21** 그 때에 유대에 있는 사람들은 산으로 도망하고, 그 도성 안에 있는 사람들은 거기에서 빠져나가고, 산골에 있는 사람들은 그 성 안으로 들어가지 말아라. **22** 그 때가 기록된 모든 말씀이 이루어질 징벌의 날들이기 때문이다. **23** 그 날에는, 아이 밴 여자들과 젖먹이가 딸린 여자들은 화가 있다. 땅에는 큰 재난이 닥치겠고, 이 백성에게는 무서운 진노가 내릴 것이다. **24** 그들은 칼날에 쓰러지고, 뭇 이방 나라에 포로로 잡혀갈 것이요, 예루살렘은 이방 사람들의 때가 차기까지, 이방 사람들에게 짓밟힐 것이다." **25** "그리고 해와 달과 별들에서 징조들이 나타나고, 땅에서는 민족들이 바다와 파도의 성난 소리 때문에 어쩔 줄을 몰라서 괴로워할 것이다. **26** 사람들은 세상에 닥쳐올 일들을 예상하고, 무서워서 기절할 것이다. 하늘의 세력들이 흔들릴 것이기 때문이다. **27** 그 때에 사람들은 인자가 큰 권능과 영광을 띠고 구름을 타고 오는 것을 볼 것이다. **28** 이런 일들이 일어나기 시작하거든, 일어서서 너희의 머리를 들어라. 너희의 구원이 가까워지고 있기 때문이다." **29** 예수께서 그들에게 비유를 하나 말씀하셨다. "무화과나무와 모든 나무를 보아라. **30** 잎이 돋으면, 너희는 스스로 보고서, 여름이 벌써 가까이 온 줄을 안다. **31** 이와 같이 너희도 이런 일들이 일어나는 것을 보거든, 하나님의 나라가 가까이 온 줄로 알아라. ³² 내가 진정으로 너희에게 말한다. 이 세대가 끝나기 전에, 이 모든 일이 다 일어날 것이다. ³³ 하늘과 땅은 없어질지라도, 내 말은 절대로 없어지지 않을 것이다." ³⁴ "너희는 스스로 조심해서, 방탕과 술취함과 세상살이의 걱정으로 너희의 마음이 짓눌리지 않게 하고, 또한 그 날이 덫과 같이 너희에게 닥치지 않게 하여라. ³⁵ 그 날은 온 땅에 사는 모든 사람에게 닥칠 것이다. ³⁶ 그러니 너희는 앞으로 일어날 이 모든 일을 능히 피하고, 또 인자 앞에 설 수 있도록, 기도하면서 늘 깨어 있어라." ³⁷ 예수께서는, 낮에는 성전에서 가르치시고, 밤에는 나와서 올리브 산이라고 하는 산에서 지내셨다. ³⁸ 그런데 모든 백성이 그의 말씀을 들으려고, 이른 아침부터 성전으로 모여들었다.

웨슬리와 함께 읽기

1 눈을 들어 보시고 – 조금 전에 보시던 사람들로부터 시선을 돌려서(막 12:41).

5 아름다운 돌 – 오늘날 우리가 사용하는 어떠한 기계로도 나르거나 쌓아놓을 수 없는 돌들. (최근에 그 성전의 돌을 직접 눈으로 보고 온 사람들이 쓴 글에 따르면) 그 돌 중에 어떤 것은 길이가 45큐빗, 높이는 5큐빗 그리고 넓이는 6큐빗이라고 한다. 그런데 그 돌들은 다른 나라에서 거기로 가져온 것이었다. **봉헌물** – 절박한 위험에서 빠져나온 사람들이 자신들이 했던 서원을 지키는 차원에서 벽이나 기둥에 걸어 놓은 것들. 성전의 대리석은 아주 하얘서 멀리서 보면 마치 눈 덮인 산처럼 보였다. 많은 부분이 금으로 도금했기 때문에 특히 햇빛이 비칠 때면 가장 화려하고 아름다운 장관을 연출하였다(마 24:1; 막 13:1).

8 내가 그리스도다, 때가 가까이 왔다 – 내가 너희를 너희의 모든 원수로부터 건져내는 때. 이것들은 미혹하는 자들의 말이다.

9 난리 – 내부 소요나 내전.

11 하늘로부터 무서운 일과 징조 – 요세푸스는 이런 상황을 보여주는 이야기를 전하고 있다.

12 마가복음 13장 9절.

13 **이것이 너희에게는 증언할 기회가 될 것이다** – 너희가 자기 자신의 영혼을 구했다는 것에 대한, 그들에게는 댈만한 핑계가 없다는 것에 대한 증언.

16 마태복음 10장 21절.

17 마태복음 24장 13절; 마가복음 13장 13절.

18 **머리카락 하나도** – 관용적인 표현이다. **잃지 않을 것이다** – 하나님의 특별하신 섭리가 없이는. 그리고 때가 되기 전에는 잃지 않을 것이고, 잃게 된 것에 대해서는 상급이 충분히 주어질 것이다.

19 즉, 잠잠하고 평정심을 유지하라. 너 자신을 다스리고 마음을 어지럽히거나 비이성적인 모든 감정을 통제하라. 네 영혼을 잘 관리할 때 비로소 너는 불행을 겪지 않게 될 것이고, 모든 위험을 더 잘 대비할 수 있을 것이다.

21 **그 안에 있는 사람들은** – 예루살렘에 있는 자들은 거기에서 벗어나라. 탈출하다가 인접한 도시의 군사들이 서로 연합하여 퇴각로를 잘라버리기 전에 무슨 수를 쓰더라도 인접한 시골에 있는 자들이 그리로 들어가지 못하도록 하라.

22 **기록된 모든 일이** – 특히 다니엘서에 기록된.

24 **그들은 칼날에 쓰러지고, 뭇 이방 나라에 포로로 잡혀갈 것이요** – 예루살렘이 포위되었을 때에 110만 명이 죽었다. 그리고 9만 명이 넘는 사람이 노예로 팔려나갔다. 이 예언은 이토록 끔찍하게 성취되었다! **예루살렘은 이방 사람들에게 짓밟힐 것이다** – 즉, 이방인들이 차지하고 살 것이다. 정말로 그렇게 되었다. 땅은 팔려나갔고 어떤 유대인도 예루살렘이 눈에 보이는 곳까지 다가올 수 없었다. 이 도성의 기초는 갈아엎

어졌으며, 이교도의 신전이 하나님의 성전이 서 있던 곳에 세워졌다. **이방인의 때** - 즉, 그들이 이 도성을 짓밟도록 한정된 시기. 이때는 이방인들이 온전히 개종하였을 때 끝이 날 것이다.

25 그리고… 할 것이다 - 큰 날이 오기 전에. 이날은 특히 예루살렘의 파괴 사건이라는 특징을 가지고 있다. **표징** - 위에서 언급했던 것들과는 다른(눅 21:11 등: 마 24:29; 막 13:24).

28 이런 일들이 일어날 때 - 누가복음 21장 8, 10절 등에서 언급된 일들은 일어나기 시작한다. 그때가 되면 일어서서 너희의 머리를 기쁜 마음으로 들고 굳건한 믿음으로 바라보라. 왜냐하면 너희는 해묵은 너희의 원수들을 무찌르시는 하나님에 의해 많은 고난으로부터 머지않아 건짐을 받을 것이기 때문이다.

29 무화과나무와 모든 나무를 보아라 - 그리스도께서는 이 말씀을 유월절 바로 전, 봄에 하신다. 이때가 되면 모든 나무가 감람산 위에서 싹을 냈다.

30 너희는 스스로 안다 - 누가 너희에게 가르쳐주지 않아도.

31 하나님의 나라가 가까이 있다 - 유대인들의 도성과 성전이 무너지고, 그들의 종교가 망하게 될 것이며, 내 나라가 임하는 것에 길을 양보하게 될 것이다.

32 이 모든 일이 다 일어날 것이다 - 누가복음 21장 7절에서 나왔던 질문과 관련하여 그리고 누가복음 21장 8-24절에서 다루었던 바, 예루살렘의 파괴에 대해서는 다 말했다.

34 너희는 스스로 조심해서, 방탕과 술 취함과 세상살이의 걱정으로 너희의 마음이 짓눌리지 않게 하고 - 사도들에게 이러한 죄를 범하지 않도록 경고할 필요가 있었다. 심지어 강한 그리스도인들이라 할지라도

이러한 지독한 죄를 짓지 않도록 경고해야 하는 분명한 이유가 있다. 우리는 자기 자신이 어떠한 죄도 짓지 않을 수 있다고 생각할 만큼 어리석다. **또한 그날이** – 비록 너희는 이 세상에 속하지 않은 사람들이지만 사망의 날이나 심판의 날은 너희에게 닥친다. 그리고 모르는 순간에 닥친다(마 24:42; 막 13:33; 눅 12:35).

35 **사는** – 아무런 관심도 없이 느긋하게 사는.

36 **그러므로 깨어 있어라** – 이 말씀은 지금까지 하셨던 모든 말씀의 결론이다. **또 인자 앞에 설 수 있도록**[48] – 이 말은 종종 어떤 사람이 영예롭게 될 때 사용하는 표현이다. 예를 들면 사도들은 그리스도를 위하여 수치를 견뎌낼 때 유익한 자라는 말을 들었다(행 5:41). 그들은 어떤 때는 이런 기준에 적합한 모습을 보이기도 하였고, 어떤 때는 그렇게 되어가는 모습을 보이기도 했다. 세례 요한이 회개에 합당한 열매를 맺으라고 훈계했을 때처럼(눅 3:8). 그리하여서 이 모든 일을 능히 피하고, 영예를 얻을 수 있도록 그리고 그럴 준비를 갖출 수 있도록 하라. **깨어 있으라** – 기쁨과 승리의 마음으로. 그분의 원수들처럼 그분 앞에서 넘어지지 않도록.

37 **낮에는** – 낮 동안에 그분께서는 **성전에서 가르치고 계셨다** – 이것은 우리 주님께서 예루살렘에 오신 이후로 자신의 시간을 어떻게 쓰셨는지 보여준다. 그러나 이것이 그분께서 오늘은 성전에 계시고 다음 날은 사람들이 찾아왔다는 것을 말하는 것이 아닐까? 그러므로 이 말은 그분께서 이렇게 하신 후로 성전에 더는 오시지 않았다는 말은 아니다.

38 아침이 되어도 여전히 침상에 누워서 게으름을 피우는 사람들에 비하면 이 이른 시간에 말씀을 듣고 있는 그분의 이 제자들은 얼마나 행복한 것인가! 우리도 필요 이상으로 잠에 빠져들어서 방탕하지 말고 매

일 아침 그분의 발아래 엎드려 그분께서 해주시는 말씀을 듣고 그분의 성령께서 하시는 가르침을 받도록 하자.

누가복음 20장과 21장은 예수님께서 예루살렘으로 입성하신 후 성전에서 벌어진 이야기들을 소개합니다. 이야기의 구성은 1) 유대 지도자들의 공격과 예수님의 방어(20:1-20, 21-26, 27-44, 45-47), 2) 참된 헌신의 모델(21:1-4) 그리고 3) 성전의 운명과 마지막 때에 관한 가르침(21:5-38)으로 되어 있습니다.

1)에서는 대제사장, 율법학자, 장로(1절), 사두개인(27절)이 나와서 예수님을 책잡습니다. 이들의 말을 보면 모두가 한결같이 불순한 의도를 갖고 있습니다. 2절에서 그들은 무슨 권한으로 예수님이 이런 일, 즉 성전에서 장사하는 사람들을 쫓아내신 행동(19:45-46)을 했는지 따집니다. 만일 하나님의 권한으로 했다고 하면 자칭 하나님 행세를 했으니 신성 모독죄에 걸리고, 자신이 한 것이라 하면 하나님께 도전하는 신성 모독죄에 걸립니다. 오도 가도 못하게 올무를 놓은 것입니다. 이에 예수님도 그들의 꾀를 맞받아쳐서 그들이 스스로 올무에 걸리게 하셨습니다. 그러나 이 모든 것을 떠나서 그들의 질문은 사람을 죽이려고 올무를 놓은 것이니 참으로 사악합니다.

이에 예수님은 그들의 마음을 비유로 말씀하십니다(9-18절). 포도원 소작농의 비유는 유대 지도자들을 가리키는 어리석은 소작농과 예수님을 가리키는 아들 그리고 하나님을 가리키는 주인이 나옵니다. 소작농들의 행동을 보면 참으로 이해가 안 됩니다. 그들은 포도원을 차지하려고 상속자를 죽입니다(14절). 상속자 아들을 죽이면 상속자는 사라지겠지만, 그렇다고 어떻게 그것이 자기들의 몫으로 돌아오리라고 꿈꿀 수 있는지 어리석기 그지없습니다. 이것이 바로 유대 지도자들의 행동이었습니다. 그들은 어떻게 해서든 자신의 기득권을 지키려고 하나님 나라를 거부하는 사람들이었습니다. 그러나 제아무리 발버둥 쳐도 이미 임한 하나님 나라는 막을 수 없습니다. 그것에 버티는 자는 도리어 심판을 당할 뿐입니다(16, 18절).

이렇게 당해놓고서도 그들의 집착은 끝이 없습니다. 그들은 다른 사람들을 보내어 다시 예수님을 책잡으려 합니다(20절). 가이사에게 드리는 세금에 관한 올무는 더욱 어렵습니다. 하나님께 드리라고 하면 황제에 저항하는 반역자로 몰리고, 황제에게 바치라고 하면 하나님을 무시하고 동족을 배신한 매국노가 될 처지입니다. 이들의 꾀도 대단하지만, 예수님의 답변도 대단합니다. 그러나 이 모든 것을 떠나서 이 사건은 그들이 얼마나 사악한 존재인지 보여줍니다. 또한 그들이 자신의 권력과 기득권을 사수하려고 얼마나 집착하는지, 그들의 탐욕을 보여줍니다.

여지없이 패했는데도 그들은 여전히 포기할 줄 모릅니다. 이번에는 사두개인들이 올무를 놓습니다(27-39절). 그들은 부활이라는 것은 없다고 생각하는 사람들인데(27절), 부활을 전제로 예수님을 시험합니다. 예수님을 넘어뜨리기 위해서는 자신의 신념조차 아무렇지 않게 내버리는 자들입니다. 이것은 한편으로 그들이 얼마나 권력과 기득권 사수에 집착하는지와 그들이 그것을 지키기 위해 수단 방법을 가리지 않을 정도로 사악하다는 것을 보여줍니다. 그러나 제아무리 꾀를 내고 집착하며 애를 써도 이미 임한 하나님의 나라를 막을 수는 없습니다. 이에 율법학자가 대표로 나서서 항복을 선언하고(39절) 더는 예수님을 공격하지 못합니다(40절). 이에 예수님은 시편 말씀을 인용하여 최후의 승리 선언을 하십니다(41-44절). 그리고 그들이 받을 심판에 관해 말씀하십니다(45-47절).

예수님께서는 그들의 위선과 사악함을 드러내신 후(20장) 한 가난한 과부를 통해 진정한 신앙인의 모델을 보여주십니다(21:1-4). 당시 세계에서 고아와 과부는 사회적으로 가장 취약한 계층의 사람이었습니다. 그들은 자기를 보호해줄 부모나 남편이 없었기 때문이었습니다. 그래서 성경은 늘 고아와 과부를 압제하지 말고 도리어 돌보라고 명했고(슥 7:10; 출 22:22; 신 24:20-21; 26:12 렘 7:6; 약 1:27 등), 하나님 자신도 그들을 돌보신다고 하시며(신 10:18; 시 68:5; 146:9 등), 이들을 홀대하는 자는 벌하신다고 하십니다(사 10:2; 말 3:5; 겔 22:7 등). 그런데 여기에서 이런 형편의 과부가 도리어 부자보다 더 훌륭한 신앙인의 모습으로 칭찬을 듣습니다. 이 과부는 앞서 나온 모든 유대 지도자나 부자들, 기득권자들보다 훨씬 나은 사람입니다.

예수님은 이 과부를 통해 겉으로 얼마나 번지르르한지, 얼마나 종교적 열심을 내는지의 사안이 그 사람의 신앙 됨됨이를 보여주는 것이 아니라, 얼마나 진실한 마음을 갖고 있느냐가 그 사람의 신앙을 판가름한다는 것을 보여주십니다. 사도 바울의 표현으로 말하자면 몸에 한 할례가 참 할례가 아니라 마음의 할례가 진정한 할례이며(롬 2:29), 이것이 그 사람이 하나님의 백성인지 아닌지 판가름하는 기준이 되는 것입니다(『표준설교』 13. "마음의 할례"). 유대 지도자들은 말로는 하나님을 읊어대지만 그들의 마음은 자신의 손익계산과 기득권 사수로 눈이 향해 있습니다. 그러나 참 신앙인은 그것의 많고 적음을 떠나서(21:2-4) 그 마음이 하나님을 향해 있습니다(『표준설교』 20, 21, "우리 주님의 산상수훈 V, VI").

사람의 손으로 지은 성전은 웅장하고 화려하겠지만(21:5), 그것은 돌 위에 돌 하나 남지 않고 무너질 것입니다(21:6). 그 성전 건물이 앞으로 닥칠 환란에서 그들을 지켜주지 못합니다(21:7-36). 도리어 모든 시험과 환란 중에 그들을 도와주고 지켜줄 이는 주님이시며(21:14-15, 18-19), 이들은 어려움 속에서도 신앙을 지키기 위해 늘 깨어 기도해야 합니다(21:36). 유대 지도자들은 자신들이 원하는 바를 얻으려고 잔꾀를 냈지만, 그것들이 자신들을 지켜주거나 승리로 이끌지 못했습니다. 도리어 과부처럼 하나님 앞에 진실하고 겸손한 마음이, 우리의 참된 보호자가 되시는 주님이, 어려움 속에서도 늘 깨어 있는 우리의 기도가 우리를 마지막 날에 주님 앞에 당당히 설 수 있도록 지켜줄 것입니다.

누가복음 22장

¹ 유월절이라고 하는 무교절이 다가왔다. ² 그런데 대제사장들과 율법학자들은 예수를 없애버릴 방책을 찾고 있었다. 그들은 백성을 두려워하였다. ³ 열둘 가운데 하나인 가룟이라는 유다에게 사탄이 들어갔다. ⁴ 유다는 떠나가서 대제사장들과 성전 경비대장들과 더불어 어떻게 예수를 그들에게 넘겨줄지를 의논하였다. ⁵ 그래서 그들은 기뻐하여, 그에게 돈을 주겠다고 약조하였다. ⁶ 유다는 동의하고, 무리가 없을 때에 예수를 그들에게 넘겨주려고, 기회를 노리고 있었다. ⁷ 유월절 양을 잡아야 하는 무교절 날이 왔다. ⁸ 예수께서 베드로와 요한을 보내시며 말씀하셨다. "가서, 우리가 먹을 수 있게 유월절을 준비하여라." ⁹ 그들이 예수께 말하였다. "어디에다 준비하기를 바라십니까?" ¹⁰ 예수께서 대답하셨다. "너희가 성 안으로 들어가면, 물 한 동이를 메고 오는 사람을 만날 것이니, 그가 들어가는 집으로 따라가거라. ¹¹ 그리고 그 집주인에게 말하기를 '선생님께서 당신에게 말씀하시기를, 내가 내 제자들과 함께 유월절 음식을 먹을 그 방이 어디에 있느냐고 하십니다' 하여라. ¹² 그러면 그 사람은 자리를 깔아 놓은 큰 다락방을 너희에게 보여 줄 것이니, 너희는 거기에다 준비를 하여라." ¹³ 그들이 가서 보니, 예수께서 말씀하신 그대로였다. 그리하여 그들은 유월절을 준비하였다. ¹⁴ 시간이 되어서, 예수께서 자리에 앉으시니, 사도들도 그와 함께 앉

았다. **15** 예수께서 그들에게 말씀하셨다. "내가 고난을 당하기 전에, 너희와 함께 이 유월절 음식을 먹기를 참으로 간절히 바랐다. **16** 내가 너희에게 말한다. 유월절이 하나님의 나라에서 이루어질 때까지, 나는 다시는 유월절 음식을 먹지 않을 것이다." **17** 그리고 잔을 받아서 감사를 드리신 다음에 말씀하셨다. "이것을 받아서 함께 나누어 마셔라. **18** 내가 너희에게 말한다. 나는 이제부터 하나님의 나라가 올 때까지, 포도나무 열매에서 난 것을 절대로 마시지 않을 것이다." **19** 예수께서는 또 빵을 들어서 감사를 드리신 다음에, 떼어서 그들에게 주시고 말씀하셨다. "이것은 너희를 위하여 주는 내 몸이다. 이것을 행하여 나를 기억하여라." **20** 그리고 저녁을 먹은 뒤에, 잔을 그와 같이 하시고서 말씀하셨다. "이 잔은 너희를 위하여 흘리는 내 피로 세우는 새 언약이다. **21** 그러나 보아라, 나를 넘겨줄 사람의 손이 나와 함께 상 위에 있다. **22** 인자는 하나님께서 정하신 대로 가지만, 인자를 넘겨주는 그 사람에게는 화가 있다." **23** 그들은, 자기들 가운데 이런 일을 할 사람이 누구일까 하고, 자기들끼리 서로 물었다. **24** 제자들 가운데서 누구를 가장 큰 사람으로 칠 것이냐는 물음을 놓고, 그들 사이에 말다툼이 벌어졌다. **25** 예수께서 그들에게 말씀하셨다. "뭇 민족들의 왕들은 백성들 위에 군림한다. 그리고 백성들에게 권세를 부리는 자들은 은인으로 행세한다. **26** 그러나 너희는 그렇지 않다. 너희 가운데서 가장 큰 사람은 가장 어린 사람과 같이 되어야 하고, 또 다스리는 사람은 섬기는 사람과 같이 되어야 한다. **27** 누가 더 높으냐? 밥상에 앉은 사람이냐, 시중드는 사람이냐? 밥상에 앉은 사람이 아니냐? 그러나 나는 섬기는 사람으로 너희 가운데 있다. **28** 너희는 내가 시련을 겪는 동안에 나와 함께 한 사람들이다. **29** 내 아버지께서 내게 왕권을 주신 것과 같이, 나도 너희에게 왕권을 준다. **30** 그리하여 너희가 내 나라에 들어와 내 밥상에서 먹고 마시게 하고, 옥좌에 앉아서 이스라엘의 열두 지파를 심판하게 하겠다." **31** "시몬아, 시몬아, 보아라. 사탄이 밀처럼 너희를 체질하려고 너희를 손아귀에 넣기를 요구하였다. ³² 그러나 나는 네 믿음이 꺾이지 않도록, 너를 위하여 기도하였다. 네가 다시 돌아올 때에는, 네 형제를 굳세게 하여라." ³³ 베드로가 예수께 말하였다. "주님, 나는 감옥에도, 죽는 자리에도, 주님과 함께 갈 각오가 되어 있습니다." ³⁴ 그러나 예수께서 말씀하셨다. "베드로야, 내가 네게 말한다. 오늘 닭이 울기 전에, 네가 세 번 나를 모른다고 할 것이다." ³⁵ 예수께서 제자들에게 말씀하셨다. "내가 너희를 돈주머니와 자루와 신발이 없이 내보냈을 때에, 너희에게 부족한 것이 있더냐?" 그들이 대답하였다. "없었습니다." ³⁶ 예수께서 그들에게 말씀하셨다. "이제는 돈주머니가 있는 사람은 그것을 챙겨라, 또 자루도 그렇게 하여라. 그리고 칼이 없는 사람은, 옷을 팔아서 칼을 사라. ³⁷ 내가 너희에게 말한다. '그는 무법자들과 한 패로 몰렸다'고 하는 이 성경 말씀이, 내게서 반드시 이루어져야 한다. 과연, 나에 관하여 기록한 일은 이루어지고 있다." ³⁸ 제자들이 예수께 말하였다. "주님, 보십시오. 여기에 칼 두 자루가 있습니다." 예수께서 그들에게 말씀하시기를 "넉넉하다" 하셨다. ³⁹ 예수께서 나가시어, 늘 하시던 대로 올리브 산으로 가시니, 제자들도 그를 따라갔다. ⁴⁰ 그 곳에 이르러서, 예수께서 제자들에게 말씀하시기를 "시험에 빠지지 않도록 기도하여라" 하신 뒤에, ⁴¹ 그들과 헤어져서, 돌을 던져서 닿을 만한 거리에 가서, 무릎을 꿇고 이렇게 기도하셨다. ⁴² "아버지, 만일 아버지의 뜻이면, 내게서 이 잔을 거두어 주십시오. 그러나 내 뜻대로 되게 하지 마시고, 아버지의 뜻대로 되게 하여 주십시오." ⁴³ [그 때에 천사가 하늘로부터 그에게 나타나서, 힘을 북돋우어 드렸다. ⁴⁴ 예수께서 고뇌에 차서, 더욱 간절히 기도하시니, 땀이 핏방울같이 되어서 땅에 떨어졌다.] ⁴⁵ 기도를 마치고 일어나, 제자들에게로 와서 보시니, 그들이 슬픔에 지쳐서 잠들어 있었다. ⁴⁶ 그래서 그들에게 말씀하셨다. "왜들 자고 있느냐? 시험에 빠지지 않도록, 일어나서 기도하여라." ⁴⁷ 예수께서 아직 말씀하시고 계실 때에, 한 무리가 나타났다. 열둘 가운데 하나인 유다라는 사람이 그들의 앞장을 서서 왔다. 그는 예수께 입을 맞추려고 가까이 왔다. ⁴⁸ 예수께서 그에게 말씀하셨다. "유다야, 너는 입맞춤으로 인자를 넘겨주려고 하느냐?" ⁴⁹ 예수의 둘레에 있는 사람들이 사태를 보고서 말하였다. "주님, 우리가 칼을 쏠까요?" ⁵⁰ 그 가운데 한 사람이 대제사장의 종의 오른쪽 귀를 쳐서 떨어뜨렸다. ⁵¹ 예수께서 말씀하시기를 "그만해 두어라!" 하시고, 그 사람의 귀를 만져서 고쳐 주셨다. ⁵² 그런 다음에, 자기를 잡으러 온 대제사장들과 성전 경비대장들과 장로들에게 말씀하셨다. "너희가 강도를 잡듯이 칼과 몽둥이를 들고 나왔느냐? ⁵³ 내가 날마다 성전에서 너희와 함께 있었으나, 너희는 내게 손을 대지 않았다. 그러나 지금은 너희의 때요, 어둠의 권세가 판을 치는 때다." ⁵⁴ 그들은 예수를 붙잡아서, 끌고 대제사장의 집으로 데리고 갔다. 그런데 베드로는 멀찍이 떨어져서 뒤따라갔다. ⁵⁵ 사람들이 뜰 한가운데 불을 피워놓고 둘러앉아 있는데, 베드로도 그들 가운데 끼여 앉아 있었다. ⁵⁶ 그때에 한 하녀가 베드로가 불빛을 안고 앉아 있는 것을 보고, 그를 빤히 노려보고 말하였다. "이 사람도 그와 함께 있었어요." ⁵⁷ 그러나 베드로는 그것을 부인하여 이렇게 말하였다. "여보시오, 나는 그를 모르오." ⁵⁸ 조금 뒤에 다른 사람이 베드로를 보고서 말했다. "당신도 그들과 한패요." 그러나 베드로는 "이 사람아, 나는 아니란 말이오" 하고 말하였다. ⁵⁹ 그리고 한 시간쯤 지났을 때에, 또 다른 사람이 강경하게 주장하였다. "틀림없이, 이 사람도 그와 함께 있었소. 이 사람은 갈릴리 사람이니까요." ⁶⁰ 그러나 베드로는 이렇게 말하였다. "여보시오, 나는 당신이 무슨 소리를 하는지 모르겠소." 베드로가 아직 말을 채 끝내기도 전에, 곧 닭이 울었다. ⁶¹ 주님께서 돌아서서 베드로를 똑바로 보셨다. 베드로는, 주님께서 자기에게 "오늘 닭이 울기 전에, 네가 세 번 나를 모른다고 할 것이다" 하신 그 말씀이 생각났다. ⁶² 그리하여 그는 바깥으로 나가서 비통하게 울었다. ⁶³ 예수를 지키는 사람들이 예수를 때리면서 모욕하였다. ⁶⁴ 또 그들은 예수의 눈을 가리고 말하였다. "너를 때린 사람이 누구인지 알아맞추어 보아라." **65** 그들은 그 밖에도 온갖 말로 모욕하면서 예수에게 욕설을 퍼부었다. **66** 날이 밝으니, 백성의 장로회, 곧 대제사장들과 율법학자들이 모여서, 예수를 그들의 공의회로 끌고 가서, **67** 이렇게 말하였다. "그대가 그리스도이면, 그렇다고 우리에게 말해 주시오." 예수께서 그들에게 말씀하셨다. "내가 그렇다고 여러분에게 말하더라도, 여러분은 믿지 않을 것이요, **68** 내가 물어보아도, 여러분은 대답하지 않을 것이요. **69** 그러나 이제부터 인자는 전능하신 하나님의 오른쪽에 앉게 될 것이오." **70** 그러자 모두가 말하였다. "그러면 그대가 하나님의 아들이오?" 예수께서 그들에게 말씀하셨다. "내가 그라고 여러분이 말하고 있소." **71** 그러자 그들은 말하였다. "이제 우리에게 무슨 증언이 더 필요하겠소? 우리가 그의 입에서 나오는 말을 직접 들었으니 말이오."

웨슬리와 함께 읽기

1 마태복음 26장 1절; 마가복음 14장 1절.

3 **사탄이 들어갔다** – 사탄은 마음이 사악한 길로 기운 사람을 언제든지 도우려 한다.

4 **경비대장** – 이들은 성전의 대장이라고 불렸다(눅 22:52). 그들은 유대인 장교들인데, 성전에서 매일 밤 보초 근무를 서는 군인들을 담당하는 사람이었다.

7 마태복음 26장 17절; 마가복음 14장 12절.

14 마태복음 26장 20절; 마가복음 14장 17절.

15 **간절히 바랐다** – 즉, 내가 정말로 그렇게 하기를 원했다. 그분께서는 이 엄숙한 작별의 시간에 자기 자신을 더욱 제자들에게 보이고 싶어 하셨고, 그래서 그들을 위해서 더욱 그렇게 하기 원하셨다. 또한 그분은 교회가 자신의 위대한 죽음을 기리도록 제정하려고 하셨고, 그래서 모든 교회를 위해서 그렇게 하기 원하셨다.

16 **나는 다시는 먹지 않을 것이다** – 즉, 내가 죽기 전에 이것이 내가 너희와 함께 먹는 마지막 식사이다. 하나님의 나라는 그분께서 부활하셨을 때에 비로소 온전하게 시작되었다. 그리고 유월절이라는 모습을 보

이는 것으로 성취되었다.[49)

17 **잔을 받아서** – 유월절 의식을 시작할 때 드는 잔. 그리고 말씀하셨다. 이것을 받아서 너희들이 함께 **나누어 마셔라** – 예수께서는 이전에 죽기 전에 더는 마시지 않겠다고 하셨으므로 여기에서는 내가 마실 것이라고 기대하지는 말라는 식으로 말씀하신다.[50)

19 **빵을 들어서** – 다시 말하면 잠시 후에, 저녁 식사가 끝났을 때, 그들이 유월절 양을 다 먹고 난 후에. **이것은 내 몸이다** – 유월절이라고 하는 파스카(Pascha) 식사를 이제 막 마쳤기 때문에 이와 비슷한 표현으로 예수께서는 이 빵을 자신의 몸이라고 부르신다. 이 상황은 파스카 양고기가 실제 유월절이 아닌 것이 분명하듯이, 빵이 예수 자신의 실제 몸이라고 생각하는 오해를 방지하기에 충분했다.

20 **이 잔은 새 언약이다** – 여기에서 잔이라고 하는 것은 잔이 아니라 그 안에 담긴 포도주를 가리키는 것임이 틀림없다. 이것은 그리스도의 피 안에 있는 새로운 언약이라고 불리는데, 이것은 새로운 언약 그 자체를 가리키는 것이 아니라 그 언약을 봉인한 것을 가리키며, 그 언약을 확증하기 위해 흘린 피의 표징을 가리킨다.

21 그리스도께서는 이 말씀을 주님의 만찬을 제정하시기 전에 하신 것임이 분명하다. 다른 복음서 저자들은 유다가 빵 조각을 받고 곧바로 나갔다는 것을 말한다(요 13:30). 그리고 그는 다시 돌아오지 않고, 다만 주님을 배반하기 위해 동산으로 온다. 이 빵을 포도주에 찍었거나 그에게 주신 것은 아니었다. 왜냐하면 고기가 상 위에 차려져 있었기 때문이다. 빵과 포도주가 차려질 때 이 상에 있는 모든 것은 치워졌다.

24 **그들 가운데 말다툼이 벌어졌다** – 이것은 성 마태와 성 마가가 언급했던 바로 그 말다툼을 가리킬 가능성이 상당히 크다. 따라서 비록 이

이야기가 이 장면에 기록되어 있지만 사실 이미 앞서 벌어진 일이었다.

25 그들 위에서 제멋대로 권세를 부리는 그 사람들은 자기에게 아첨하는 사람들로부터 은인이라는 헛된 호칭으로 불린다.

26 그러나 너희는 다스리는 것이 아니라 섬김으로써 사람들에게 은인이 되어야 한다.

27 그러나 - 그분은 친히 예를 들어서 증명하신다. **나는 너희들 가운데 앉아있다** - 바로 지금. 너희 눈으로 직접 봐라. 나는 특별하게 나를 여기지 않고 그저 중간에, 너희 중에 가장 낮은 자와 같은 위치에 앉아 있다.

28 **너희는 내 시련 가운데 나와 함께 하였다** - 그의 인생 전체는 이것 외에 달리 없었다. 특히 그분께서 공적 사역을 시작하신 후로.

29 **나도** - 나도 너희가 영광의 나라로 들어갈 때까지 너희의 모든 시험으로부터 너희를 지켜줄 것이다. **너희에게 준다** - 바로 이 말을 통해서. 어떤 한 사람에게 특별한 것을 주는 것이 아니라 모든 사람에게 그 나라를 준다. 즉, **내 아버지께서 나를 지명하신 것처럼**[51] - 싸우고 정복하신 분께서.

30 **너희가 내 나라에 들어와 내 밥상에서 먹고 마시게 하겠다** - 즉, 너희가 가장 큰 행복을 종이 아닌 손님으로서 누리게 하겠다. 이 말씀은 우선 열두 사도들에게 해당하고, 다음으로는 영적 능력과 영예, 기쁨을 가진 모든 그리스도의 종들과 제자들에게 해당한다. 이들은 여기에서 은혜와 영광의 나라에서 뛰어난 자리에 놓이게 되는 것과 관련하여 한 장면을 눈에 보듯이 그려내고 있다.

31 **사탄이 너를 손아귀에 넣고 싶어 한다** - 내 사도들을. 그래서 **사탄은 밀처럼 너희를 체질하려고 한다** - 너를 극심하게 시험한다.

32 **그러나 내가 너를 위하여 기도하였다** - 너는 모든 이 중에 가장 큰 위

험에 처하게 될 것이다. 네 믿음이 꺾이지 않도록 - 너희 모두의 믿음이. 네가 다시 돌아올 때 - 네가 달아났다가 다시 돌아올 때. 네 형제를 굳세게 하여라 - 믿음이 약한 모든 이를. 네가 실족한 것 때문에 실족한 사람들.

34 오늘 닭이 울기 전에 - 닭이 우는 시각은 보통 새벽 3시경인데, 베드로가 닭 우는 소리를 두 번 들었는데도 아직 이 시간이 되지는 않았을 것이다. 이런 일은 종종 일어나는 일이 아니다.

35 내가 너희를 보냈을 때 - 너희에게 부족한 것이 있더냐 - 부족한 것도 없었고, 위험도 없었다.

36 그러나 이제는 - 너희는 이제 완전히 다른 상황에 놓였다. 너희는 모든 것이 부족할 것이다. 칼이 없는 자는 옷을 팔아서 칼을 사라 - 이 구절을 문자 그대로 받아들여서는 안 된다는 것은 아주 분명하다. 이 말은 그저 극심한 위험의 때가 될 것이라는 의미이다.

37 나에 관하여 기록한 일은 이루어지고 있다 - 이제 때가 되어간다. 그 일들은 이제 이루어지려고 한다(사 53:12).

38 여기 칼 두 자루가 있습니다 - 갈릴리 지역의 많은 사람은 여행할 때에 길목마다 들끓었던 강도나 자객의 위험으로부터 자신을 지키기 위해서 칼을 지니고 다녔다. 그러나 사도들이 이렇게 자기를 보호하려고 했었을까? 예수께서 그들에게 "넉넉하다" 하셨다 - 이 말을 문자 그대로 받아들여서 너희들 각자가 칼을 가지고 있어야 한다는 것으로 이해하면 안 된다.

39 마태복음 26장 30절.

40 그곳 - 겟세마네 동산.

43 그에게 힘을 북돋우어 드렸다 - 그분의 육신이 무너져서 때가 되기

도 전에 죽지 않도록.

44 고뇌에 차서 – 아마도 어둠의 세력에 이제 막 사로잡혀서. 하나님 진노의 무게를 느껴서 그리고 이와 동시에 강력한 귀신들의 무리에 둘러싸여서. 이 귀신들은 그분의 상처받은 영혼을 괴롭히고 산만하게 만들어 놓으려고 온갖 힘을 다하고 온갖 악한 뜻을 다 품었다. **더욱 간절히 기도하시니** – 더욱 큰 울부짖음으로써. **땀이** – 날이 추웠으므로 그것은 커다란 핏방울처럼 보였다. 이것은 그분의 마음이 얼마나 큰 고통 중에 있었는지 보여준다. 이 핏방울같이 보이는 많은 땀이 땀구멍으로 마구 밀려 나와서 하나의 커다란 덩어리로 뭉쳐져 굵게 엉긴 덩어리가 되어 땅에 떨어졌다.

48 네가 인자를 배신하느냐 – 네가 그리스도, 인자로 알고 있는 그분을.

49 일어나는 일을 보고 – 그들이 그분을 막 체포하려는 것을 보고(마 26:51; 막 14:47).

51 내가 자비의 행위를 하나 더 할 동안 내 손을 묶지 말고 내버려 두어라.

52 예수께서는 자기를 잡으러 온 대제사장들과 성전 경비대장들과 장로들에게 말씀하셨다 – 이 사람들은 자기 발로 직접 찾아왔다. 그러나 군인들과 하인들은 가라고 해서 온 것이다.

53 지금은 너희의 때요 – 전에는 너희가 나를 잡을 수 없었다. **어둠의 권세** – 사탄이 권세를 잡은 시간.

54 마태복음 26장 57절; 마가복음 14장 53절; 요한복음 18장 12절.

58 다른 사람이 그를 보고 말했다 – 네 복음서 저자들이 서로 조화를 이룰 수 있도록 다양한 사람들이 베드로가 그리스도에게 속한 사람이라는 것을 고소하는 일에 의견의 일치를 보이는 모습을 보라. 그를 안으로 데려왔던 소녀는 모닥불을 통해 그를 본 후에 그에 대해 처음으로

질문을 던진다. 그 소녀는 그때 베드로가 그리스도와 한패라는 것에 대한 확신이 생겼다. 다른 하녀가 주변에 있는 사람들에게 베드로를 고발한다. 그리고 그녀는 여기에 언급된 한 남자에게 말해서 베드로에 대한 고발을 다시 제기한다. 이로 인해 베드로는 두 번째로 부인한다. 무리 중에 섞여 있던 다른 사람들이 그가 갈릴리 사람인 것을 알아차렸다. 그들은 말고의 친척을 통해 두 번째로 공격한다. 이 친척은 자기가 베드로를 동산에서 본 적이 있다고 확언한다. 이로 인해 베드로가 세 번째로 부인한다.

59 **약 한 시간쯤 지났다** – 그는 그 시간 내내 자기 자신에 대해 되돌아보지 않고 있었다.

63 마태복음 26장 67절; 마가복음 14장 65절.

64 **그들은 예수의 눈을 가리고 얼굴을 때렸다** – 성 마태와 성 마가에 의하면 이 일은 의회가 예수를 유죄로 판결한 후에 발생한 것으로 되어 있다. 아마도 예수께서는 판결을 받기 이전과 이후에 모두 이런 식으로 당하셨을 것이다.

65 이 표현은 눈여겨볼 만하다. 그들은 예수를 신성모독으로 고소하였다. 왜냐하면 예수께서는 자신이 하나님의 아들이라고 말씀하셨기 때문이다. 그러나 복음서 저자는 이 죄목을 그들에게 돌린다. 왜냐하면 예수께서는 실제로 하나님의 아들이기 때문이다.

66 마태복음 26장 63절; 마가복음 14장 61절.

70 **모두가 말하였다. "그대가 하나님의 아들이오"** – 하나님의 아들이라는 표현과 사람의 아들이라고 하는 이 두 표현은 메시아에게 붙여진 호칭으로 알려져 있다. 하나는 그분의 신성에서 비롯한 것이고, 다른 하나는 그분의 인성에서 비롯한 것이다.

역자 해설

누가복음 22장은 네 개의 장면으로 구성되었습니다. 1) 1-38절: 예수님께서 제자들과 마지막 식사를 나누시는 장면, 2) 39-46절: 겟세마네로 가셔서 기도하시는 장면, 3) 47-65절: 체포당하시는 장면, 4) 66-71절: 심문당하시는 장면. 예수님께서 제자들과 하시는 마지막 식사는 유월절 식사입니다. 예수님은 유월절 양고기와 쓴 나물 식사를 자신의 몸과 피를 상징하는 빵과 포도주로 대체하십니다. 그것은 '새언약'(20절)을 세우는 일이었습니다. 모든 계약이나 언약이 그러하듯, 언약은 관계를 설정하는 것입니다. 예수님께서 생각하시는 언약 관계는 살과 피, 즉 생명을 내어주는 사랑의 언약입니다. 그러나 제자들에게는 그렇게 다가오지 못했습니다. 열둘 가운데 하나인 유다에게는 사탄이 들어갔고, 돈으로 팔아넘기려 합니다(3-6절). 그 앉은 자리에서 나머지 제자들은 서로 높은 자리를 차지하려고 다툼을 벌입니다(24절).

그러나 예수님은 첫째로 참으로 큰 자가 되려면 가장 작은 자가 되어야 함을, 둘째로 제자들이 다스릴 것은 이 땅이 아니라 하나님 나라임을 가르치십니다(26-30절). 오늘날 그리스도인들은 이 말씀을 따라 섬기고 낮아지려고 합니다. 그러나 두 번째 가르침, 즉 그 높아짐의 자리가 이 땅이 아닌 하나님 나라라는 것은 종종 잊습니다. 그래서 겸손과 섬김은 추구하지만, 이것을 통해 이 땅에서 복락을 누리고, 높고 부유한 위치에서 안락을 기대합니다. 그래서 그 낮아짐은 높아짐을 위한 일종의 투자요 방편입니다. 사탄은 우리를 이런 자리로 교묘히 이끌기 위해 자신의 손아귀에 우리를 넣으려 합니다(31절). 베드로는 자기가 그럴 일은 절대로 없을 것이라 큰소리칩니다(33절). 그러나 그 맹세는 불과 몇 시간이 지나지 않아 허무하게 무너집니다.

예수님도 이 유혹에서 예외는 아니었습니다. 예수님께서 겟세마네에서 기도하시는 장면은 다소 실망스럽습니다(42절). 사람은 그렇다 쳐도, 어떻게 예수님이 고뇌하고 마음이 흔들릴 수 있다는 말입니까? 예수님도 '할 수만 있다면' 도망하고 싶어 하십니다. 그래서 그분은 천사의 도움도 받으십니다(43절). 그러나 누가는 이런 인간적인 모습의 예수님을 그리면서 그런 고뇌를 뚫고 끝내 승리하신 예수님의 모습을 보여줍니다. 겟세마네에서 체포당하시는 장면과 심문당하시는 이후의 이야기들을 보십시오. 베드로는 거짓말하면서 구차하게 자신의 안위를 구걸하지만, 예수님은 당당히 맞서십니다.

예수님께서 겟세마네 동산에서 보이시던 모습과 체포당하시고 심문 받으시는 모습은 너무나 대조적입니다. 겟세마네에서 그토록 고뇌하고 힘들어하던 모습은 안 보이고, 이후 장면에서는 전혀 흔들림이 없는 당당한 모습만 보입니다. 하지만 이와 대조적으로 자기는 절대로 배신할 일이 없다며 큰소리치던 베드로, 칼을 준비하고 심지어 휘두르기까지 하던 제자들의 그 호기는 사라지고, 그들은 너무나도 비굴하게 무너집니다.

예수님과 제자들, 이 둘의 차이는 무엇일까요? 예수님은 신이고 제자들은 사람이니 그럴 수 있다구요? 누가는 그렇게 말하지 않습니다. 예수님이 신이라서 그럴 수 있으셨다면, 굳이 겟세마네에서 괴로워하실 필요도 없으셨겠지요. 누가는 예수님과 제자들을 똑같은 위치에 놓고 우리에게 보여줍니다. 이 둘의 차이는 46절에 나타나 있습니다. 예수님도 똑같이 회피하고 싶은 유혹을 받으셨지만(42절), 그분은 깨어 기도하심으로 그것을 이겨내셨습니다. 그러나 제자들은 말로만 큰소리쳤지, 깨어 기도하지 못하고 그냥 잠들어버렸습니다. 누가는 우리에게 깨어 기도하는 것이 얼마나 중요한 것인지 말해줍니다.

그리스도인도 세상을 살면서 많은 시험과 유혹에 빠집니다. 그 유혹을 이기기란 너무나 힘듭니다. 다른 사람들처럼 나도 내 곳간을 채우고 싶고, 나도 남처럼 누리고 군림하고 멋지고 잘난 모습을 자랑하고 싶습니다. 신이 아닌 이상 인간이라면 누구나 다 그런 유혹을 받습니다. 그러나 참 그리스도인과 거짓 그리스도인의 차이는 유혹을 받느냐 안 받느냐에 있지 않고, 그 유혹을 이겨내느냐 못 이겨내느냐에 달려있습니다. 그리고 그 유혹을 이기는 방법은 딱 한 가지, 깨어 기도함으로 주님의 도우심을 받는 것밖에 없습니다.

누가복음 23장

¹ 그들 온 무리가 일어나서, 예수를 빌라도 앞으로 끌고 갔다. ² 그들이 예수를 고발하여 말하기를 "우리가 보니, 이 사람은 우리 민족을 오도하고, 황제에게 세금 바치는 것을 반대하고, 자칭 그리스도 곧 왕이라고 하였습니다." ³ 그래서 빌라도가 예수께 물었다. "당신이 유대인의 왕이오?" 예수께서 빌라도에게 대답하셨다. "당신이 그렇게 말하고 있소." ⁴ 빌라도가 대제사장들과 무리들에게 말하였다. "내가 보니 이 사람에게는 아무 죄도 없소." ⁵ 그러나 그들은 이렇게 주장하였다. "그 사람은 갈릴리에서 시작해서 여기에 이르기까지, 온 유대를 누비면서 가르치며 백성을 선동하고 있습니다." ⁶ 빌라도가 이 말을 듣고서 물었다. "이 사람이 갈릴리 사람이오?" ⁷ 그는 예수가 헤롯의 관할에 속한 것을 알고서, 예수를 헤롯에게 보냈는데, 마침 그 때에 헤롯이 예루살렘에 있었다. ⁸ 헤롯은 예수를 보고 매우 기뻐하였다. 그는 예수의 소문을 들었으므로, 오래 전부터 예수를 보고자 하였고, 또 그는 예수가 어떤 기적을 일으키는 것을 보고 싶어하였다. ⁹ 그래서 그는 예수께 여러 말로 물어 보았다. 그러나 예수께서는 그에게 아무 대답도 하지 않으셨다. ¹⁰ 그런데 대제사장들과 율법학자들이 곁에 서 있다가, 예수를 맹렬하게 고발하였다. ¹¹ 헤롯은 자기 호위병들과 함께 예수를 모욕하고 조롱하였다. 그런 다음에, 예수에게 화려한 옷을 입혀서 빌라도에

게 도로 보냈다. ¹² 헤롯과 빌라도가 전에는 서로 원수였으나, 바로 그 날에 서로 친구가 되었다. ¹³ 빌라도는 대제사장들과 지도자들과 백성을 불러모아 놓고서, ¹⁴ 그들에게 말하였다. "그대들은, 이 사람이 백성을 오도한다고 하여 내게로 끌고 왔으나, 보다시피, 내가 그대들 앞에서 친히 신문하여 보았지만, 그대들이 고발한 것과 같은 죄목은 아무것도 이 사람에게서 찾지 못하였소. ¹⁵ 헤롯도 또한 그것을 찾지 못하고, 그를 우리에게 돌려보낸 것이오. 이 사람은 사형을 받을 만한 일을 하나도 저지르지 않았소. ¹⁶ 그러므로 나는 이 사람을 매질이나 하고, 놓아주겠소." (17절 없음) ¹⁸ 그러나 그들이 일제히 소리 질러 말하였다. "이 자를 없애고, 바라바를 우리에게 놓아주시오." — ¹⁹ 바라바는, 그 성 안에서 일어난 폭동과 살인 때문에 감옥에 갇힌 사람이다.— ²⁰ 빌라도는 예수를 놓아주고자 하여, 다시 그들에게 말하였다. ²¹ 그러나 그들이 외쳤다. "그 자를 십자가에 못박으시오! 십자가에 못박으시오!" ²² 빌라도가 세 번째 그들에게 말하였다. "도대체 이 사람이 무슨 나쁜 일을 하였단 말이오? 나는 그에게서 사형에 처할 아무런 죄를 찾지 못하였소. 그러므로 나는 그를 매질이나 해서 놓아줄까 하오." ²³ 그러나 그들은 마구 우기면서, 예수를 십자가에 못박으라고 큰소리로 요구하였다. 그래서 그들의 소리가 이겼다. ²⁴ 마침내 빌라도는 그들의 요구대로 하기로 결정하였다. ²⁵ 그래서 그는 폭동과 살인 때문에 감옥에 갇힌 자는 그들이 요구하는 대로 놓아주고, 예수는 그들의 뜻대로 하게 넘겨주었다. ²⁶ 그들이 예수를 끌고 가다가, 들에서 오는 시몬이라는 한 구레네 사람을 붙들어서, 그에게 십자가를 지우고, 예수의 뒤를 따라가게 하였다. ²⁷ 백성들과 여자들이 큰 무리를 이루어서 예수를 따라 가고 있었는데, 여자들은 예수를 생각하여 가슴을 치며 통곡하였다. ²⁸ 예수께서 여자들을 돌아다보시고 말씀하셨다. "예루살렘의 딸들아, 나를 두고 울지 말고, 너희와 너희 자녀를 두고 울어라. ²⁹ 보아라, '아이를 배지 못하는 여자와, 아이를 낳아 보지 못한 태와, 젖을 먹여 보지 못한 가슴이 복되다' 하고 사람들이 말할 날이 올 것이다. **30** 그 때에, 사람들이 산에다 대고 '우리 위에 무너져 내려라' 하며, 언덕에다 대고 '우리를 덮어 버려라' 하고 말할 것이다. **31** 나무가 푸른 계절에도 사람들이 이렇게 하거든, 하물며 나무가 마른 계절에야 무슨 일이 벌어지겠느냐?" **32** 다른 죄수 두 사람도 예수와 함께 처형장으로 끌려갔다. **33** 그들은 해골이라 하는 곳에 이르러서, 거기서 예수를 십자가에 달고, 그 죄수들도 그렇게 하였는데, 한 사람은 그의 오른쪽에, 한 사람은 그의 왼쪽에 달았다. **34** [그 때에 예수께서 말씀하셨다. "아버지, 저 사람들을 용서하여 주십시오. 저 사람들은 자기네가 무슨 일을 하는지를 알지 못합니다."] 그들은 제비를 뽑아서, 예수의 옷을 나누어 가졌다. **35** 백성은 서서 바라보고 있었고, 지도자들은 비웃으며 말하였다. "이 자가 남을 구원하였으니, 정말 그가 택하심을 받은 분이라면, 자기나 구원하라지." **36** 병정들도 예수를 조롱하였는데, 그들은 가까이 가서, 그에게 신 포도주를 들이대면서, **37** 말하였다. "네가 유대인의 왕이라면, 너나 구원하여 보아라." **38** 예수의 머리 위에는 "이는 유대인의 왕이다" 이렇게 쓴 죄패가 붙어 있었다. **39** 예수와 함께 달려 있는 죄수 가운데 하나도 그를 모독하며 말하였다. "너는 그리스도가 아니냐? 너와 우리를 구원하여라." **40** 그러나 다른 하나는 그를 꾸짖으며 말하였다. "똑같은 처형을 받고 있는 주제에, 너는 하나님이 두렵지도 않으냐? **41** 우리야 우리가 저지른 일 때문에 그에 마땅한 벌을 받고 있으니 당연하지만, 이분은 아무것도 잘못한 일이 없다." 그리고 나서 그는 예수께 말하였다. **42** "예수님, 주님이 주님의 나라에 들어가실 때에, 나를 기억해 주십시오." **43** 예수께서 그에게 말씀하셨다. "내가 진정으로 네게 말한다. 너는 오늘 나와 함께 낙원에 있을 것이다." **44** 어느덧 낮 열두 시쯤 되었는데, 어둠이 온 땅을 덮어서, 오후 세 시까지 계속되었다. **45** 해는 빛을 잃고, 성전의 휘장은 한가운데가 찢어졌다. **46** 예수께서 큰 소리로 부르짖어 말씀하셨다. "아버지, 내 영혼을 아버지 손에 맡깁니다." 이 말씀을 하시고, 그는 숨을 거두셨다. ⁴⁷ 그런데 백부장은 그 일어난 일을 보고, 하나님께 영광을 돌리며 말하였다. "이 사람은 참으로 의로운 사람이었다." ⁴⁸ 구경하러 모여든 무리도 그 일어난 일을 보고, 모두 가슴을 치면서 돌아갔다. ⁴⁹ 예수를 아는 사람들과 갈릴리에서부터 예수를 따라다닌 여자들은, 다 멀찍이 서서 이 일을 지켜보았다. ⁵⁰ 요셉이라는 사람이 있었는데, 그는 공의회 의원이고, 착하고 의로운 사람이었다. ⁵¹ —이 사람은 의회의 결정과 처사에 찬성하지 않았다.— 그는 유대 사람의 고을 아리마대 출신으로, 하나님의 나라를 기다리는 사람이었다. ⁵² 이 사람이 빌라도에게 가서, 예수의 시신을 내어 달라고 청하였다. ⁵³ 그는 시신을 십자가에서 내려서, 삼베로 싼 다음에, 바위를 파서 만든 무덤에다가 모셨다. 그 무덤은 아직 아무도 묻힌 적이 없는 것이었다. ⁵⁴ 그 날은 준비일이고, 안식일이 시작될 무렵이었다. ⁵⁵ 갈릴리에서부터 예수를 따라다닌 여자들이 뒤따라가서, 그 무덤을 보고, 또 그의 시신이 어떻게 안장되었는지를 살펴보았다. ⁵⁶ 그리고 그들은 집에 돌아가서, 향료와 향유를 마련하였다. 여인들은 계명대로 안식일에 쉬었다.

웨슬리와 함께 읽기

1 마태복음 27장 1절; 마가복음 15장 1절; 요한복음 18장 28절.

4 빌라도가 말하였다 – 예수께서 변호하시는 것을 들으신 후에. 내가 보니 이 사람에게는 아무 죄도 없소 – 나는 이 사람이 가이사에게 대항하여 어떤 폭동이나 해로운 짓을 하려고 했다는 것을 발견할 수 없다.

5 그 사람은 갈릴리에서 시작해서 선동하고 있습니다 – 아마도 그들은 빌라도에게 경각심을 주기 위해서 갈릴리를 언급했을 것이다. 왜냐하면 갈릴리는 폭동이나 반란으로 유명한 곳이었기 때문이다.[52]

7 그는 예수를 헤롯에게 보냈는데 – 이것은 그가 제대로 판단한 것이다.

8 그는 오래전부터 예수를 보고자 하였다 – 그저 호기심에서.

9 그는 예수께 여러 말로 물어보았다 – 아마도 예수께서 기적을 일으켰다는 소문을 듣고 기적에 관해 물었을 것이다.

11 헤롯은 아무것도 건지지 못하고 그를 풀어주었다 – 아마도 예수께서 아무런 답변도 하지 않으시는 것을 보고 그가 바보라는 판단이 들었을 것이다. 화려한 옷을 입혀서 – 왕의 의복을 입혀서. 이것은 그가 이 왕을 두려워하지 않는다는 것을 내보이기 위해서였다.[53]

15 이 사람은 사형을 받을 만한 일을 하나도 저지르지 않았소 – 헤롯 또

한 이런 판단을 내렸다.

16 빌라도는 여기에서 백성들이 자신을 압박할 빌미만을 제공해준 셈이 되었다(마 27:15; 막 15:6; 요 18:39).

22 **빌라도가 세 번째 그들에게 말하였다. "도대체 이 사람이 무슨 나쁜 일을 하였단 말이오"** - 그리스도의 제자인 베드로가 예수를 세 번 부인하여 그분을 욕보였듯이, 이교도인 빌라도 또한 예수가 무죄라는 것을 세 번 선언함으로써 그분을 명예롭게 해주었다.[54]

26 마태복음 27장 31절; 마가복음 15장 21절; 요한복음 19장 16절.

30 호세아 10장 8절.

31 우리 주님께서는 속담을 사용하여 말씀하고 계시는데, 이것은 유대인들이 흔히 사용하던 것이었다. 유대인들은 선한 사람은 푸른 나무에 빗대고, 나쁜 사람은 죽은 나무에 빗대었다. 예수께서 말씀하신 것은 만일 무고한 사람조차 이런 일을 당한다면 악한 사람은 하물며 어떻겠냐는 것이다. 악한 사람은 불태워 버리기 위해 말려놓은 나무처럼 이제 곧 멸망하게 된다.

34 **그때 예수께서 말씀하셨다** - 우리 주님은 십자가에서 대부분 침묵하셨다. 그러나 그분께서 십자가 위에서 하신 일곱 개의 말씀은 네 복음서 저자들에 의해 기록으로 남겨졌는데, 어느 한 복음서 저자도 그 말씀들을 모두 다 기록하지는 않았다. 네 복음서는 말 그대로 네 개의 부분으로 되어있어서 서로 연결되고, 하나의 노래로 울려 퍼진다. 어떤 때에는 그것들 가운데 하나만이, 또 다른 때에는 둘이나 세 개가, 어떤 것은 네 복음서 모두 한꺼번에 울려 퍼진다.[55] **아버지** - 예수께서는 십자가에서 고통을 당하기 시작하실 때와 마지막 부분에서 각각 이 말씀을 하신다. **저들을 용서하소서** - 이 얼마나 충격적인 말씀인가! 그 사람

들은 여전히 자신을 십자가에 못 박고 있는데, 그분은 그들이 자기에게 준 상처보다는 그들 자신의 영혼에 스스로 끼치고 있는 상처를 더 느끼고 계신 것 같다. 그분께서는 그 사람들의 구원에 대해 온통 관심을 쏟으셨기 때문에 자기 자신의 고통은 잊고 계신 것이다. 그분의 이 기도가 얼마나 잘 들리는가! 이 기도로 인해 참회하는 자들을 위한 용서는 이미 이루어졌으며, 참회하지 않는 자들을 향한 복수는 잠시 보류되었다.

35 네가 만일 그리스도라면(눅 23:37). – 제사장들은 메시아라는 호칭을 조롱하였다.

37 네가 만일 왕이라면 – 군인들은 왕이라는 호칭을 조롱하였다.

38 마태복음 27장 37절; 마가복음 15장 26절; 요한복음 19장 19절.

39 죄수 가운데 하나도 그를 모독하며 말하였다 – 성 마태는 강도들이라고 말한다. 성 마가는 그와 함께 십자가에 못 박힌 사람들이 모두 그를 헐뜯었다고 전한다. 성 마태나 성 마가 모두 다 한 사람을 복수 격으로 말하거나(훌륭한 작가들은 종종 그렇게 한다) 혹은 두 사람 모두 처음에는 예수를 헐뜯었지만, 나중에 그들 가운데 한 사람은 "압도하는 구원의 은혜의 능력"을 느꼈다.[56]

40 다른 하나는 그를 꾸짖으며 – 이 얼마나 놀라운 수준의 회개와 믿음과 미덕인가! 정작 자기 자신은 그분의 제자들마저 실족하여 넘어질 정도로 수치스러운 상황에 있음에도 불구하고 모든 사람 앞에서 자신의 죄를 고백하고 동료 죄수를 야단치고 그리스도에 대해 영예로운 증언을 하며, 그분에 대한 자신의 믿음을 고백하다니 이 얼마나 놀랍고 선한 행위인가![57] 이것은 하나님의 놀라운 은혜의 능력을 잘 보여준다. 그러나 그의 이러한 행위도 이 마지막 순간에 사람들이 자신의 죄를 뉘우치도록 부추기지는 못한다. 성경 내용을 미루어 볼 때, 이것은 이 죄

수가 그리스도에 대해 알 수 있는 첫 번째 기회였으며, 그의 회심은 그분의 원수들이 그분을 조롱하고 그분의 제자들은 그분을 부인하거나 저버릴 때 이 사람으로 하여금 자신의 가장 처참한 상태에서 우리 구세주께 특별히 영광을 돌리도록 계획하신 일이었다.

42 들어가실 때 나를 기억해 주십시오 – 천국에서, **당신의 나라에서** – 그는 그분을 왕으로, 특히 돌아가신 후에 죽은 자들에게 유익을 베푸실 수 있는 왕으로 인식하고 있다. 사도들은 그리스도의 나라에 대해 이처럼 분명히 이해하고 있지는 못했다.

43 낙원에 – 의인의 영혼이 죽은 후로부터 부활할 때까지 머무는 곳. 그분께서 내가 그때 너를 기억하겠다고 말씀하지 않으시고 바로 오늘 기억하겠다고 말씀하신다.

44 어둠이 온 땅을 덮어서 – **낮** – 어둠이 태양을 가려서 북반구에 있는 모든 지역이 어둑하게 되었다. 남반구 역시 이처럼 어두워졌는데, 달은 태양 반대쪽에 있어서 태양 빛을 받지 못했기 때문이었다(마 27:45).[58]

45 마가복음 15장 38절.

46 아버지, 당신 손에 – 성부께서는 예수의 영혼을 받으신다. 예수께서는 친히 신자들의 영혼이 되신다.[59]

47 이 사람은 참으로 의로운 사람이었다 – 이 말은 그분께서 하신 모든 말씀과 행동들을 인정하는 말이다.

48 모든 사람 – 거기에서 실제로 어떤 행동을 하지는 않았던 사람들은 **가슴을 치면서 돌아갔다** – 이것은 슬픔을 표시하는 것이다.

50 마태복음 27장 57절; 마가복음 15장 43절; 요한복음 19장 38절.

역자 해설

예수님이 사역하실 때 많은 이가 예수님을 따라다녔습니다. 그들은 예수님이 하시는 많은 놀라운 일도 보았고, 다양한 혜택을 누리기도 했습니다. 그러나 이제 예수님은 무기력하게 빌라도 앞에 죄수로 끌려왔습니다. 예수님을 따르던 무리는 이제 온갖 왜곡과 거짓으로 예수님을 궁지에 몰아넣으려 합니다. "황제에게 세금 바치는 것을 반대했다"(2절)라는 말은 가이사에게 세금을 바치는 것으로 벌어졌던 논쟁(20:21-26)을 가리킨 것입니다. 이들은 그 가르침을 자신들의 목적에 맞게 왜곡해서 예수님을 사지로 몰아넣으려 합니다. 예수님이 자신을 가리켜 왕이라고 했다는 고발과 더불어 2절에서 말하는 내용은 예수님을 로마제국에 대항하는 반란 수괴로 몰아넣는 것입니다. 자신들을 압제하는 로마제국의 편에 서서 무리는 마치 자기들이 로마 황제의 충신 행세를 합니다. 그들은 예수님이 이스라엘을 두루 다니며 반란을 도모하는 정치인으로 고발합니다(5절). 이들이 하루아침에 이렇게 돌아선 까닭은 무엇이었을까요?

그들은 예수님을 반란 정치범으로 몰아서 죽이고 바라바를 살릴 것을 요구합니다. 그는 폭동과 살인 때문에 옥에 갇힌 사람입니다(18-19절). 여기에서 말하는 폭동과 살인은 그가 단순한 일반 폭력범이 아닌 로마제국에 폭력을 사용해서 저항하는 독립운동가임을 말합니다. 즉, 그들은 로마제국에 대항해서 폭력적으로 독립을 쟁취하는 데 앞장설 투사를 예수님에게서 기대했습니다. 그러나 예수님에게서 그런 모습을 찾지 못하자 그들은 바라바를 선택하고 예수님을 미련 없이 버립니다. 그들에게 예수님은 자신들의 목적을 이루기 위한 하나의 도구에 불과했습니다.

헤롯은 예수님을 무척 보고 싶어 했습니다(8절). 그는 예수님에 대해 여러 이야기를 익히 들어서 알고 있었고, 자신의 눈으로 그 놀라운 일을 직접 보고 싶어 했습니다. 헤롯은 예수님을 만나서 자신의 호기심을 채우고 싶었지만, 예수님은 협조해주지 않았고, 결국 헤롯은 예수님을 조롱한 후에 빌라도에게 돌려보냅니다. 헤롯에게 예수님은 그저 자신의 호기심을 채워주고 자기 앞에서 신비한 쇼를 보여주는 예능인에 불과했습니다. 예수님께서 이 세상에 오신 목적과 그분의 사역이 어떤 의미를 갖는지 등에 대해서는 전혀 관심이 없었습니다. 많은 사람이 로마제국의 압제에 눌려 신음하고 고통을 당하는데도 그에게는 먼 나라 남의 이야기에 불과했습니다. 예수님의 사역은 고통받는 이들에게 도움과 힘 그리고 용기와 희망을 주는 분이었습니다. 그러나 헤롯은 예수님이 사역을 통해 펼치고자 하신 그 뜻 따위에는 전혀 관심이 없었습니다. 그는 그저 신기한 마술쇼, 자기에게 웃음과 놀라움과 즐거움을 선사해주는 쇼맨으로 예수님을 기대했을 뿐입니다.

빌라도의 모습을 봅시다. 23장 전체를 보면 빌라도는 예수님을 풀어주려 노력한 것처럼 보입니다. 그렇다면 빌라도는 선한 사람이었을까요? 요세푸스가 전한 기록에 따르면 빌라도는 무척 잔인하고 악질적인 사람이었습니다(『유대 전쟁사』 2.9.4; 『유대 고대사』 18.3). 그는 매우 정치적이었고, 그래서 예루살렘에서 시끄러운 일이 일어나는 것을 원치 않았습니다. 괜히 소동이 일어났다가 문제가 커지면 자신은 총독의 지위를 잃고

소환될 수 있었기 때문이었습니다. 그래서 그는 '좋은 게 좋은 것'이라는 생각에서 조용히 넘어가고 싶었습니다. 예수님이 어떤 분이건, 바라바가 어떤 사람이건 그에게는 중요하지 않습니다. 그저 조용히 유월절 축제 기간을 넘기는 것만이 그의 관심사였습니다.

예수님 옆에 십자가에 함께 달린 한 강도가 마지막으로 눈에 띕니다. 십자가 아래서 군중과 군인들이 예수님에게 내려와 보라고 조롱합니다. 그런데 한 사형수는 자기도 죽어가는 마당에 자신을 처형하는 사람들과 한 편이 되어 예수님을 모욕합니다(39절). 그의 마음은 무엇이 그리 응어리졌기에 죽어가면서까지 이런 모진 마음을 품고 있었던 걸까요? 그에게 예수님은 자기가 죽어간다는 현실로 인한 분노를 쏟아내는 도구였습니다. 혹시라도 그러다가 기적이 일어나면 밑져야 본전이겠지만, 그럴 리는 없으니 그저 화풀이라도 하려는 셈입니다.

예수님의 재판과 죽음 앞에서 예수님을 바라보는 많은 사람이 있습니다. 그들은 각자 자신만의 안경을 끼고 예수님을 바라봅니다. 그들에게 예수님은 과연 어떤 분이었을까요? 그들은 왜 그렇게 예수님을 바라보았을까요? 한편 골고다로 가시는 예수님을 울며 따르던 여인들도 있고(27절), 어쩌다가 예수님의 십자가를 대신 진 구레네 시몬도 있고(26절), 십자가 앞에서 예수님의 죽음을 바라보는 백부장도 있고(47절), 예수님의 시신을 수습하는 아리마대 요셉도 있고(50-54절), 예수님의 장례를 마무리하려고 준비하는 여인들도 있습니다(55-56절). 이들에게 예수님은 어떤 분으로 다가왔을까요? 우리에게 예수님은 어떤 분일까요?

누가복음 24장

¹ 이레의 첫날 이른 새벽에, 여자들은 준비한 향료를 가지고 무덤으로 갔다. ² 그들은 무덤 어귀를 막은 돌이 무덤에서 굴려져 나간 것을 보았다. ³ 그들이 안으로 들어가 보니, 주 예수의 시신이 없었다. ⁴ 그래서 그들이 이 일을 어떻게 해야 할지를 몰라서 당황하고 있는데, 눈부신 옷을 입은 두 남자가 갑자기 그들 앞에 나섰다. ⁵ 여자들은 두려워서 얼굴을 아래로 숙이고 있는데, 그 남자들이 그들에게 말하였다. "어찌하여 너희들은 살아 계신 분을 죽은 사람들 가운데서 찾고 있느냐? ⁶ 그분은 여기에 계시지 않고, 살아나셨다. 갈릴리에 계실 때에, 너희들에게 하신 말씀을 기억해 보아라. ⁷ '인자는 반드시 죄인의 손에 넘어가서, 십자가에 처형되고, 사흘째 되는 날에 살아나야 한다'고 하셨다." ⁸ 여자들은 예수의 말씀을 회상하였다. ⁹ 그들은 무덤에서 돌아와서, 열한 제자와 그 밖의 모든 사람에게 이 모든 일을 알렸다. ¹⁰ 이 여자들은 막달라 마리아와 요안나와 야고보의 어머니인 마리아이다. 이 여자들과 함께 있던 다른 여자들도, 이 일을 사도들에게 말하였다. ¹¹ 그러나 사도들에게는 이 말이 어처구니없는 말로 들렸으므로, 그들은 여자들의 말을 믿지 않았다. ¹² 그러나 베드로는 일어나서 무덤으로 달려가, 몸을 굽혀서 들여다보았다. 거기에는 시신을 감았던 삼베만 놓여 있었다. 그는 일어난 일을 이상히 여기면서 집으로 돌아갔다.

¹³ 마침 그 날에 그들 가운데 두 사람이 예루살렘에서 한 삼십 리 떨어져 있는 엠마오라는 마을로 가고 있었다. ¹⁴ 그들은 일어난 이 모든 일을 서로 이야기하고 있었다. ¹⁵ 그들이 이야기하며 토론하고 있는데, 예수께서 가까이 가서, 그들과 함께 걸으셨다. ¹⁶ 그러나 그들은 눈이 가려져서 예수를 알아보지 못하였다. ¹⁷ 예수께서 그들에게 물으셨다. "당신들이 걸으면서 서로 주고 받는 이 말들은 무슨 이야기입니까?" 그들은 침통한 표정을 지으며 걸음을 멈추었다. ¹⁸ 그 때에 그들 가운데 하나인 글로바라는 사람이 예수께 말하였다. "예루살렘에 머물러 있었으면서, 이 며칠 동안에 거기에서 일어난 일을 당신 혼자만 모른단 말입니까?" ¹⁹ 예수께서 그들에게 물으셨다. "무슨 일입니까?" 그들이 그에게 말하였다. "나사렛 예수에 관한 일입니다. 그는 하나님과 모든 백성 앞에서, 행동과 말씀에 힘이 있는 예언자였습니다. ²⁰ 그런데 우리의 대제사장들과 지도자들이 그를 넘겨주어서, 사형선고를 받게 하고, 십자가에 못박아 죽였습니다. ²¹ 우리는 그분이야말로 이스라엘을 구원하실 분이라는 것을 알고서, 그분에게 소망을 걸고 있었던 것입니다. 그뿐만 아니라, 그런 일이 있은 지 벌써 사흘이 되었는데, ²² 우리 가운데서 몇몇 여자가 우리를 놀라게 하였습니다. 그들은 새벽에 무덤에 갔다가, ²³ 그의 시신을 찾지 못하고 돌아와서 하는 말이, 천사들의 환상을 보았다는 것입니다. 천사들이 예수가 살아 계신다고 말했다는 것입니다. ²⁴ 그래서 우리와 함께 있던 몇 사람이 무덤으로 가서 보니, 그 여자들이 말한 대로였고, 그분은 보지 못하였습니다." ²⁵ 예수께서는 그들에게 말씀하셨다. "어리석은 사람들입니다. 예언자들이 말한 모든 것을 믿는 마음이 그렇게도 무디니 말입니다. ²⁶ 그리스도가 마땅히 이런 고난을 겪고서, 자기 영광에 들어가야 하지 않겠습니까?" ²⁷ 그리고 예수께서는 모세와 모든 예언자에서부터 시작하여 성경 전체에서 자기에 관하여 써 놓은 일을 그들에게 설명하여 주셨다. ²⁸ 그 두 길손은 자기들이 가려고 하는 마을에 가까이 이르렀다. 그런데 예수께서

는 더 멀리 가는 척하셨다. ²⁹ 그러자 그들은 예수를 만류하여 말하였다. "저녁 때가 되고, 날이 이미 저물었으니, 우리 집에 묵으십시오." 예수께서 그들의 집에 묵으려고 들어가셨다. ³⁰ 그리고 그들과 함께 음식을 잡수시려고 앉으셨을 때에, 예수께서 빵을 들어서 축복하시고, 떼어서 그들에게 주셨다. ³¹ 그제서야 그들의 눈이 열려서, 예수를 알아보았다. 그러나 한순간에 예수께서는 그들에게서 사라지셨다. ³² 그들은 서로 말하였다. "길에서 그분이 우리에게 말씀하시고, 성경을 풀이하여 주실 때에, 우리의 마음이 [우리 속에서] 뜨거워지지 않았습니까?" ³³ 그들이 곧바로 일어나서, 예루살렘에 돌아와서 보니, 열한 제자와 또 그들과 함께 있던 사람들이 모여 있었고, ³⁴ 모두들 "주님께서 확실히 살아나시고, 시몬에게 나타나셨다" 하고 말하고 있었다. ³⁵ 그래서 그 두 사람도 길에서 겪은 일과 빵을 떼실 때에 비로소 그를 알아보게 된 일을 이야기하였다. ³⁶ 그들이 이런 이야기를 하고 있을 때에, 예수께서 몸소 그들 가운데 들어서서 말씀하셨다. "너희에게 평화가 있어라." ³⁷ 그들은 놀라고, 무서움에 사로잡혀서, 유령을 보고 있는 줄로 생각하였다. ³⁸ 예수께서는 그들에게 말씀하셨다. "어찌하여 너희는 당황하느냐? 어찌하여 마음에 의심을 품느냐? ³⁹ 내 손과 내 발을 보아라. 바로 나다. 나를 만져 보아라. 유령은 살과 뼈가 없지만, 너희가 보다시피, 나는 살과 뼈가 있다." ⁴⁰ 이렇게 말씀하시고, 그는 손과 발을 그들에게 보이셨다. ⁴¹ 그들은 너무 기뻐서, 아직도 믿지 못하고 놀라워하고 있는데, 예수께서 그들에게 말씀하셨다. "여기에 먹을 것이 좀 있느냐?" ⁴² 그래서 그들이 예수께 구운 물고기 한 토막을 드렸다. ⁴³ 예수께서 받아서, 그들 앞에서 잡수셨다. ⁴⁴ 예수께서 그들에게 말씀하셨다. "내가 전에 너희와 함께 있을 때에 너희에게 말하기를, 모세의 율법과 예언서와 시편에 나를 두고 기록한 모든 일이 반드시 이루어져야 한다고 하였다." ⁴⁵ 그 때에 예수께서는 성경을 깨닫게 하시려고, 그들의 마음을 열어 주시고, ⁴⁶ 그들에게 말씀하셨다. "이렇게 기록되어 있다. 곧

'그리스도는 고난을 겪으시고, 사흘째 되는 날에 죽은 사람들 가운데서 살아나실 것이며, ⁴⁷ 그의 이름으로 죄사함을 받게 하는 회개가 모든 민족에게 전파될 것이다' 하였다. 예루살렘에서부터 시작하여 ⁴⁸ 너희는 이 일의 증인이다. ⁴⁹ [보아라,] 나는 내 아버지께서 약속하신 것을 너희에게 보낸다. 그러므로 너희는 위로부터 오는 능력을 입을 때까지, 이 성에 머물러 있어라." ⁵⁰ 그리고 예수께서는 그들을 [밖으로] 베다니까지 데리고 가서, 손을 들어 그들을 축복하셨다. ⁵¹ 예수께서는 그들을 축복하시는 가운데, 그들에게서 떠나 하늘로 올라가셨다. ⁵² 그들은 예수께 경배하고, 크게 기뻐하면서, 예루살렘으로 돌아가서, ⁵³ 하나님을 찬양하면서 날마다 성전에서 지냈다.

웨슬리와 함께 읽기

1 **그들과 함께 어떤 다른 사람들이** - 갈릴리에서 온 사람이 아닌 다른 사람들(마 28:1; 막 16:1; 요 20:1).

4 **보라, 두 사람이** - 남자의 모습을 한 천사들. 마리아는 조금 전에 그들을 본 적이 있다. 그들은 이 여인들이 무덤에 왔을 때 사라졌었다. 그러나 이제 다시 나타났다. 성 마태와 마가는 이 천사들 가운데 하나만 젊은이의 모습으로 나타났다고 전한다.

6 이 말은 우리 주님께서 자신의 수난 이전에 그들에게 이미 하셨던 말씀을 반복하는 것뿐이다. 그러나 여기에서 우리가 볼 수 있는 것은 그분께서는 부활 이후에는 자기 자신을 가리켜서 인자라고 하지 않으신다는 점이다.

13 마가복음 16장 12절.

21 **오늘이 사흘째인데** - 그분께서 정말 살아나셨다면 오늘이 바로 그날인데.

25 **오, 어리석은** - 하나님의 계획과 하시는 일을 이해하지 못하는. **마음이 무디니** - 예언자들이 그토록 큰 소리로 외쳤던 것을 믿으려고 하지 않는.

26 그리스도가 마땅히 - 그분께서 인류를 구속하고자 하시고, 예언자들이 자기에 관해 말했던 것을 성취하시고자 이 모든 고난을 겪으셨는데 **그렇다면 -** 너희들이 의심하였던 바로 그 수난 사건이 그분께서 메시아라는 사실을 증명해주는 것일진대. **그분이 자기 영광에 들어가야 하지 -** 거기로 들어가기 위해서는 다른 길은 없다.

28 더 멀리 가는 척하셨다 - 마치 그분께서는 계속 가시려는 듯이 더 걸어가려고. 만일 그들이 그분께 강권하여 묵고 가시라고 하지 않았더라면 그분은 정말 계속 가셨을 것이다.

29 그들은 예수를 만류하였다 - 계속 끈질기게 강권하여서.

30 예수께서 빵을 들어서 축복하시고 떼셨다 - 그분께서 자신의 최후의 만찬을 제정하셨을 때처럼 똑같은 방식으로.[60]

31 그들의 눈이 열려서 - 즉, 초자연적인 구름이 거둬졌다. **그분은 사라지셨다 -** 미처 느끼지도 못하는 사이에 가버리셨다.[61]

32 우리 마음이 우리 속에서 뜨거워지지 않았습니까 - 우리가 이상하게도 우리의 마음이 사랑으로 달아오르는 것을 느끼지 않았던가! 우리의 마음이 그렇게 타오르지 않았던가!

33 바로 그 시간에 - 그만큼 늦은 시각에.

34 주님께서 시몬에게 나타나셨다 - 예수께서 열두 사도들에게 나타나시기 전에(고전 15:5). 그분께서는 자신의 놀라운 겸손과 은혜로 그날 오전에 자기 자신을 베드로에게 먼저 나타내 보이셨다. 이렇게 하신 것은 먼저 베드로가 수치스러운 행동, 즉 자기의 주님을 부인한 것으로 인해 슬퍼하고 두려워하는 그 마음을 먼저 달래주시려고 한 것이었다.

35 빵을 떼실 때 - 최후의 만찬 자리에서.[62]

36 예수께서 그들 가운데 서서 - 알지도 못하게 문을 여는 것은 마치 사

람이 자기 손으로 직접 문을 열고 들어오는 것처럼 그분의 신적인 능력
으로는 아주 쉬운 일이었다(막 16:14, 19; 요 20:19).

40 그는 손과 발을 그들에게 보이셨다 - 그래서 그들이 직접 손과 발에
난 못 자국을 볼 수 있도록.

41 그들은 너무 기뻐서 아직도 믿지 못하고 있는데 - 그들은 어떤 면에
서는 믿고 있었다. 만일 그렇지 않았더라면 그들은 기뻐하지 않았을 것
이다. 그러나 그들이 너무나 크게 기뻐하는 바람에 이성적으로 분명하
게 믿지는 못한 것이다.[63]

43 그분께서 식사하셔야 했기 때문에 그렇게 하신 것은 아니다. 그저
그들에게 더 많은 증거를 보여주시려고 그렇게 하신 것이다.

44 그분께서 말씀하셨다 - 자신이 승천하시던 날에. **율법과 예언서와 시
편에** - 메시아에 대하여 말하는 예언이나 그런 유형의 말씀들은 모세의
책에도 담겨 있고(흔히 율법이라고 한다), 시편에도 담겨 있으며 혹은 예언서
에 담겨 있다. 역사서에서 그분에 대해서 직접 말하는 것은 드물다.

45 그분께서는 이전에 두 사람이 엠마오로 갈 때 그 말씀들을 설명해주
신 적이 있다. 그러나 그분의 성령께서 빛을 비춰주셔서 그들의 마음에
서 베일이 벗겨질 때까지 여전히 그들은 이해하지 못하였다.

47 예루살렘에서부터 시작하여 - 이것은 가장 은혜롭고 지혜롭게 지정
되었다. 은혜롭다 함은 가장 사악한 죄인들이 그리스도를 죽인 살인자
들조차 그분의 자비를 입을 수 있다는 것을 보고 회개할 마음이 들도록
해주기 때문이며, 지혜롭다 함은 이로써 기독교가 더 풍성하게 증거될
수 있기 때문이다. 이러한 사실은 이 일이 벌어졌던 바로 그 장소에서
처음 널리 알려졌다.

49 보아라, 내가 약속한 것을 보낸다 - 이 말을 강조하여 말하면 바로 성

령을 가리킨다.

50 그분께서는 그들을 베다니까지 데리고 가서 - 베다니라는 동네가 아니라 그 지역으로. 감람산으로(행 1:12). 이 감람산은 베다니의 경계에 있었다.

51 우리 주님께서 사도들이 보는 앞에서 죽음으로부터 일어나시는 것보다는 하늘로 올라가시는 것이 훨씬 더 적절한 것이었다. 그분께서 부활하셨다는 것은 그분께서 수난을 겪으신 후에 살아나신 것을 그들이 보았을 때 이미 증명되었다. 그러나 그들은 계속 이 땅에 있으면서 그분께서 하늘에 계신 모습은 볼 수 없었다.[64]

역자 해설

우리는 누가복음 끝자락에 도착했습니다. 24장은 빈 무덤 이야기(1-12절), 엠마오 사건 이야기(13-35절), 제자들에게 나타나신 예수님 이야기(36-49절) 그리고 예수님과 제자들의 작별 이야기(50-53절)를 담고 있습니다. 특히 엠마오 이야기는 누가만이 알고 있었던 이야기입니다.

여인들은 예수님의 시신에 바르려고 향품을 들고 무덤을 찾아갑니다만 이미 예수님은 부활하시어 거기에 안 계시고 천사로 추정되는 두 남자에게서 부활 소식을 듣습니다. 그제야 비로소 여인들은 자신들이 예수님의 부활 예언을 잊고 있었다는 것을 깨닫고(8절) 얼른 부활 소식을 전해주려고 제자들에게 달려갑니다. 그러나 남자 제자들은 이 여인들의 말을 황당무계한 소리로 무시해버립니다. 베드로가 직접 가서 자기두 눈으로 사실을 확인했건만, 그저 이상히 여기면서 집으로 돌아갈 뿐(12절)입니다.

엠마오로 가던 두 명의 제자들 역시 남성 제자들과 다를 바 없습니다. 그들은 부활하신 예수님과 한참 길을 걷고 대화를 나누면서도 예수님을 알아보지 못합니다. 그들의 눈은 어둡고 마음은 침통합니다(16-17절). 두 제자는 예수님을 이스라엘의 구원자로 소망과 기대를 걸고 있었다고 말합니다(21절). 그들의 기대는 과거형으로 표현됩니다. 그 기대는 그들이 지금도 품는 것이 아니라 이미 깨져버린 지난 과거의 일에 불과한 것입니다. 심지어 그들은 앞서 벌어진 여인들이 전한 빈 무덤 소식도 이미 알고 있습니다(22-24절). 그런데도 그들은 여전히 그 희망의 불씨를 살리지 못합니다.

그들은 왜 빈 무덤 소식까지 접했음에도 여전히 절망 가운데 남아있을까요? 만일 베드로가 가서 부활하신 예수님을 만났더라면 이야기가 달라졌겠지요. 그러나 베드로는 빈 무덤만 보았을 뿐 예수님을 만나지는 못했고, 엠마오로 가던 두 제자 역시 예수님을 만나지는 못했다는 것 때문에 부활을 믿지 못합니다(24절). 이들은 부활하신 예수님을 직접 만나 자기 두 눈으로 확인하기 전에는 믿지 못하는, "마음이 무뎌져서 믿지 못하는"(25절) 사람들입니다. 바로 예수님이 자기들과 함께 걸으며 대화하고 있는데도 그들의 눈은 어두워서 보지 못합니다. 보지 못해서 못 믿는 걸까요, 아니면 믿지 않아서 못 보는 걸까요?

그들은 봐야지만 믿음이 생기는 사람들입니다. 그러나 그들이 보려면 먼저 믿어야 합니다. 믿음이 없으면 보면서도 보지 못하는 일이 벌어집니다. 그러나 믿음은 보이지 않던 것이 보이도록 만들어줍니다. 결국 예수님은 그들의 눈을 열어주시고, 그제야 비로소 그들은 예수님을 볼 수 있게 됩니다(31절). 그들은 길을 걷던 중에 어떤 것을 느낄 수는 있었지만, 믿음이 부족했기에 예수님을 보지 못했습니다. 그리고 이제 예수님이 눈을 열어주시자 드디어 보고 믿기 시작합니다.

이제 믿음이 생긴 두 제자는 바로 예루살렘을 향해 달려갑니다. 그리고 자기들이 겪은 일을 제자들에게 말합니다. 그러나 그 말을 들은 다른 제자들의 반응이 참으로 어이없습니다. 그들도 예수님이 이미 베드로에게 나타나셨다는 소식을 들었던 것입니다(34절). 그런데 이 나머지 제자들은 부활 소식을 듣기만 했을 뿐 자기 눈으로 직접 보지 못했기에 여전히 확신하지 못합니다. 그때 예수님께서 그들에게 직접 나타나십니다(36절). 그러자 그들은 예수님이 아니라 유령이라고 생각하면서 겁을 냅니다. 그들은 예수님을 보면서도 여전히 의심합니다(38절). 그리고 예수님은 그들에게 차근차근 모든 일을 설명하시면서 그들의 마음을 열어주십니다(45절). 그제야 제자들은 마음과 눈이 열려 예수님의 부활을 믿고 받아들입니다.

믿음이 생겼기에 이제 그들의 마음에는 두려움과 의심(37-38절) 대신에 기쁨과 찬양이 생깁니다(52-53절). 절망과 좌절이 이제 새 희망과 용기 그리고 기쁨으로 바뀝니다. 부활하신 예수님을 만난 후에 그들에게 일어난 변화입니다. 예수님을 만나지 못하면 우리 마음과 눈은 어둠 속에 갇혀있습니다. 그러나 예수님이 오셔서 우리 마음과 눈을 열어주실 때 우리는 비로소 믿음을 얻게 되고, 새로운 소망과 기쁨을 누릴 수 있게 됩니다. 우리의 기대와 소망이 무너지더라도 우리에게 찾아오시는 주님을 느낄 때 우리 삶에는 새로운 소망과 기쁨이 솟아날 것입니다. 들판에서 양을 치던 목자에게 천사들이 전해주었던 "온 백성에게 큰 기쁨의 소식"은 우리 마음에 찾아오신 예수님을 만날 때 우리에게도 큰 기쁨이 될 것입니다. 예수는 우리 모두의 기쁨과 소망이십니다.

미 주

1) Johann Albrecht Bengelius, 1687~1752.

2) 기도를 드릴 때 향불을 피우는데, 향불의 연기가 위로 올라가는 모습처럼 기도 도 그와 같이 하늘로 올라가서 하나님께 받아들여진다는 것을 보여주기 위함 이라는 말이다.

3) 우리가 종종 드리는 예배 때마다 사가랴에게 일어난 일이 벌어진다면 제대로 예배를 드릴 수 없기에 하나님께서 인간을 배려해서 이런 일이 일상적인 예배 에서는 나타나지 않게 하셨다는 말이다.

4) 예수께서는 비록 처녀인 마리아에게서 태어나시기는 했지만, 하나님께서 그를 요셉과 마리아 가정에서 태어나시도록 함으로써 아버지도 없는 사생아라는 손 가락질을 받지 않도록 하셨다는 뜻이다.

5) 웨슬리는 성모 마리아가 이렇게 가브리엘의 수태고지를 받아들인 그 시점에서 수태가 이루어졌다고 본다. 즉, 마리아 자신이 이 고지를 받아들이기 전에는 수태가 이루어지지 않았다고 보는 것이다.

6) 고대 근동의 가옥 구조는 우리나라 가옥 구조와 다르다. 우리나라의 가옥은 사 람이 거주하는 공간과 짐승이 거주하는 공간이 분리되어 있다. 우리나라에서 마구간은 마당 한쪽에 위치하는데, 고대 근동에서는 한 지붕 아래 사람이 거주 하는 공간과 짐승이 거주하는 공간이 함께 있어서 사람이 짐승을 집 안에서 볼 수 있다. 짐승이 거주하는 공간은 보통 사람이 거주하는 공간보다 낮은 곳에 있고, 사람이 거주하는 공간과 짐승의 거주 공간 경계에 구유를 놓는다. 우리 나라 전통 가옥에서 이런 구조는 함경도 산간 지방의 전(田) 자 형 가옥 구조와 매우 유사하다. 따라서 여관에 머물 방이 없어서 아기 예수를 구유에 눕혔다는 것을 마치 성가족(聖家族)이 집 바깥쪽 마당 한구석에 있는 추운 마구간에 짐승 처럼 방치된 것으로 생각하면 안 된다. 도리어 집주인이 자기들이 머무는 공간

을 성 가족을 위해 내어주었다는 것으로 이해해야 한다.

7) 천사 가브리엘이 다니엘을 찾아와 말해준, 이스라엘의 회복을 위한 70주의 기간을 가리킨다(단 9:21-24).

8) '아버지의 집에 있다'라는 말은 헬라어로 '아버지의 일을 한다'라는 의미로도 해석할 수 있다. 웨슬리는 전자보다는 후자의 의미로 이 구절을 해석하는 것으로 보인다.

9) 요셉이 복음서 이야기에 등장하지 않는 이유에 대한 여러 가설 중에서 웨슬리는 그의 조기 사망설을 따른다. 신약 외경 「야고보의 원복음서」에서는 요셉을 나이가 많은 홀아비로 제시하여 예수께서 본격적으로 사역하시기 전에 세상을 떠난 것으로 암시한다.

10) 이렇게 볼 때, 우리는 웨슬리가 예수께서 겟세마네에서 기도하시던 그때를 사탄에게서 두 번째로 시험을 받으신 때로 이해하고 있다는 것을 알 수 있다.

11) 성령-주님(하나님)-내 위에(예수)라는 구절이 삼위일체를 전제하고 있다고 웨슬리는 생각한다.

12) 여기에서 우리는 웨슬리가 디아테사론적으로 복음서의 이야기를 엮어보려고 하는 것을 알 수 있다. 웨슬리에 따르면 이전까지의 부르심(만일 웨슬리처럼 디아테사론적으로 본다면)은 중요한 의미를 지니지 않으나 이제 그들은 모든 것을 다 내던졌기 때문에 지금부터는 본격적인 제자로서의 삶을 살기 시작한 것으로 보아야 한다는 것이다.

13) 이 비유에서 묵은 포도주는 좋은 것을 가리키는데, 웨슬리는 이것을 바탕으로 우리가 오랜 편견에서 벗어나기가 쉽지 않다는 것을 말한다. 그러나 똑같이 오래된 것이지만 전자는 좋은 것이고 후자는 나쁜 것이다.

14) 웨슬리는 마태복음의 산상수훈과 누가복음의 평지 설교를 각각 다른 것으로 본다. 산상설교가 먼저 이루어진 것이고, 누가복음의 평지 설교는 그 산상설교 가운데 일부를 다시 반복하여 설교하신 것으로 이해한다.

15) 웨슬리는 단순히 가난하기 때문에 복이 있는 것이 아니라, 왜 가난해졌는지에 더 초점을 맞추고 있다. 즉, 단순히 가난한 것이 복이 아니라, 모든 것을 버려두고 제자로 따라나섰기 때문에 가난해진 것이 복이 있다고 본다.

16) 부자에게 화가 있는 이유는 그들이 재물에서 참된 만족을 찾으려 하고 그것을 의지하기 때문이라고 웨슬리는 생각한다. 재물을 의지하는 것에 대한 부정적 시각은 누가의 경제에 대한 시각과 일치한다.

17) 하나님으로부터 받고 싶은 만큼, 그만큼 다른 사람에게도 베풀라는 말씀에 따라서 우리는 다른 사람에게 나누어 준다. 그런데 우리가 다른 사람에게 주는 그 분량보다 하나님으로부터 적게 받는다고 할지라도 우리는 그것에 충분히 만족할 수 있다는 의미이다. 왜냐하면 인간이 주는 것과 하나님이 주시는 것은 질적으로 차원이 다르기 때문이다.

18) 47절 상반절을 해석하면, "이것을 근거로[그녀가 내게 기름을 붓고 씻기는, 46절 이상에서 했던 일련의 행동들을 미루어 볼 때] 내가 네게 말한다. 그녀는 많은 죄를 용서받았는데, 그녀가 많이 사랑했다는 것으로 미루어 볼 때 이 사실을 알 수 있다"(οὗ χάριν λέγω σοι, ἀφέωνται αἱ ἁμαρτίαι αὐτῆς αἱ πολλαί, ὅτι ἠγάπησεν πολύ·)라고 할 수 있다. 문제는 접속사 'hoti'를 어떻게 해석할 것인가라는 것이다. 새번역에서는 "이 여자는 그 많은 죄를 용서받았다. 그것은 그가 많이 사랑하였기 때문이다"라고 번역한다. 많은 영어 번역본에서도 '왜냐하면'(for)이라고 번역한다. 이런 번역은 마치 "많이 사랑하는 행위를 했기 때문에, 그것이 쌓여서 용서를 받게 되었다"라는 식으로 의미를 전달하게 된다. 이러한 해석은 "행위로 말미암은 죄 사함"이라는 율법주의적 시각을 반영한다. 그러나 일반적인 이러한 해석 방식과는 달리, 이 접속사는 '~을 근거로 판단해 볼 때'라는 의미로 볼 수 있다. 이렇게 보면 내가 위에서 번역한 것과 같이 번역할 수 있다. 즉, '그녀가 사랑한 행위'는 그녀가 용서를 받았다는 사실 여부를 판단하는 근거가 된다. 다시 풀어 말하면 그녀가 사랑하는 행위를 하는 것으로 미루어볼 때, 그녀가 죄를 용서받았다는 사실을 알 수 있다는 것이다. 이러한 읽기는 그녀의 사랑하는 행위를 용서함을 받기 위한 조건이 아니라 용서함을 받은 것에 대한 반응이나 결과로 이해하는 것이다. 이러한 해석은 웨슬리의 읽기와 일치하며, 나는 이러한 해석이 더 적절하다고 생각한다.

19) 우리가 사랑하는 행위 덕분에 구원을 받은 것(구원의 조건으로서 사랑의 행위)이 아니라, 우리의 믿음 덕분에 우리가 구원을 얻은 것이고, 구원받은 모습은 사랑이라는 것으로 드러난다(구원의 조건인 믿음과 구원의 결과 혹은 구원받았다는 사실을 증명해주는 것으로서 사랑)는 의미이다.

20) 이스라엘에서 사람의 이름을 부를 때 몇 가지 방식이 있다. 1) 그 사람의 고향(나사렛 예수, 막달라 마리아, 아리마대 요셉 등), 2) 그 사람의 정치적 성향(열심당원 시몬, 가룟 유다 등), 3) 아버지나 가문(시몬 바 요나, 바-돌로매 등), 4) 별명(시몬 베드로[반석], 보아너게[천둥의 아들] 야고보와 요한 등). 막달라는 현재 갈릴리 호수 서남쪽에 있는 믹돌로 추정된다.

21) '~한 줄로 생각하는'이라는 표현은 마치 확신이 없는 뉘앙스를 풍기지만 그렇지 않다는 의미이다.

22) 웨슬리는 '자고 있다'라는 표현을 문자적으로 받아들여서 실제로 영혼과 육체가 덜 분리된 가사 상태 정도로 생각하고 있다. 그러나 이 문맥에서 소녀는 분명히 죽었으며, 예수께서는 죽은 사람을 살리신 것이지 잠자는 소녀를 잠에서 흔들어 깨우신 것이 아니다. 잔다는 표현은 일종의 죽음을 가리키는 관용적 표현이다. 요한복음 11장에서 나사로가 죽었을 때 잠들었다는 표현을 사용한다.

23) 제자들은 예수께서 하신 이 말씀의 내용과 전혀 다른 모습을 나중에 보인다.

24) 웨슬리는 예수께서 예루살렘으로 가신 것이 예루살렘 성전에서 예배를 드리기 위함이었고, 이것을 통해 다른 산에서 예배를 드리는 사마리아인들을 정죄하려고 한 것이었다고 말한다. 이것은 결국 사마리아인들이 예수를 막은 이유가 바로 이러한 갈등에서 빚어진 것이라고 보는 것까지 내포한다. 그러나 사마리아인들이 예수를 가로막은 이유를 그분께서 예루살렘 성전에서 예배를 드리려고 하신다는 사실을 알았기 때문에, 그것이 기분이 나빠서 혹은 웨슬리의 주장대로 더 나아가 자기들의 그리심 산에서의 예배를 비판하는 것이기 때문이라고 보는 것은 지나친 상상이다. 만일 그렇다면 야고보와 요한이 벌을 내리게 하자고 했을 때 동의했어야 했다. 그러나 예수께서는 갈등을 피하고 돌아가신다. 이것은 예수께서 사마리아인들을 애초에 정죄하거나 그들의 심기를 건드리려는 목적에서 일부러 사마리아 길을 택한 것이라고 보기 힘들다는 것을 말해준다. 누가는 누가복음과 사도행전에서 사마리아에게 좋은 인상을 풍기고 있다. 선한 사마리아인의 비유(10:30-37)에서 선한 자는 사마리아인이며, 열 나병 환자 사건(17:11-19)에서 유일하게 감사를 표현하여 구원을 선언받은 사람도 사마리아 사람이다. 또한 사도행전에서도 복음이 사마리아 지역에도 들어가야 한다는 것이 명시되고(행 1:8), 실제로 사마리아에도 복음이 전해지고 성령이 내린다(행 8:5-17). 따라서 웨슬리의 이러한 해석은 적절치 않다.

25) 한글 성경과 달리 웨슬리가 사용했던 킹제임스 성경에는 이 어구가 들어가 있다.

26) 엘리사에게 대머리라고 조롱하던 아이들을 엘리사가 저주하여 곰을 통해 벌을 내렸던 사건(왕하 2:23-25)을 가리키는 것으로 보인다.

27) 한글 성경과 달리 웨슬리의 킹제임스 성경에는 이 어구가 포함되어 있다.

28) 신사적인 태도(gentleness)의 의미에 대하여는『표준설교』17번, 산상수훈 강해 2에서 온유한 자에 대한 부분을 참고하라.

29) 주기도문의 내용뿐만 아니라 주기도문의 형태적인 면도 우리의 기도에 적용해서 그 틀에 따라 기도해야 한다고 주장하는 것이 독특하다.

30) 그리하여서 하늘의 법칙에 따라 살아갈 능력을 갖게 될 것이다. 웨슬리는 구원을 받는 과정에서 칭의를 통해 저절로 구원을 얻게 되는 것이 아니라, 이것을 통해 죄의 권세를 이기고 거룩한 길을 걸을 수 있는 힘을 얻게 된다고 말한다. 『표준설교』 21번, 산상수훈 강해 5(20.3.9)를 보라.

31) 웨슬리는 사랑의 불이라고 해석하지만, 과연 그러한 해석이 적절한지 의문이다. 특히 51절 이하의 말씀을 미루어 볼 때 정반대로 이 구절의 의미를 해석하는 것이 더 적절할 것이다.

32) 갈릴리는 예부터 무시당하던 지역이었고, 정치적으로도 불안한 곳이어서 폭동이 잦았다. 예를 들면 주후 6년에 있었던 갈릴리인 유다와 그의 아들 므나헴의 반란은 큰 사건이었다(참조 행 5:37). 빌라도의 악랄함도 갈릴리인들의 극렬한 저항에 못지않았다. 주후 26년에 부임한 빌라도는 황제의 상징물들을 예루살렘에 들여놓으려 하는 등, 계속해서 유대인들의 심기를 건드렸고, 이로 인해 둘 사이의 갈등은 매우 심했다. 예루살렘에 군기를 들여놓은 일로 유대인들은 가이사랴까지 빌라도를 쫓아가서 항의했고, 빌라도는 이들을 학살하려고 했으나 유대인 대표들은 죽일 테면 죽여보라고 목을 내밀었고, 이에 질려버린 빌라도는 일단 군기를 철수한다. 그러나 그의 학정으로 이스라엘 식민지가 시끄러워지자 로마 당국은 빌라도를 소환한다.

33) 헬라어 원문은 '답변하다'(apokritheis)는 의미를 가지고 있다. 새번역은 "답변하여 가라사대"라는 말씀의 내용이 질문의 형태로 되어 있어 "물으셨다"라고 번역되어 있다.

34) 웨슬리는 이 세 사람이 잔치에 참여하지 않는 것을 1) 자기 자신의 의지적 선택(own will)에 따라서, 2) 불가피한 사정(necessity)에 따라서, 3) 참석하고 싶어도 불가능해서(impossibility) 등 단계적으로 표현하여 달리 분류한다.

35) 실제로 그 물질 자체를 모두 부인하라는 것이 아니라, 예수와 비교했을 때 그것들이 더 높은 위치에 있지 않도록 하라는 뜻이다.

36) 웨슬리는 여기에서 세상 임금과 그의 자녀나 하인들을 상징적인 의미로 사용하고 있다.

37) 웨슬리의 알레고리적 해석의 또 다른 예를 여기에서 찾아볼 수 있다.

38) KJV을 가리킴.

39) 이를 미루어 볼 때, 웨슬리는 이 땅에서의 열매에 따라 하늘에서 상급이 달라진다고 생각하는 것 같다. 그러나 그는 『표준설교』 "산상수훈 제5강"(20.3.3)에서 하늘에서 큰 자와 작은 자가 되는 것을 큰 상급과 작은 상급의 개념으로 풀이하지 않는다.

40) 이 비유에 관해 좀 더 자세히 의미를 알기 원하는 독자를 위해 글을 몇 개 소개한다. 양재훈, "문맥적 읽기와 성서 번역 — '탕자들의 비유'(눅 15:11-32) 번역 제안," 「성경원문연구」 39(2016): 183-202; 양재훈, "탕자와 어머니 — 드뷔시의 L'Enfant prodigue의 눈으로 본 탕자의 비유," 「신약논단」 18:2(2011): 443-480; 양재훈, "A Dancing Prodigal: A Reading of G. Balanchine's Ballet, Prodigal Son(1929) from a Biblical Perspective," 「한국기독교신학논총」 78(2011): 93-109; Jayhoon Yang, "Oh, Father! What a 'Fool for Love' Thou Art! — Reading Luke 15.11-32 through the Film Secret Sunshine," *Biblical Reception* (Sheffield: Sheffield Phoenix Press, 2012): 135-154.

41) 웨슬리는 이 세상에서 살아가는 것에 대한 이러한 자세를 본받으라는 것이 아니라, 더욱 중요한 일, 즉 영적인 생명과 관련해서 이러한 자세를 본받으라는 것이다.

42) 죽은 자에게 드리는 기도 관례에 대해 웨슬리는 이렇게 비판하고 있다.

43) 웨슬리는 부자가 비록 자기는 지옥에서 고통을 받아도 자기 형제들만큼은 자기처럼 지옥에서 고통을 겪지 않기를 바라는 선한 의도로 그렇게 말했다고 해석하지 않는다. 도리어 자기 형제들이 지옥에 온 것으로 인해 자기가 지옥에서도 망신을 당할까 봐 염려되어, 즉 끝까지 이기적인 마음을 버리지 못해서 그렇게 부탁했다고 웨슬리는 해석한다. 비록 자의적이고 설득력이 떨어지기는 하지만 웨슬리의 이런 해석은 독특하다.

44) KJV에서는 "그들"이 제자들인지, 아이들을 데려온 사람들인지 명확하지 않다. 한글에서는 아이들을 부르신 것으로 번역했다.

45) 웨슬리는 모든 것을 팔고 나를 따르라는 명령은 이 사람이 가지고 있는 세상에 대한 고질적 병폐를 치유하기 위해서 이 사람에게만 주문하신 특별한 명령일 뿐, 모든 사람에게 일반적으로 적용되어야 하는 명령은 아니라고 본다.

46) 하나님께서 권능으로 임하실 때 아무 일 없다는 듯 가만히 다시 오시지는 않는다는 의미.

47) 마태복음 24장 2절 주석의 각주를 보라.

48) 한글 성경에 "설 수 있도록"이라고 번역된 구절은 KJV에서는 "쓸모있는 자로 여김을 받을 수 있도록"이라고 되어 있다.

49) 예수의 성만찬은 유월절에 이루어진, 유월절 식사였지만 엄밀히 말해 유월절 식사가 아닌 유월절 식사를 새롭게 변형시킨 것이었고, 유월절이 가진 의미를 새롭게 해석한 것이었다.

50) 나는 마시지 않을 터이니 너희들끼리 나누어 마시라는 식으로 예수께서 말씀 하셨다는 것이다.

51) 한글 성경에서 "내게 왕권을 주신 것처럼"이라는 구절은 KJV에서는 "내 아버지 께서 나를 지명하신 것처럼"이라고 번역되어 있다.

52) 누가복음 13장 1절 주석의 각주를 보라.

53) 웨슬리의 생각은 헤롯이 예수가 왕이라고 생각해서 위협을 느꼈다면 그런 식 으로 하지 않았을 것인데, 그렇게 왕의 옷을 입힌 것으로 미루어볼 때 예수가 왕이 아니라는 확신이 들어서 조롱하여 그렇게 했으리라는 것이다. 헤롯이 예 수를 조롱하여 그렇게 옷을 입힌 것은 분명하고, 예수가 왕이라고 생각했더라 면 그리하지 않았을 것도 분명하지만, 과연 그것을 일부러 보여주기 위해서 그 리했는지는 의문이다.

54) 베드로가 예수를 세 번 부인한 것과 빌라도가 예수의 무죄를 세 번 시인한 것 이 서로 대조가 된다는 것은 탁월한 발견이다. 그러나 빌라도는 무죄를 인정한 것이지 예수가 메시아라든지 하나님의 아들이라든지 혹은 베드로와 상반되게 자신이 예수와 긴밀한 사이라는 것을 시인한 것은 아니다.

55) 웨슬리는 네 복음서를 디아테사론적으로 이해하고 있다.

56) 웨슬리는 마태복음과 마가복음에서 두 사람 모두 예수를 비방했지만, 누가복 음에서는 한 사람은 달리 말했다는 이 복음서 간의 차이를 분명히 인식하고 있 다. 다만 그는 이러한 차이를 조화롭게 만들기 위해 마태와 마가가 원래 한 사 람은 비방했는데, 그 '한 사람'을 복수 격을 사용하여 '그들'이라고 했거나 처음 에는 둘 다 욕했지만, 나중에 한 사람은 뉘우쳤다는 식으로 가상의 시나리오를 적고 있다. 그러나 이 공관복음서 문제는 자료라든지 혹은 누가의 저술 목적에 기인한 것으로 보는 것이 적절하다.

57) 흥미로운 것은 웨슬리는 이 십자가상의 회개하는 죄수와 예수를 버리고 달아 난 제자들을 서로 대조시키고 있다는 점이다.

58) 북반구와 남반구는 낮과 밤을 구분하지 않고 계절을 구분하므로 이것은 웨슬

리의 실수이다. 또한 밤에도 어두웠던 이유는 태양 자체가 어둠에 휩싸였기 때문에 햇빛을 반사하지 못했고, 따라서 달도 빛을 발하지 못했다고 주장한다. 즉, 이날은 온 지구가 어둠에 휩싸이게 되었음을 말한다. 웨슬리가 말하려고 한 의도는 태양이 빛을 잃었기 때문에 지구의 낮에 해당하는 지역은 캄캄해졌고, 그 시간 밤에 해당하는 지역도 원래는 달빛을 받아야 했는데 태양 빛이 없으므로 달도 반사할 빛이 없어져서 달빛조차 없는 캄캄한 밤이 되었다는 뜻이다. 우리는 여기에서 웨슬리의 과학적 지식을 엿볼 수 있다.

59) 즉, 하나님께서 예수의 영혼을 받으셨듯이 신자들의 영혼도 받으신다.

60) 웨슬리는 누가가 엠마오에서의 식사 장면을 최후의 만찬 장면과 연결하려고 했던 의도를 잘 간파하고 있다. 누가의 이런 모습은 바울이 로마로 압송되는 과정에서 유라굴로 광풍을 만나 좌초할 지경에 이르렀을 때, 배 안에 있던 사람들에게 했던 모습에서도 찾아볼 수 있다.

61) 웨슬리는 예수께서 슬그머니 가버리신 것처럼 이해하는데, 사실 누가는 예수께서 유령처럼 갑자기 사라지는 초자연적 현상으로 이 모습을 그리고 있다. 이러한 모습은 요한복음에서도 찾아볼 수 있으므로 예수께서 사라지신 것을 합리적, 과학적으로 설명하려고 하는 것은 적절하지 않다.

62) 웨슬리는 여기에서 오해하고 있는데, 사실 이 구절에서 빵을 떼실 때 알아봤다는 것은 최후의 만찬 자리가 아니라 엠마오에서의 식사 사건을 가리키는 것이다.

63) 우리나라 속담으로 말하자면 너무 기뻐서 꿈인지 생시인지 헷갈리는 상태를 가리킨다고 보면 적절할 듯하다.

64) 예수께서 하늘에 계신다는 것은 사도들이 이 땅에 머무는 한 실제로 장담할 수 없다. 그러므로 예수께서 하늘로 올라가시는 모습을 사도들에게 일부러 보여 주신 것이라고, 그래서 그들이 예수께서 하늘에 계신다는 확신을 하게 된 것이라고 웨슬리는 설명한다.